운의 속성

세계 최고 인재들이 운과 리스크를 관리하는 실천적 지혜

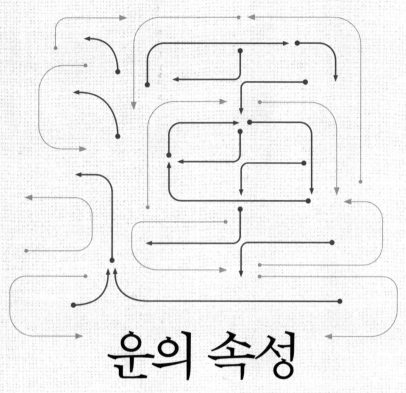

운의 속성

스기우라 마사카즈 지음 | 김수정 옮김

흐름출판

숙명Destiny
이미 정해진 운

우연Randomness
결과를 알 수 없는 운

스스로 컨트롤 불가능한 운

운Fortune

스스로 컨트롤 가능한 운

기회Opportunity
개발 가능한 운

확률Probability
관리 가능한 운

MBA에서 배운 운의 원리

제가 스탠퍼드대학에서 MBA를 취득한 지 정확히 30년이 지났습니다. 와세다대학 비즈니스 스쿨에서 가르친 지는 15년째가 됩니다. 개인적으로 이렇게 의미 있는 시기에 지난날을 되돌아보니 절실히 느껴지는 것이 하나 있습니다. 결국 비즈니스 스쿨에서 배우는 것은 운fortune을 좋게 하는 방법이라는 것입니다.

비즈니스 스쿨과 운이 무슨 상관 있는지 의문을 가질 분도 많을 겁니다. 비즈니스 스쿨은 경영에 대해 배우는 대학원이자 커리어를 발전시키고 확장시키는 곳입니다. 인맥이 넓어지는 장소이기도 합니다. 전략적인 의사결정에 대해 논하고, 위기관리나 자산 운용에 대해서도 배웁니다. 비즈니스 스쿨에서의 배움과 경험은 '지금 이 순간'을 현명하게 살아감으로써 불확실성에 대처하며 자신의 길을 착실히 걷는 지혜를 얻는 과정입니다. 즉, 올바르고 견실하게 스스로 운을 창조해서 포춘 메이커fortune maker가 되는 방법을 배우는 과정이라고 할 수 있습니다. MBA에서 배우고 가르친 경험을 바탕으로 불확실한 세상에서 어떻게 하면 정직하고도 진지한 방법으로 운을 끌어당길 수 있는지 명확하게 정리해보고자 합니다.

그에 앞서 생각해볼 것이 있습니다. 도대체 '운'이란 무엇일까요? 운을 네 종류로 나누어 생각해봅시다. 먼저 보는 관점에 따라 구분해볼 수 있습니다.

운을 보는 관점은 사람마다 다릅니다. "스스로의 힘으로는 어떻게 할 수 없는 것을 운이라고 한다"고 말하는 사람이 있는가 하면, "그렇지 않다. 평소의 노력과 마음가짐에 따라 운은 달라진다. 그리고 운은 좋아지기도 하고 나빠지기도 한다"고 말하는 사람도 있습니다. 이런 관점에서 보면 운은 크게 두 가지로 나누어 생각해볼 수 있습니다. 바로 **컨트롤할 수 있는 운**과 **컨트롤할 수 없는 운**입니다.

이는 다음과 같이 세분할 수 있습니다. 먼저 컨트롤할 수 없는 운입니다. 컨트롤할 수 없는 운은 두 가지로 나눌 수 있습니다. 첫째, 숙명destiny. 이미 정해져 있기 때문에 자신의 힘이 미치지 못하는 경우입니다. 둘째, 우연randomness. 예측할 수 없기 때문에 통제 불가능한 경우입니다.

컨트롤할 수 있는 운도 두 가지로 나눠볼 수 있습니다. 첫째, 개발 가능한 운, 즉 **기회**opportunity입니다. 운은 스스로 만들어 나갈 수 있다고 보는 시각입니다. 둘째, 관리 가능한 운, **확률**probability입니다. 불운을 피하고 행운을 얻기 위해 어느 정도 운을 통제하는 것이 가능하다고 보는 시각이지요. 운을 확률이라고 볼 경우에는 무엇보다 예측하고 적절하게 대응하는 것이 중요합니다.

'운'은 한자로 '運'으로 표기합니다. 이 글자는 '옮기다, 움직이다, 나르다, 운반하다'라는 뜻도 가지고 있습니다. 운運에 물건을 '새로운 장소로 옮기다'라는 의미와 일이 '막힘없이 원활하게 전개되다'라는 의미, 두 가지 뜻이 있는 것은 우연이 아닙니다. 전자는 개발에 해당하고, 후자는 관리에 해당합니다. 기업의 업무에도 개발development과 관리management가 있습니다. 그리고 대부분 이 둘은 짝을 이룹니다.

상품 개발과 상품 관리

기술 개발과 기술 관리

시장 개발과 시장 관리

고객 개발과 고객 관리

사업 개발과 사업 관리

토지 개발과 토지 관리

인재 개발과 인재 관리

조직 개발과 조직 관리

운에 대해서도 개발·관리의 짝을 응용해볼 수 있습니다. 운에도 개발하거나 관리할 수 있는 부분이 있다는 의미입니다. 현명한 선택을 거듭하며 '지금 이 순간'을 스스로 움직여 나감으로써 행운을 내 것으로 만들 수 있습니다. 이상의 내용을 정리해보면, 운은 다음의 네 가지로 나눌 수 있습니다.

숙명destiny: 이미 정해져 있어 자신의 힘이 미치지 못하는 영역

우연randomness: 결과를 예상할 수 없고 통제할 수 없는 영역

기회opportunity: 개발함으로써 스스로 창조해 나갈 수 있는 영역

확률probability: 관리함으로써 스스로 높일 수 있는 영역

이 네 가지 관점의 관계에 대해서도 생각해봅시다. 자신의 의지로 기회를 개발해 나가다 보면 숙명이라고 여겨 포기했던 것들을 바꾸어 나갈 수 있습니다. 확률을 예측해 나가다 보면 무작위적인 우연과는 달리 어느 정도 미래를 예견할 수 있습니다. 숙명과 기회, 그리고 우연과 확률은 반대 관계라고 할 수 있습니다.

스스로의 힘으로 개발하고, 스스로의 의지로 관리하는 '운'

이 책은 컨트롤할 수 있는 운을 다룹니다. 크게 개발 가능한 운과 관리 가능한 운으로 나누고, 이를 또 각각 두 가지로 나누어보았습니다. 그래서 총 4개 장으로 구성되어 있습니다.

개발 가능한 운의 첫 번째는 '자신의 미래를 창조하는 것'입니다. 희망을 가지고 커리어를 확장하기 위한 기회를 개척합니다. 이 내용을 제1장 **미래개척**에 정리해놓았습니다. 커리어 이론과 디자인 싱킹 design thinking이 이론적 배경입니다. 트럼프 카드 중에서 일을 의미하는 클럽(club, ♣)을 제1장의 심벌 마크로 지정해보았습니다.

개발 가능한 운의 두 번째는 '사람과의 인연을 소중히 확장해 나가는 것'입니다. 인맥을 풍요롭게 하고 탄탄한 인간관계를 구축하기

위한 기회를 개척합니다. 이를 제2장 **관계구축**에 정리해놓았습니다. 네트워크 이론과 조직행동론이 이론적 배경입니다. 트럼프 카드 중에서 사랑, 감정을 의미하는 하트(heart, ♥)를 제2장의 심벌 마크로 지정해보았습니다.

관리 가능한 운의 첫 번째는 '선택 및 결정을 현명하게 하는 것'입니다. 일의 발생 확률을 제대로 전망해서 바람직한 결과를 이끌어내야 합니다. 이를 제3장 **의사결정**에 정리해놓았습니다. 전략론과 행동재무학의 접근법을 적용했습니다. 제3장의 심벌 마크는 전쟁을 상징하는 스페이드(spade, ♠)입니다.

관리 가능한 운의 두 번째는 '마이너스를 가능한 한 최소화하는 것'입니다. 자신의 감정을 다루거나 자산을 운용하는 데 있어서 실패 확률을 최소화해 성공 확률을 높입니다. 이 내용을 제4장 **자기관리**에 정리해놓았습니다. 인적자원 관리론과 재무 관리 및 자산 운용론을 참고했습니다. 제4장의 심벌 마크는 돈을 의미하는 다이아몬드(diamond, ◆)입니다.

비즈니스 스쿨에서의 배움은 철저하게 실천을 목적으로 합니다. 여기서 말하는 실천이란 자신의 힘으로 기회를 창조함으로써 숙명에 맞서고, 성공 확률을 높이기 위한 연구와 노력을 지속함으로써 우연에 맞서는 과정입니다. 비즈니스는 불확실성과의 전쟁입니다. 비즈니스 스쿨에서는 운의 상승을 돕는 실천적인 방법을 체계적으로 정리합니다. 이런 실천적 지혜를 우리의 삶에 잘 활용한다면 운 좋은 삶, 알찬 삶을 영위해 나갈 수 있습니다. 이러한 믿음이 이 책의 출발점이자 큰 줄기입니다.

'라이프life'라는 단어에는 세 가지 의미가 있습니다. 생명, 생활, 인생이 바로 그것입니다. 이 세 단어에서 공통되는 글자인 '생生', 이것이 바로 라이프의 본질입니다. 생명은 지금 이 순간 목숨을 이어나가는 것입니다. 생활은 지금 이 순간 한 장면 한 장면을 움직여 나가는 것입니다. 생명을 이어가는 생활의 축적을 통해 인생 전체의 운이 결정됩니다. 지금 이 순간을 신중히 움직여 나가는 것은 생을 소중히 여기는 마음 바로 그 자체입니다. 늘 이런 관점으로 세상을 바라보십시오. 틀림없이 변화가 시작될 것입니다.

— 스기우라 마사카즈

運 Fortune

스스로 컨트롤 가능한 운

기회Opportunity
개발 가능한 운

확률Probability
관리 가능한 운

미래개척

♥
관계구축

의사결정

◆
자기관리

Development of the
Future

Development of
Relationships

Management of
Decisions

Management of the
Self

커리어 이론
디자인 싱킹

네트워크 이론
조직행동론

전략론
행동재무학

인적자원 관리론
재무관리 · 자산운용론

제 **2**장 ⫶ 관계구축
운이 좋은 사람은 이렇게 인맥을 관리한다

♥1- MBA 인맥 관리법

제3장 의사결정
행운의 확률을 높이는 선택 법칙

제**4**장 ┊ ## 자기관리
성공과 부를 끌어당기는 매니지먼트

제 **1** 장

미래개척

운이 좋은 사람은
기회를 만들어낸다

운이 좋은 사람·운이 나쁜 사람

운이 좋은 사람은, 진짜 '기회의 신'을 재빨리 알아차린다.
운이 나쁜 사람은, 허둥대다 가짜 기회를 잡는다.

운이 좋은 사람은, '자투리 시간'이 생기면 해보고 싶었던 일을 한다.
운이 나쁜 사람은, '자투리 시간'을 멍하게 보내며 낭비한다.

운이 좋은 사람은, '당연'한 것에서 '감사'한 것을 찾아낸다.
운이 나쁜 사람은, 무사히 보낸 하루를 '당연'하게 여긴다.

운이 좋은 사람은, '이거 재밌잖아!' 하는 마음에서 움직인다.
운이 나쁜 사람은, '어찌 되든 상관없어' 하며 움직이지 않는다.

운이 좋은 사람은, 낙관적으로 구상하고, 비관적으로 계획하며, 낙
관적으로 실행한다.
운이 나쁜 사람은, 어차피 안 된다는 마음으로 구상하고, 적당히 계
획하며, 실행할 때는 주춤댄다.

운이 좋은 사람은, 성공 후에는 실패가 있고 실패 후에는 성공이 있
음을 확신한다.
운이 나쁜 사람은, 실패하면 그것으로 끝이라고 생각한다.

운이 좋은 사람은, 최악의 사태를 '일출 직전의 암흑'이라고 여
긴다.
운이 나쁜 사람은, 최악의 사태에 '이제 끝'이라며 절망한다.

운이 좋은 사람은, 평소에는 업무에 매진하고, 전환기에는 진지하게 커리어를 생각한다.

운이 나쁜 사람은, 평소에는 커리어를 고민하고, 정작 중요한 순간에는 대충 결정한다.

운이 좋은 사람은, 커리어가 정점에 다다랐을 때 그 상황을 수긍하며 긍정적으로 받아들인다.

운이 나쁜 사람은, 커리어가 정점에 다다랐을 때 포기한다.

운이 좋은 사람은, '밑져야 본전 파워'로 몇 번이고 시도한다.

운이 나쁜 사람은, 첫발도 내딛지 않는다.

운이 좋은 사람은, 면밀히 준비하여 선수 친다.

운이 나쁜 사람은, 늑장 부리다가 늘 선수를 빼앗긴다.

운이 좋은 사람은, 한 단계 한 단계 꿈을 성취해 나간다.

운이 나쁜 사람은, 백만장자 공주나 백마 탄 왕자를 꿈꾼다.

운이 좋은 사람은, 작은 행운을 복리 효과로 크게 불린다.

운이 나쁜 사람은, 도박 같은 승부를 벌이다 결국 망한다.

운이 좋은 사람은, 과거에서 배우고, 현재에 깨닫고, 미래를 통찰한다.

운이 나쁜 사람은, 과거를 잊어버리고, 현재는 놓치며, 미래는 되는대로 살아간다.

기회의 신은 앞머리 밖에 없다

기회의 두 얼굴

영어 단어 중 '기회'를 의미하는 단어는 오퍼튜너티opportunity와 찬스chance, 두 가지가 있습니다. 이 둘은 비슷해 보이지만 의미가 전혀 다릅니다. '일확천금의 기회'라는 말은 '일확천금의 찬스'라고 바꿔 말할 수 있지만, '일확천금의 오퍼튜너티'라고는 말하지 않습니다. '오퍼튜너티'는 거저 주어지는 것이 아니라 노력으로 만들어가는 기회를 의미합니다. 이 단어에는 '항구'라는 뜻의 '포트port'라는 글자가 들어 있습니다. 항구를 향해 자신을 움직여 간다는 의미를 갖고 있는 것이지요. 능동적이고 진취적인 바람이 담겨 있다고 할 수 있습니다. 그러니 스스로의 의지로 노력한 결과, 마침내 오퍼튜너티가 생겼다면 그 기회를 제대로 살릴 방법을 적극적으로 궁리해야 합니다.

그에 비해 찬스는 우연에 의해서도 얻어질 수 있는 기회입니다. 계획하지도 않았는데 알 수 없는 이유로 찾아오는 기회이지요. 우연히 날아든 만큼 통제할 수 없고, 따라서 리스크가 내포되어 있습니다. 그러니 '기회가 왔다!'고 느껴진다면, 이것이 정말로 좋은 기회인지 아닌지 잘 가려봐야 합니다. 지금이 기회라며 속삭이는 누군가의 말이나 광고 문구 중에는 종종 가짜가 섞여 있으니까요. 게다가 '찬스'는 다음과 같은 이유로 여유롭게 음미하는 것이 어렵습니다.

• 우연에 의한 찬스이니 대처 방법을 사전에 계획할 수 없다.
• 찬스는 대개 한순간 찾아와서 '지금 이 순간' 결정해야 한다.

그렇다면 진짜 기회와 가짜 기회를 어떻게 구별할 수 있을까요? 그리스 신화에서 기회의 신은 카이로스Kairos입니다. 카이로스는 두 명의 시간의 신 중 한 명인데요, 또 다른 신은 크로노스Chronos입니다. 흥미롭게도 그리스인들은 시간이라는 개념을 두 종류로 나누어 생각했습니다.

카이로스 : 질적인 시간. 사람에 따라 속도와 의미가 다른 주관적인 시간. 무르익은 기회나 적절한 때, 소중한 찰나의 순간을 가리킨다.
크로노스 : 양적인 시간. 과거로부터 미래를 향해 일정한 속도와 방향으로 균일하게 흘러가는 시간. 누구에게나 공평하게 주어지는 물리적인 시간이다.

카이로스는 무언가에 몰입하거나 집중하거나 즐길 때 느끼는 감각적인 시간을 뜻합니다. '지금이 기회다!', '기회를 놓치지 마라!' 같은 표현에서 알 수 있는 것처럼 '기회의 신' 카이로스는 순식간에 눈앞을 스쳐 지나갑니다. 그래서 '기회의 여신은 앞머리만 있다'라는 표현도 있습니다. 앞머리는 무성하지만 뒷머리는 없는지라 지나가고 난 후 허둥지둥 붙잡으려 해도 잡을 수 없으니 그 순간을 놓치지 말고 팔을 뻗어 앞머리를 낚아채야 합니다.

'맞는 말이야' 하고 무릎을 칠 만한 표현입니다. 사실 이 표현에는 잘못된 부분이 있습니다. 카이로스는 분명 기회의 신입니다. 그리고 실제로 카이로스를 묘사한 그림이나 조각상 등을 보면 앞머리밖에 없습니다. 다만 카이로스는 여신이 아니라 남신입니다.

카이로스가 여신으로 잘못 알려진 것은 포르투나Fortuna라는 로마 신화의 여신과 혼동한 게 아닐까 싶습니다. 포르투나는 행운fortune의 여신입니다. '행운의 신은 여성이었으면 좋겠다'는 무의식이 영향을 끼친 것인지도 모릅니다. 그런데 여신 포르투나는 확실히 뒷머리가 있습니다. 정리해보면 다음과 같습니다.

카이로스 = 기회의 신, 그리스의 신 = 남신 = 뒷머리 없음

포르투나 = 행운의 신, 로마의 신 = 여신 = 뒷머리 있음

정확히 정리해보면, '기회의 남신(= 카이로스)은 앞머리밖에 없다'가 맞습니다.

다시 기회의 이야기로 돌아와서, 기회의 진위를 가리는 법에 대해

생각해봅시다. 진짜 기회를 한순간에 알아차리기란 정말 쉽지 않은 일입니다. 기회의 진위를 판단할 때는 정말 기회의 신과 마주친 것인지 고민하기보다는 자신의 내면을 살펴야 훨씬 빠르고 정확하게 판단을 내릴 수 있습니다.

대상의 진위를 제대로 판별하기 위해서는 시야가 투명해야 합니다. 마음 상태로 말한다면 명경지수明鏡止水, 즉 맑은 거울과 고요한 물같이 차분히 가라앉은 상태여야 합니다. 자신의 내면과 마주한 마음이 맑으면서도 차분히 가라앉아 있으면 대상의 본질을 제대로 파악할 준비가 되어 있다고 볼 수 있습니다. 역으로 사념, 잡념, 나쁜 속셈 같은 노이즈가 끼어 있으면 정확히 판단하기 어렵습니다.

그렇다면 마음 속 노이즈는 어떻게 제거할 수 있을까요? 그에 대한 힌트는 심리학자 미하이 칙센트미하이가 창안한 플로flow(몰입) 이론에서 얻을 수 있습니다. '플로'의 사전적인 의미는 '흐름'입니다. 다시 말해, 무엇인가에 한껏 몰입하거나 완전히 집중해서 시간의 흐름이나 공간, 더 나아가 나 자신조차도 잊게 되는 상태를 말합니다. 이렇게 몰입한 상태에서 인간은 깜짝 놀랄 만한 엄청난 결과를 만들어내기도 합니다.

플로 상태는 과제의 도전challenges 수준과 자신의 기술skill 수준이 고도로 양립할 때 일어납니다. 과제의 도전 수준은 높은데 자신의 기술 수준이 낮으면, '불안함'을 느끼게 되고, 자신의 기술 수준은 충분한데 과제의 도전 수준이 낮으면, '따분함'을 느끼게 됩니다. 불안하거나 지루하면 시야가 흐려져 제대로 볼 수 없습니다. 그럴 때 찾아오는 기회는 그 진위를 분별하기 어렵습니다. 그에 비해 무언가를 진지하게 마주하며 플로 상태에 있을 때 찾아오는 기회는 그 진위를 단번에 파악할 수 있습니다. 왜냐하면 플로 상태에서는 찰나의 순간도 아주 오랜 시간 지속되는 것처럼 느껴지기 때문입니다. 소위 '날아오는 공이 정지된 것처럼' 보이는 상태이지요. 스포츠 선수나 음악가가 찰나의 순간을 놓치지 않고 최고의 기량을 발휘하는 것은, 플로 상태에 의해 판단력이 예리하고 섬세해지기 때문입니다.

기회가 오면 다음과 같이 생각합시다.

- 오퍼튜너티(스스로의 준비와 노력으로 획득한 기회)인 경우
  - 전력을 다해 그 기회를 살린다.
  - 결과에 연연하지 않는 자세로 전력을 다한다. 이는 분명 또 다른 기회로 연결된다.
- 찬스(우연에 의해 주어진 기회)인 경우
  - '지금 이 순간'의 자신과 대면해 질문을 던져본다.
    '내 마음은 사념 없이 맑고 깨끗한가?'
    '내 마음은 잡념 없이 차분히 가라앉아 있는가?'
    '내 가치관과 어긋남 없이 일치하는가?'

대답이 모두 '예스'인가요? 그렇다면 '이건 기회야!'라고 알려주는 내면의 목소리를 주저 없이 따르기 바랍니다.

자투리 시간이 인생을 바꾼다

2010년대 후반에 큰 인기를 끈 일본 호스트 계의 제왕 롤랜드 Roland가 늘 하는 말이 있습니다. "세상에는 두 종류의 남자가 있다. 나 그리고 나 이외의 남자들." 세상에는 두 종류의 사람밖에 없다는 말은 사실 참 편리한 표현입니다. 어딘가에 임의의 선을 그어놓고 '이것과 이것 이외'로 나누면 되니까요. 엉성한 분류이지만 나름대로 묘한 설득력이 있습니다. 그럼, 이 편리한 방법을 써서 시간을 보내는 방법을 분류해봅시다.

  • '평소에 늘 하는 일'을 선호하는 사람
  • 이 이외의 사람(= '평소와 다른 일'을 선호하는 사람)

그런데 어느 쪽이 더 운이 좋아질까요? 그것은 운의 타입(관리인가, 개발인가)에 따라 달라집니다.

운은 관리할수록 좋아진다고 믿는 사람은 '평소에 늘 하는 일'을 선호하는 경향이 있습니다. 이런 사람에게 운이 좋다는 것은 일상이 평온무사하게 운행運行되는 것입니다. 매일 아침 늘 같은 장소에서 늘 같은 지하철을 타는 식이지요. 쓸데없는 움직임을 줄이면 예측하지 못한 사태가 발생할 확률을 최소화할 수 있습니다.

운은 개발할수록 좋아진다고 믿는 사람은 '평소와 다른 일'을 선호합니다. 평소와는 다른 일을 하는 과정에서 뜻밖에 새로운 발견을 할 수 있고, 신선한 기분으로 이 세상과 마주할 수 있습니다. 이런 타입의 운은 평소와 다른 행동을 할 때 찾아오게 마련입니다. 정확히 말하면 평소와 다른 행동을 함으로써 이미 내게 존재하는 행운을 깨닫는 기회와 만나게 되는 것이지요.

저는 가끔 되는 대로 대처하는 무계획한 행동을 합니다. 아예 작정하고 행동에 나서지요. 예를 들면, 버스 정류장에서 때마침 도착한 버스를 탑니다. 그리고 아무곳이나 마음 내키는 곳에서 내립니다. 거창한 여행은 아니지만 그렇게 함으로써 생소한 장소에 나를 옮겨놓을 수 있습니다. 말 그대로 다른 세상에 나를 던져두는 것이지요. 평소와 조금 다른 곳으로 떠나는 소소한 여행이지만, 느끼고 깨닫는 것이 많습니다. 평소의 일상과 너무 다르면 새로운 정보를 처리하는 데 많은 시간과 에너지가 소요되기 마련입니다. 그러다 보면 주위의 모든 것을 좀 더 민감하게 받아들이게 되지요.

한 가지 더 생각해봅시다.

- 스케줄 노트에 일정이 빼곡히 적혀 있는 사람
- 이 이외의 사람(= 여유 있는 일정을 좋아하는 사람)

이 경우, 어느 쪽이 더 행운을 불러들일까요? 대답은 '양쪽 모두 이점이 있다'입니다.

스케줄 노트에 일정이 빼곡히 적혀 있는 사람은 행운의 씨앗을 듬뿍 가지고 있다고 볼 수 있습니다. 활동량이 많은 만큼 우연한 기회나 좋은 인연을 만날 가능성이 큽니다. 물론 여유 있는 일정에도 이점이 있습니다. 먼저, 관리적 관점에서 보면, 준비나 뒷마무리, 일정확인 등과 같은 관리 작업이 가능합니다. 또한 좋은 일이 생겼을 때 적절히 대응할 시간이 있습니다. 여유가 있다 보니 일정이 겹치거나 약속 장소를 착각하는 등 불미스러운 실수를 줄일 수 있습니다. 게다가 새로운 기회를 적극적으로 수용하고 활용할 수 있습니다. 여유가 있으니 당연한 일이지요.

다음으로, 개발적 관점에서 보면, 평소와는 다르게 행동할 가능성이 높아지는데, 그로 인해 생각지도 못한 운이 찾아오기도 합니다. 바쁠 때는 마음 또한 분주해 깊이 생각할 여유가 없지만 마음에 여유가 있다 보니 깨달음을 얻거나 새로운 발견에 이르기도 합니다.

저는 행운을 불러오는 최적의 환경은 바쁜 일정과 여유 있는 일정, 이 둘의 중간 지점이라고 생각합니다. 어떤 일이 우연히 발생했을 때, '진짜 기회일지도 몰라' 하고 알아차리는 능력을 세렌디피티 serendipity(우연히 발견한 뜻밖의 행운)라고 합니다. 이 능력을 향상시키기 위해서는 어느 정도의 활동량과 어느 정도의 여유 양쪽 모두가 필요하기 때문입니다.

마지막으로, 이런 비교도 해봅시다.

- 일정이 취소되었을 때 낙담하는 사람
- 이 이외의 사람(= '이것도 나름 괜찮아' 하고 긍정적으로 받아들이는 사람)

저는 후자에 속합니다. 갑자기 일정이 취소되거나 스케줄이 조정되어 예상치 못한 시간이 생겼을 때, 저는 갑작스레 생긴 '자투리 시간'을 무척 고맙게 여깁니다. 기쁜 마음으로 반기지요. 제게 자투리 시간은 우연히 찾아온 찬스나 마찬가지입니다. 사실 자투리 시간에 했던 일들이 의외로 좋은 결과로 이어지는 경우도 많았습니다. 여기 에는 이유가 있습니다. 성과를 내야 한다는 스트레스가 없기에 오히 려 성과를 낼 수 있었던 것입니다. 또한 밑져야 본전이라는 여유 있 는 마음 덕에 창의성을 발휘하기도 쉽습니다.

자투리 시간은 보너스 타임입니다. 보물과도 같은 자투리 시간 의 단점은 언제 찾아올지 모른다는 점입니다. 그리고 '뭘 하지?' 하 며 망설이는 사이에 훅 흘러가버리기도 합니다. 보물 같은 자투리 시 간을 무의미하게 낭비하지 않고 기회로 바꿀 방법이 있습니다. 바로 '위시리스트'를 만들어두는 것입니다. 리스트는 두 가지로 나눠볼 수 있습니다. 반드시 해야 할 일의 목록을 적은 '투 두 리스트To do list'와 하고 싶은 일의 목록을 적은 '위시 리스트wish list'입니다. 전자는 짧 을수록 좋고 후자는 길수록 좋습니다. 전자는 길면 그냥 덮어버리고 싶지만, 후자는 길면 보고만 있어도 즐겁습니다.

자투리 시간이 생겼을 때, 위시리스트는 긍정적 사고의 스위치를 켜줍니다. 약속이 직전에 취소되어도 '이것도 나름대로 좋아!' 하며 긍정적으로 받아들일 수 있습니다. 무엇보다 약속을 취소한 상대방 에게 화가 나지 않습니다. 오히려 감사하는 마음이 들 정도입니다. 이런 너그러움과 여유로움은 인간관계에도 분명 큰 이점이 되어줍 니다.

세상에 당연한 일은 없다

'우연'은 누구에게나 찾아옵니다. 그중에는 눈부신 미래로 이어질 씨앗도 있습니다. 하지만 대부분 그 귀하고 소중한 기회를 그냥 놓쳐버리고 맙니다. 당연하다고 여겨 제대로 인식하지 못하기 때문입니다.

'당연'에는 두 종류가 있습니다. 첫째, 논리적으로 당연한 것입니다. 다시 말해, 생각하지 않아도 옳은 것, 옳고 당연한 것입니다. 둘째, 존재 자체가 당연한 것입니다. 다시 말해, 늘 언제나 존재하는 것. 당연히 존재하는 것입니다. 그런데 '옳고 당연한 것'은 제대로 고려되지 않고, '당연히 존재하는 것'은 잘 인식되지 않습니다. 이 두 가지 시각 때문에 소중한 기회를 무심결에 놓쳐버리고 맙니다. 스코토마scotoma(심리적 맹점)에 빠지는 것이지요.

'옳고 당연한 것'에는 논리적으로 옳다고 여겨지는 것이 포함됩니다. 예를 들어, '삼각형에는 세 개의 변이 있다'는 명제는 논의할 여지가 없지요. 사칙연산도 마찬가지입니다. 마트 계산대에서 계산의 로직logic(논리)을 따지다가는 뒷사람의 눈총을 받아야 합니다. 로직은 일일이 확인하며 따지지 않아도 되니 일종의 절약술입니다. 효율을 높여야 할 때는 이처럼 많은 것이 '당연'하게 처리됩니다. 하나하나 따져가며 처리하다가는 생산성이 떨어질 테니까요. 다만, 해당 사안에 정통해야 생각하지 않아도 무리 없이 일을 진행할 수 있다는 것은 염두에 두어야 합니다.

그런데 우리는 습관적으로 '당연하다 = 특별히 주의하지 않아도 된다'고 생각하기 때문에 너무 쉽게 스코토마에 빠져버립니다. 그 결과, 부주의에 의한 사고가 발생하고 '당연'한 것이어서 아무 생각 없이 처리해버렸다며 사과하게 될 일이 생깁니다.

'옳고 당연한 것'이 무엇인지는 시각에 따라 달라집니다. 대부분의 경우 선입견이나 착각에 빠져 그렇게 여기는 것입니다. 불운을 방지하려면 가능한 한 다양한 각도에서 바라볼 필요가 있습니다. 이 과정에서 무엇이 당연한지는 조건이나 상황에 따라 달라진다는 사실을 깨달을 수 있습니다. 불운을 피하고 싶다면 지금까지 옳고 당연하다고 여겼던 것들을 다시 한 번 돌아보기 바랍니다. '언제나, 어디서나, 그 어떤 조건에서도' 절대적으로 옳은 것은 거의 없습니다.

'당연히 존재하는 것'의 전형적인 예로 공기나 자연, 사회적 인프라 같은 것이 있습니다. 평상시에는 인식의 대상조차 되지 못하지만, 잃어버리고 나면 그 소중함을 절감하게 됩니다. 이렇듯 당연한 것으로 간과하기 쉬운 것에는 나의 능력도 포함됩니다. 우리는 아무런 노력 없이 호흡하거나 걷습니다. 어려움 없이 유창하게 모국어를 구사하지요. 당연한 것으로 여기는 이런 능력들은 냉정히 생각해보면 무척 대단하고 소중한 것입니다. 하지만 대부분 그 가치를 제대로 인식하지 못합니다. 나에 대해서는 내가 제일 잘 안다고 자신 있게 말하지만, 자신의 능력조차도 주위 사람이 말해주어야 비로소 알아차리는 경우가 많습니다.

감사함을 나타내는 일본어 표현은 전 세계적으로 봐도 독특한 의미를 가지고 있습니다. 영어의 '생큐thank you'도, 중국어의 '씨에씨에 谢谢'도, 한국어의 '감사합니다'도 모두 상대방에 대한 마음을 표현

합니다. 그에 비해 일본어의 '아리가토ありがとう'는 '그것이 당연하지 않음을 잘 인식하고 있다'는 뜻을 담고 있습니다. 즉, 감사하는 마음이 당연하지 않다는 것을 아는 것이지요. 감사하는 마음은 당연하게 여기는 마음의 반대라고 봐야 합니다. 역으로 생각해보면 별생각 없이 '당연한 일이지'라고 말하는 것은 '감사'하게 여기지 않는 마음이 반영된 것으로, 이런 말은 듣는 사람에게 감사할 줄 모르는 사람이라는 인상을 줄 수 있습니다. '애정의 반대는 무관심'이라는 말과 비슷한 표현입니다.

운이 좋은 사람은 무슨 일이든 당연하다고 생각하지 않습니다. 그리고 감사하는 마음을 언제나 솔직하게 표현합니다. 이는 인간성이라기보다 행동상의 특징입니다. 그렇기 때문에 운을 불러들이는 좋은 습관은 누구나 따라 할 수 있습니다. 운을 끌어당기고 싶다면 '당연'하다고 느끼는 마음을 버리고 감사한 일을 찾아봅시다. 그런 시선으로 매 순간 살아가다 보면 우리 주위가 감사할 일들로 가득하다는 사실을 깨닫게 될 겁니다.

오늘도 맛있게 식사를 했다. - 조금도 당연한 일이 아니다.
지하철이 제시간에 도착했다. - 전 세계적으로 드문 일이다.
빨래가 바람에 휘날리며 잘 말랐다. - 기분 좋고 감사한 일이다.

우리가 매일 사용하는 각종 전자제품이나 다양한 서비스에 대해서도 한번 생각해봅시다. 그 하나하나를 실현하기 위해 얼마나 많은 사람의 노력이 필요했을까요? 실로 감사하지 않을 수 없습니다. 조금 더 깊이 들어가 인간이 가진 다양한 경이로움이나 생명의 신비로움에 대해서도 생각해봅시다. 당연한 것은 그 어디에도 없습니다.

우리가 살아가는 이 세상은 감사해야 할 일들로 가득합니다. 그것이 기회라는 것을 깨닫는 순간, 눈부신 빛으로 반짝이는 세상이 모습을 드러낼 겁니다. 그리고 그때 행운은 이미 내 옆에 와 있을 겁니다. 이렇듯 당연하지 않음을 인식하는 순간부터 운은 좋아지기 시작합니다. 왜냐하면 감사하다고 생각하는 것은 단적으로 말해 운의 존재를 인정하는 것이니까요. 사람에 따라서는 그것을 행운의 여신(또는 카이로스의 남신)이라고 부릅니다. 감사를 받으면 신들도 기분이 좋아집니다. 그래서 미소로 화답해줍니다.

．
．
．

목욕탕에서 깨달은 사소한 행운의 소중함

업무가 끝나고 근처의 대중목욕탕에 갔는데 탈의실 로커에 이런 문구가 붙어 있었습니다.

열쇠를 분실하지 않도록 주의해주세요. 열쇠를 분실하면 다음 날 까지 옷을 꺼낼 수 없습니다.

'목욕탕 로커 열쇠를 분실하는 바보가 있을까' 하며 속으로 비웃 었는데, 세상에! 그 바보가 바로 저였습니다. 목욕을 마친 후 옷을 꺼 내려는데 열쇠가 없었습니다. 우습게 봤던 로커의 문구는 제게 다가 올 미래를 친절히 제 머릿속에 그려줬습니다. 타올 한 장에 의지한 채 패닉 상태가 되어 대대적인 수색을 펼쳤습니다. 이 탕 저 탕 구석 구석 찾아보았으나 열쇠는 보이지 않았습니다. 제트스파의 거품에 휘말렸나 싶어 발로 더듬어보았으나 찾을 수 없었습니다. 물에 쓸려 내려갔나 싶어 배수구를 모두 다 훑어보았지만 그 어디에도 없었습 니다. 결국 카운터 직원에게 도움을 요청했습니다. 돌아오는 반응은 "없어질 리 없지요"라는 말이었습니다.

휴대폰이 로커 안에 있어 가족에게 연락할 수도 없었습니다. '아,

이 타올 한 장에 의지해 이 추운 겨울밤을 지새워야겠구나' 하고 각
오를 다지는데, 드디어 열쇠가 발견됐습니다. 무심코 어딘가에 놓아
두었던 제 열쇠를 다른 손님이 주워 수도꼭지에 걸어두었던 것입니
다. 열쇠를 발견하자마자 "살았다!"라고 외쳤던 그 순간을 지금도 잊
을 수 없습니다. 드디어 옷을 입은 저는 천군만마를 얻은 듯 기뻤습
니다. 석양을 받으며 집으로 무사귀환하면서 저는 열쇠를 찾고 옷을
되찾은 행운에 마음속 깊이 감사했습니다.

일본 대중가요 가사 중에 "아무것도 아닌 것 같은 일들이 행복"이
라는 노랫말이 있습니다. 우리는 아무것도 아닌 것처럼 보이는 사소
한 것들을 잃고 나서야 비로소 그 소중함과 감사함을 깨닫습니다. 대
중목욕탕에서의 소동에서 얻은 교훈을 되새기며, 무탈한 오늘 하루
가 얼마나 큰 행운인지 마음속으로 되새겨봅니다.

행운은 우연이 아니다

우연을 기회로 바꾼 사람의 5가지 특징

커리어 디벨롭먼트career development(경력 개발), 커리어 플랜career plan(경력 설계), 커리어 디자인career design 같은 표현들을 자주 봅니다. 어떤 분야나 현상, 또는 표현에 대한 사람들의 관심도를 대략적으로 파악할 때 인터넷 검색은 참 편리한 수단입니다. 검색창에 키워드를 입력한 후 클릭하고 나서 검색 결과 수를 참고하면 되니까요. 실제로 검색해보면 커리어career와 가장 많이 연결되는 영어 단어는 디벨롭먼트development, 즉 '개발'로 나옵니다. 커리어는 전형적으로 개발의 대상이라는 생각이 반영된 결과이지요.

자신의 커리어를 훌륭히 개발해온 사람은 일본에서 종종 '운이 좋은 사람'이라 불립니다. 그런 사람에게 "경력이 훌륭하십니다"라고 칭찬하면, 아주 겸손하게 "별말씀을요. 그냥 운이 좋았을 뿐입니다"라고 대답합니다. 하지만 본심은 그렇지 않을 겁니다.

바람직한 경력 개발이란 본인이 의도를 갖고 계획한 결과일까요? 아니면 운이라는 요소가 강하게 작용한 결과일까요? 이 질문에 한 가지 답이 될 수 있는 이론을 소개합니다. 존 크럼볼츠 스탠퍼드대학 교수의 '계획된 우연 이론Planned Happenstance Theory'입니다. 해픈스탠스happenstance는 쉽게 접하는 표현이 아니라 다소 생소할 수 있지만, 해피happy, 해프닝happening과 가까운 표현이라 생각하면 됩니다.

해픈스탠스를 차근차근 살펴봅시다. '햅hap'은 '우연히 일어난 일'을 의미합니다. 이것의 동사 형태 '해픈happen'은 '(어떤 일이 우연히) 발생하다'라는 의미입니다. 여기에 접미사를 붙여 '해픈스탠스happenstance'가 되면, '우발적인 성질을 갖는 것(우발성)'이라는 뜻을 갖습니다. 참고로, '햅hap'과 어원이 같은 말 중에 '해피happy'가 있습니다.

크럼볼츠는 커리어를 잘 쌓아온 사람들을 대상으로 연구 조사를 했습니다. 다음 두 가지 중 어느 쪽 사람이 더 많았을까요?

- 나 자신이 사전에 꿈꾸고 계획한 대로 경력을 쌓아왔다.
- 예기치 못한 우연을 잘 살려 기회로 삼은 결과, 성공했다.

조사 결과, 후자의 경우가 압도적으로 많았습니다. 이는 이른바 '끌어당김의 법칙'과는 다릅니다. 운이 좋아 보이는 사람들은 일정한 행동을 취하거나 태도를 가짐으로써 운이 자신의 편에 서도록 합니다. 즉, 운을 내 것으로 만드는 행동과 태도가 일상생활 속에 녹아 있습니다. 또한, 이들의 성공은 다른 사람들이 보면 마치 의도하고 계획해서 이뤄진 것처럼 보이지만, 사실은 햅hap의 덕이기도 합니다. 행운을 불러들이는 해프닝happening을 자신의 해피happy를 위해 적극적으로 이용하는 자세. 이 진취적인 자세가 바람직한 커리어로 이어지는 기회를 만들어냅니다.

크럼볼츠가 쓴 책의 제목은《LUCK is NO ACCIDENT(한국어판 제목은 굿럭)》입니다. 직역하면, '행운은 우연이 아니다'란 뜻이지요. '엑시던트accident'라는 단어는 '사고'라는 부정적인 의미로 많이 사용되지만, 원래는 '예상치 못한 우연'이라는 뜻입니다. '행운은 우연이 아니다'라는 말을 역으로 풀어보면 '행운을 얻은 데는 그만한 이유가 있다'라는 뜻이 됩니다. 이 말은 곧 '행운은 스스로 기회를 만들어감으로써 획득할 수 있다'라는 의미로 이해할 수 있습니다. 크럼볼츠의 책 제목에서 우리는 '행운은 스스로 만들어낼 수 있다'는 결론에 다다를 수 있습니다.

커리어를 탄탄하게 쌓아온 사람들은 우연을 잘 살려 이를 기회로 바꾸는 노력을 게을리하지 않습니다. 무척 고무적인 말이고 우리 삶에 꼭 적용해보고 싶은 말입니다. 그럼 어떻게 하면 좋을까요? 크럼볼츠는 우연을 내 편으로 만들어 가능성을 높여 나가는 사람들에게 공통적으로 나타나는 다섯 가지 특징을 소개했습니다. 이를 한자로 표현해보면 다음과 같습니다.

호好 ⟷ 호기심curiosity

지持 ⟷ 지속성 persistence

유柔 ⟷ 융통성 flexibility

락樂 ⟷ 낙관성 optimism

모冒 ⟷ 모험심 risk taking

이 중 '심心'이 붙은 호기심과 모험심, 이 두 가지는 마음 그 자체를 말합니다. '성性'이 붙은 지속성, 융통성, 낙관성, 이 세 가지는 성격이나 성질에 가깝습니다.

새로운 일을 시작하려면 호기심이 필요합니다. 하지만 왕성한 호기심에 이끌려 이 일 저 일 집적대는 식으로는 대성하기 어렵습니다. 절대로 포기하지 않겠다는 집요함과 끝을 보겠다는 집착(좋은 방향으로의)이 필요합니다. 이것이 바로 지속성입니다. 그렇다고 해서 너무 완고하게 같은 것만 고집하다가는 변화하는 환경에 적응하지 못하고 뒤처질 수 있습니다. 상황에 따라 임기응변의 기지를 발휘하며 유연하게 대처하는 자세가 중요합니다. 그것이 바로 융통성입니다. 지속성과 융통성 이 상반된 요소가 적절히 조화를 이루도록 마음속 깊은 곳에서 중심을 잡아주는 것이 바로 '어떻게든 될 거야' 같은 낙관성입니다.

기회는 위험을 감수하는 사람에게만 찾아옵니다. 위험이라고 하면 왠지 부정적인 측면이 부각되어 피하고 싶어지기 마련인데, 위기危機는 위危(위험)와 기機(기회)가 합쳐진 말입니다. 즉, 위험과 기회는 한 세트나 마찬가지입니다.

호기심과 모험심 두 마음 사이에 지속성, 융통성, 낙관성을 끼워

넣어보세요. 좋습니다. 이제 기회의 신의 앞머리를 낚아챌 준비를 갖춘 셈입니다.(집요하게 들리겠지만 여신이 아닙니다).

호기심이 운을 바꾼다

운을 내 편으로 만드는 사람이 갖는 다섯 가지 요소 중 호기심에 대해 조금 더 살펴봅시다. 호기심이란 '처음 본 것', '신기한 것', '미지의 것' 등에 강한 흥미가 샘솟는 심리적 상태입니다. 호기심의 밑바탕에는 '오호' 하며 순수하게 놀라는 마음과 '뭐지?' 하며 의문을 갖는 탐구심이 깔려 있습니다. 그리고 순수한 탐구심은 '신경 끄자'가 아닌 '한번 해보자' 하는 긍정적이고 적극적인 자세로 이어집니다. 호기심이 강한 사람은 새로운 경험을 열린 마음으로 마주합니다. 호기심은 최초의 한 발을 내딛게 하고, 그 여정이 항구를 향하도록 이끕니다.

호기심이란 자신의 머리로 생각을 거듭해 세계를 이해하고 어떤 일이 일어날지 알고 싶어 하는 욕구입니다. 과학이나 기술의 발전은 바로 호기심에서 비롯됐습니다. 호기심은 또한 인간을 인간답게 하는 요소 중 하나입니다. 호기심에는 몇 가지 특징이 있습니다. 이를 몇 가지 단어로 표현해보겠습니다.

첫째, '술술'입니다. 호기심이 발동되어 무엇인가를 할 때는 무리하고 있다는 생각이 들지 않습니다. 오히려 호기심을 억제하거나 막으면, 강한 스트레스를 받습니다. 둘째, '퐁퐁'입니다. 어떠한 계기로 시작된 호기심은 모락모락 피어나다가 퐁퐁 샘솟습니다. 긍정적 자극이 주어지면 억누를 수 없을 정도로 솟구치기도 합니다. 셋째, '자꾸'입니다. 하나를 알게 되면 더 알고 싶어집니다. 여름철 농부가 밭을 파헤치면 줄줄이 감자가 따라 올라오는 것처럼 지식이 꼬리에 꼬리를 물고 늘어나고, 그 덕분에 아이디어가 끊임없이 떠오릅니다.

호기심은 크게 두 종류로 나눌 수 있습니다. 첫째, '다양하게'입니다. 복수의 분야에 걸쳐 흥미가 옆으로 확장되는 상태로 '확산적 호기심'이라고도 합니다. 다방면에 걸쳐 폭넓은 지식과 경험을 추구하는 것입니다. 둘째, '깊이 있게'입니다. 특정 분야에 대해 깊이 있게 알고 싶은 지적 욕구로 '특수적 호기심'이라고 합니다. 특정 장르에 관한 정보를 수집해가며 한 가지 분야를 깊이 파고드는 것입니다.

'술술' 호기심이 춤을 추고, '퐁퐁' 흥미가 샘솟고, '자꾸자꾸' 아이디어가 떠오릅니다. '다양하게', 그리고 '깊이 있게' 조사해 나가다 보니 그것이 원인이 되어 그다음의 '술술-퐁퐁-자꾸-다양하게-깊이 있게'가 자연스럽게 반복됩니다. 이처럼 호기심은 자체적으로 선순환 사이클을 만들어냅니다.

그뿐 아닙니다. 호기심이 있으면 집중력이 높아지고, 생산성이 향상되며, 동시에 창의력이 발휘됩니다. 그러다 성과가 나타나면 자신감이 생기고, 그 결과 의욕이 더욱 고취됩니다. 이렇게 더 큰 차원의 선순환이 이뤄집니다. 이 같은 선순환이 시작되기 위해서는 어떤 형태로든 최초의 힘이 필요한데, 그것이 바로 호기심입니다. 호기심이 소용돌이의 중심인 것이지요. 호기심은 선순환을 일으키면서 동시에 더 큰 선순환의 뿌리가 됩니다. 더 나아가 행운을 불러들입니다.

이것이 바로 호기심을 가진 사람이 누릴 수 있는 최고의 효과입니다.

그런데 호기심의 강도는 사람에 따라 차이가 있습니다. 좀처럼 호기심을 느끼지 못하는 사람은 어떻게 하면 좋을까요? 호기심을 자극할 수 있는 방법이 있을까요? 평소 자신이 어떤 때에 호기심이 자극되고, 어떤 때에 호기심이 식는지 잘 살펴보면 도움이 됩니다. 《큐리어스Curious》를 쓴 이언 레슬리는 이와 관련, 흥미로운 이야기를 했습니다. 레슬리는 '지식에 대한 이해도'를 가로축으로, '호기심의 강도'를 세로축으로 삼아 그래프를 그리면 호기심 영역은 뒤집힌 U자 모양이 된다고 설명했습니다. 이 그래프에 따르면, 이해도가 제로인 경우는 기초적인 지식이 없으니 어디서부터 시작해야 할지 몰라 흥미를 느끼지 못합니다. '몰라'라는 말은 '관심 없어'와 같은 의미라고 볼 수 있지요. 부분적으로 이해된 경우는 '조금 더 알고 싶다'고 느낍니다. 이 '조금 더'가 바로 호기심의 본질입니다. 만일 이 단계에서도 아무 반응을 느끼지 못한다면 자신의 관심 분야와 맞지 않다고 생각하면 됩니다. 마지막으로 다 이해했다고 생각되는 경우입니다. 지적으로 배가 부르면 호기심은 사그라들게 마련입니다. '이제 다 알아'는 '재미없고 지루하다'는 의미입니다.

다시 말해, 어떤 주제나 분야에 대한 지식이 쌓여 이해도가 높아질수록 약했던 호기심은 왕성해집니다. 아직 모르는 부분에 대한 호기심이 강해져 이를 충족시키기 위해 파고들다 보면 이해력 또한 높아져 결국 그 분야에 통달하게 됩니다. 그 단계를 넘어서면 여전히 이해도는 높은 상태이지만 역으로 호기심이 약해집니다. 이를 그래프로 그리면 뒤집힌 U자 모양이 됩니다. 이 가설에서 호기심을 어떻게 다루어야 할지 힌트를 얻을 수 있습니다.

　잘 모르는 것에 흥미가 생기지 않는다 해도 걱정할 필요 없습니다. 당연한 반응입니다. 원래 전혀 모르는 분야에는 호기심이 생기지 않는 법입니다. 이런 경우, 일단 흥미가 생길 정도로만 이야기를 듣거나 공부를 해봅시다. 호기심이 생기는 시작점이 될 수 있습니다.

　물론 이 세상의 모든 것에 흥미를 느낄 필요는 없습니다. 하지만 알고 싶지도 않고 어떻게 되든 상관없다는 자세로 눈과 귀를 닫아버리면 시야가 좁아질 수밖에 없습니다. 어떤 이야기에도 관심과 흥미를 갖지 않다 보면 결국 스스로 자신의 세상을 좁혀버리는 결과를 초래하게 됩니다. 이런 상황에서는 모처럼의 기회가 찾아와도 날려버리기 일쑤입니다.

　인터넷의 출현은 호기심이 강한 사람들을 열광시킨 거대한 사회 변화였습니다. 제너럴리스트형 호기심꾼들도, 스페셜리스트형 호기심꾼들도 자신의 관심과 흥미가 바닥을 드러낼 때까지 파고들기에 딱 좋은 수단이었으니까요. 인터넷이 검색 기능을 중심으로 발전한 것만 봐도 사람은 호기심에 의해 움직인다는 사실을 잘 알 수 있습니다. 호기심이 강한 사람들은 하루에도 몇 번이고 인터넷을 검색합니다. 호기심이 없는 사람은 그 무엇도 검색하지 않습니다. 이런 상황이 계속되다 보면 '호기심 격차'는 당연히 점점 더 벌어지게 됩니다.

　호기심이 주는 최고의 효과는 단연 '기회의 증가'입니다. '운'의 관점에서 보면 이는 결정적으로 중요한 의미를 갖습니다. 다만 한 가지 유의할 점이 있습니다. 궁금하다는 이유로 무작정 꼬치꼬치 캐묻

다가는 부정적인 인상을 줄 수도 있습니다. 무엇이든 과유불급입니다. 더함과 덜함의 적절한 균형이 중요합니다.

비관주의자에게 보내는 메시지

크럼볼츠는 낙관성에 대해 운을 불러들이기 쉬운 성질 중 하나라고 말했습니다. 그런데 낙관주의자는 종종 비판을 받기도 합니다. 비관주의자가 낙관주의자에게 던지는 전형적인 비판 네 가지를 살펴보면서 '훌륭한 낙관주의자란 무엇인가'라는 질문의 답에 조금 더 다가서봅시다.

첫 번째 비판, '낙관주의자는 무방비 상태. 리스크에 둔감하다!'고 보는 시각입니다. 이와 관련, 비관주의자는 '우리야말로 리스크를 잘 파악하고 있다'며 자신만만해합니다.

일본 굴지의 기업 교세라의 창업주 이나모리 가즈오는 "낙관적으로 구상하고, 비관적으로 계획하고, 낙관적으로 실행하라"라고 말했습니다. 영화감독 구로사와 아키라의 "악마처럼 세심하게, 천사처럼 대범하게"라는 표현과도 일맥상통하는 말입니다. 많은 이가 이 같은 명언에 고개를 끄덕입니다. 하지만 실제로 자신을 돌아보면 완전히 반대로 행동하고 있음을 깨닫게 됩니다. 아이디어를 내면서 '이런 건 어차피 무리야' 하며 비관적으로 구상하고, 계획 수립 단계에서는 매출이 늘어나는 낙관적인 그래프를 꿈꿉니다. 아무 근거도 없이 말이지요. 그리고 막상 실행할 때가 되면 '역시 안 되는군' 하며 비관적인 태도를 보입니다. '리스크에 대비하면서도 긍정적으로 구상한다'. 이 것이 바로 훌륭한 낙관주의자의 태도입니다.

두 번째 비판, '낙관주의자는 꿈만 꾸는 사람. 현실과 동떨어져 있다!'고 보는 시각입니다. 이와 관련, 비관주의자는 '우리는 현실을 직시하고 미래를 예측한다'고 주장합니다.

할 수 없는 이유를 대는 것은 쉽습니다. 참 편하기도 합니다. 일이 잘 굴러가지 않을 때는 마음의 위로, 또는 심리적 보험이 되기도 합니다. 비관주의자가 좋아하는 말이 있습니다. 바로 "그럴 줄 알았다니까"와 "거 봐, 내가 뭐랬니" 같은 말입니다. 미래의 결과를 예상하고, 그 결과가 자신의 예상과 맞아떨어졌을 때 하는 말들이지요. 하지만 비관주의자처럼 부정적인 관점으로 미래의 결과를 예상하고 그것이 보기 좋게 맞아떨어졌다 한들 무슨 의미가 있습니까? '현실을 시야에 두면서도 미래 중심적으로 본다'. 이것이 바로 훌륭한 낙관주의자의 태도입니다.

세 번째 비판, '낙관주의자는 뭐든 OK. 현재를 비판 없이 긍정한다!'고 보는 시각입니다. 이와 관련, 비관주의자는 '우리는 문제점을 꿰뚫어 보는 힘이 있다'고 주장합니다.

낙관주의자는 현재에 대해서도, 미래에 대해서도 긍정적인 태도를 보입니다. 그리고 자신에 대해서도, 타인에 대해서도 긍정적인 시각에서 접근합니다. 그렇기 때문에 자연스럽게 '있는 그대로 좋아'라는 태도를 취합니다. 그에 비해 비관주의자는 매사 '지금 이대로는 안 돼' 하며 부정합니다. 그러나 거세게 비판만 할 뿐 정작 행동이 따라주지 않으면 앞으로 나아갈 수 없습니다. '비관주의자가 발견해낸 문제점을 개선의 기회로 받아들인다'. 이것이 바로 훌륭한 낙관주의자의 태도입니다.

네 번째 비판, '낙관주의자는 무사태평이다. 제대로, 충분히 생각하지 않는다!'고 보는 시각입니다. 이와 관련, 비관주의자는 '우리는 분석하고 생각하고 있다'고 주장합니다.

뇌 과학자인 이케가야 유지는 "확실히 뇌는 태평하다"라고 말했습니다. 이를 뒷받침하기 위해 '뇌의 낙천적인 성향'에 대한 미국의 연구 내용을 소개했는데요, 연구 결과에 따르면, 뇌는 좋아하는 것일수록 선명하게 이미지화할 수 있다고 합니다. 뇌는 원래 근심걱정 없고 태평합니다. 바꿔 말하면 낙천적입니다. 근심걱정 없는 상태에서 상상력은 더욱 자유로워집니다. 상상력이 발휘되고 있다는 것은 뇌의 움직임이 활발하다는 의미입니다. 태평하다는 것은 마음이 활짝 갠 하늘 같은 상태입니다. 인간은 원래 작은 것에 신경 쓰다 보면 불안해지기도 하고, 자신의 신세나 상황을 한탄하기도 쉽습니다. 그런 마음의 저기압 상태를 떨쳐버릴 수 있는 태평함은 아무 생각 없는 한심한 상태가 아니라 오히려 강한 정신 상태입니다. '그 어떤 비판에도 흔들림 없는 태평한 상태'. 이것이 바로 진정한 낙관주의자의 태도입니다.

·
·
·

100% 화도, 100% 복도 없다

'화복규묵禍福糾纏'이라는 말이 있습니다. 인생의 화와 복은 마치 꼬아놓은 새끼처럼 서로 얽혀 있어서 재앙이 있으면 복이 있고 복이 있으면 재앙도 있음을 비유해 이르는 말입니다. 행이 불행이 되기도 하고 화가 복이 되기도 한다는 '인간만사 새옹지마人間萬事 塞翁之馬'라는 표현도 있습니다. 제 경험에 비추어봐도 이 말들은 옳은 것 같습니다. 얼마 전에 이런 일이 있었습니다.

• 선반에 있던 향신료 병이 아이폰 위로 떨어져 액정화면이 깨졌다. ⟷ 화(곤란한 일)
• 보증 기간 중이어서 애플스토어에 수리를 예약할 수 있었다. ⟷ 복(잘된 일)
• 애플스토어에 갔더니 예약일이 다른 날이었다. ⟷ 화(곤란한 일)
• 옆 건물 영화관에서 예전부터 보고 싶었던 〈보헤미안 랩소디 Bohemian Rhapsody〉를 관람했다. ⟷ 복(잘된 일)

아이폰이 깨지고 게다가 수리 예약일을 착각하는 바람에, 아니 그 덕분에 예전부터 보고 싶었던 영화를 볼 수 있었습니다. 이 평범

한 경험에서도 알 수 있듯, 우연히 일어난 일은 100% 화도 아니고 100% 복도 아닙니다. 운이 좋은지 아닌지는 어떻게 받아들이는가 (인식)에 따라 달라집니다. 운을 좋게 하는지 아닌지는 어떻게 대응 하는가(행동)에 따라 달라집니다.

이 이야기를 페이스북에 올린 후 많은 사람과 그룹 퀸Queen에 대 해 이야기를 나눴습니다. 유쾌한 이야기가 오갔고, 더욱 재미있는 일 들이 생겼습니다. 오랫동안 알고 지낸 지인 중에 기업의 인사부 책임 자가 있는데, 그와도 여러 번 긴 메시지를 주고받았습니다. 잔뜩 신 이 난 저는 퀸의 라이브 블루레이 디스크를 집에서 함께 감상하자고 제안했습니다. 그가 임원으로 취임할 예정이라는 것을 알고 있었기 에 퀸의 라이브 공연을 보면서 저는 마치 고등학생처럼 들뜬 기분으 로 한껏 축하해주었습니다. 그런데 퀸의 라이브 공연을 감상한 다음 날, 그는 정말 임원으로 취임했습니다. 우연히 잡은 감상회 일정이 운 좋게도 승진 취임 바로 전날이었던 것입니다. 아이폰은 온몸을 던 져 저에게 다양한 행운을 선물해준 셈이지요.

커리어의 파도에 올라타는 법

인생의 '컴퍼스 턴'

이제는 전직을 통해 스스로 경력을 개발해 나가는 것이 일상적인 일이 됐습니다. 예전에는 누군가 전직한다고 하면 구르는 돌에는 이끼가 끼지 않는다며 말리기 바빴습니다. '구르는 돌에는 이끼가 끼지 않는다', 즉 '구르는 돌은 좋지 않다'는 것이 전통적인 가치관이었습니다. 이 표현에는 '이끼가 끼다 ＝ 좋은 것'이라는 전제가 깔려 있습니다. 영어에도 '구르는 돌에는 이끼가 끼지 않는다A rolling stone gathers no moth'는 속담이 있습니다.

그런데 주로 미국에서 쓰이는 이 표현의 의미는 180도 다릅니다. 미국에서는 이끼가 끼는 것을 나쁘다고 생각합니다. 흐르는 물이 탁해지지 않는 것처럼, 이끼가 끼지 않도록 늘 부지런히 움직여야 한다는 의미입니다(다만 같은 영어권에서도 영국에서는 '한곳에서 꾸준히 일하지 않는 사람은 성공할 수 없다'라는 의미로 해석합니다.)

저는 몇 곳의 회사에서 근무했습니다. 그런 이유로 전직에 대한 생각을 질문 받거나 전직에 대한 고민 상담을 요청해 오는 경우가 많습니다. 그럴 때마다 늘 이렇게 대답했습니다. "경력을 개발하는 데 있어서 '양발 모아 뛰기'를 할 순 없습니다. 컴퍼스로 원을 그리듯, 한 발은 중심축으로 삼아 고정하고 다른 발만 움직이는 컴퍼스 턴compass turn을 해야 합니다. 그것이 커리어의 전개展開, 즉 전직展職입니다." 참고로, 컴퍼스 턴은 제가 만든 표현으로, 농구에서의 피벗 턴pivot turn과 같은 의미입니다.

직장을 옮기는 사람은 새로운 세계를 꿈꿉니다. 하지만 새로운 고용주는 경력을 중시합니다. 다른 업계의 다른 직종으로 전직하면서 지금과 같은 또는 그 이상의 연봉을 기대하기도 합니다. 그런데 현실적으로 볼 때 이는 지나친 욕심입니다. 이런 경우, 컴퍼스 턴을 하면 두 개의 서로 다른 니즈를 현명하게 조합할 수 있습니다. 즉, 지금까지 해온 일들이 '실적'이 되어 '다음 기회'를 만들어내는 것이지요.

- 업계와 직종, 이들 중 하나는 지금까지의 경험을 살려 기업 측 니즈에 응한다.
- 업계와 직종, 이들 중 하나는 새롭게 도전하여 자신의 꿈을 추구한다.

앞서 말했듯, 저도 몇 번 회사를 옮겼는데 모두 다 컴퍼스 턴이었습니다. '전략'을 중심축으로 두고 제조 회사에서 컨설팅 회사로 옮겼고, '컨설팅'을 중심축으로 두고 전략에서 인사로 옮겼습니다. '인사'를 중심축으로 두고 컨설팅에서 금융기관으로, 그리고 거기에서 한 발 더 나아가 대학으로 옮겨 왔습니다. 대학에서의 시작은 비즈니스 스쿨이었는데, 나아가 음악대학의 전략 수립 업무도 맡게 됐습니다. 제 이런 경력이 전체적으로 성공적인지는 지금 결론 지을 수 없습니다.

'이끼가 끼는 것이 좋다'는 가치관의 잣대로 보면, 경력을 충분히 쌓지 못한 점, 즉 이끼가 낄 만큼 한 가지 일을 오래 하지 못한 점은 아쉽다고 할 수 있습니다. 반대로 '이끼가 끼는 것은 나쁘다'는 잣대로 보면, 다양한 경험을 쌓은 점, 즉 이끼가 낄 틈 없이 부지런히 움직인 점은 좋았다고 할 수 있습니다. 그런데 한 가지 확실한 사실이 있습니다. 이 책의 저술 활동에 한정지어 말한다면, 제 다양한 경험은 집필하는 데 무척 도움이 됐습니다. 저는 '운'이라는 것을 생각하기 위해 커리어의 컴퍼스를 계속 돌려왔는지도 모릅니다.

- ♣ '미래 개척'에 있어서는, 필자 커리어의 전반적인 전개
- ♥ '관계 구축'에 있어서는, 인사부장 및 리더십 개발 책임자로서의 경험
- ♠ '의사결정'에 있어서는, 기획부 및 전략 컨설팅 회사에서의 경험
- ♦ '자기 관리'에 있어서는, 금융기관(특히 자산운용회사)에서의 경험

한편, 컴퍼스의 중심축에는 특정 업계에서의 경험이나 직무 경험

뿐만 아니라 특정 고객 유형에 대한 경험, 특정 국가나 지역에서의 경험 등 다양한 요소들이 포함됩니다. 이것은 기업에 있어서 인재 투자에 상응하는 가치, 즉 채용의 이유가 됩니다.

자신만의 확고한 중심축은 자신감이 되어줍니다. 그 자신감을 바탕으로 미래를 전망하고 계획을 세울 수 있습니다. 동시에 다른 한쪽 발을 움직여 놓치고 싶지 않은 새로운 기회에 도전해봅시다. 아래 리스트를 통해 자신의 업무를 되돌아보며 자신의 커리어 전개에 있어 어느 부분이 중심축이 될 수 있는지 정리해보는 것은 어떨까요?

□ 특정 업계에서의 경험과 지식　　　　[　　　　]

□ 직무 경험과 그에 따른 자격이나 스킬　[　　　　]

□ 특정 고객 유형에 대한 경험　　　　　[　　　　]

□ 프로젝트를 실행한 경험　　　　　　　[　　　　]

□ 매니지먼트 경험　　　　　　　　　　[　　　　]

□ 특정 국가나 지역에 대한 경험　　　　[　　　　]

□ 그 외　　　　　　　　　　　　　　　[　　　　]

커리어는 루트 기호를 닮았다

커리어를 알차게 쌓아온 사람을 보면 운이 좋은 사람이라는 생각이 듭니다. 그런데 훌륭한 커리어란 어떤 상태를 말하는 것일까요? 평온 무사한 커리어일까요? 파란만장한 커리어일까요?

의외로 어려운 문제입니다. 평화롭고 안정적인 커리어는 트집 잡을 점이 없습니다. 하지만 스토리 관점에서 보면 지루하다는 느낌이 듭니다. 파란만장한 커리어는 어떤가요? 폭풍 속으로 자진해서 걸어들어가고 싶은 사람은 많지 않을 겁니다. 인생을 되돌아보며 안줏거리 삼아 이야기하기에는 좋을지도 모르겠지만요. '평온무사를 바라지만, 좋을 때도 있고 나쁠 때도 있다.' 이것이 많은 사람이 겪고 있는 커리어의 현실입니다. 인생에는 당연히 산도 있고 계곡도 있습니다. 역으로 말하면 산도 있고 계곡도 있으니 인생입니다.

'커리어란 무엇인가'라는 질문을 받으면, 저는 '루트 기호($\sqrt{\ }$)와 닮았다'고 답합니다. 루트 기호에는 세 개의 각이 있습니다. 조금 올라간 후의 각, 거기서 조금 아래를 향한 후의 각, 거기서 다시 위를 향합니다. 계속 위로 향하는 줄 알았더니 거기서 또 각을 만나 꺾인 후 평평해집니다. 커리어는 이 루트 기호와 흡사합니다. 처음 시작하면서 '굿 스타트!' 의기양양했는데, 훅 급강하합니다. '인생 최악, 결국 이렇게 끝나는가!' 했더니, 어느 날부터 급격히 상승하기 시작합니다. '정말 좋구나!' 하며 만족하고 있었는데, 어느 순간 한계에 도달합니다.

인생처럼 커리어도 일직선일 수 없습니다. 산과 계곡을 기회로 삼기 위해 어떻게 현명하게 대처해 나갈 것인지, 그리고 그런 경험을 바탕으로 어떻게 자신만의 루트 기호를 만들어 나갈 것인지 고민해봅시다. 이것 바로 커리어를 형성해 나가는 과정의 묘미라고 할 수 있습니다.

그런데 커리어career라는 단어의 어원은 무엇일까요? 바로 자동차입니다. 이 말은 라틴어 '카라라carraria(차도)'에서 유래했습니다. 프랑스어 '카리에르carrière'는 경마장 또는 경기장을 의미합니다. 커리어는 코스 및 트랙(행로, 발자취)의 의미로 쓰였고, 여기서 발전해 '경력, 편력'을 의미하게 됐습니다.

길에는 교차로도 있고 모퉁이도 있습니다. 레이스 코스에는 U자 모양으로 도로가 급하게 굽은 헤어핀 커브도 있습니다. 커리어를 만들어가는 것은 둘도 없이 소중한 자신의 인생 코스에서 스스로 핸들을 잡고 운전해 나가는 과정이나 마찬가지입니다. 루트 기호와 닮은 커리어의 행로에서 얼마나 능숙하게 커브를 도는가가 바로 운전자의 능력이 발휘되는 지점입니다.

루트 기호에는 세 개의 각이 있습니다. 네 개의 선으로 구성되어 있다고도 볼 수 있습니다. 커리어에 관해서도 '각'에 주목하는 이론과 '선'에 주목하는 이론이 있습니다.

- 각 = 전환기 = 변화하는 상황(변곡점) = 트랜지션transition = 교차로 또는 길모퉁이
- 선 = 단계 = 연속적인 상태(안정) = 스테이지stage = 앞이 탁 트이고 쭉 뻗은 길

커리어 이론 연구자이자 미국커리어개발협회장을 지낸 낸시 슐로스버그는 '각' 부분, 즉 전환기(트랜지션)에 주목했습니다. 전환기의 '기機'는 기회를 의미합니다. 인생에 변화를 가져오는 전환기에 발생하는 일이나 사건을 영어로는 '이벤트event'라고 합니다. '사소하거

나 우발적인 일'보다는 넓은 의미에서 '결과로서 일어난 일'을 의미하는 '운'에 가까운 뉘앙스입니다. 이벤트에는 자신의 노력으로 얻은 것도 있고, 우연히 굴러 들어온 것도 있습니다. 바라지 않던 일의 발생 또한 전환기를 초래하는 이벤트이지요.

노력의 결과이든 우연한 사건이든, 원하는 일이든 원치 않는 일이든, 여하튼 그로 인해 전환기가 오면 다양한 변화가 펼쳐집니다. 입장이나 역할이 바뀔 수도 있고, 인간관계가 크게 변하기도 합니다. 주거지 등 생활 환경이 완전히 바뀔 수도 있습니다. 어찌 됐든 생소한 미지의 세계에 발을 딛게 되는 것이지요. 변화 이후의 삶이 반드시 만족스러울 거라는 보장은 없습니다. 다만 불확실성은 매우 커집니다. 전환기를 맞이하면 능력은 시험대에 오릅니다. '지금 이 순간'의 변화를 능숙히 제어하고, 그 기회를 도약의 발판으로 활용 가능한지 여부에서 자신의 역량이 고스란히 드러나는 것이지요. 중요한 운의 갈림길에 선 것입니다.

전환기를 맞이하면 누구든 당황스럽고 혼란스러울 수밖에 없습니다. 신중해야 하는 순간이지만 비이성적이고 근시안적인 결정을 내리기 쉽습니다. 그런 실수를 저지르지 않기 위해서 중대한 전환기일수록 침착하게 처신해야 합니다. 전환기의 한복판에서 흔들리지 않고 중심을 잡으려면 어떻게 해야 할까요?

종이에 적으며 정리해보는 방법을 추천합니다. 문자화하는 과정에서 '생각'을 할 수 있고, 동시에 상황이나 나 자신을 '객관적'으로 바라볼 수 있습니다.

자신이 전환기에 놓였다는 생각이 든다면 다음 질문에 답해봄시다.

- 현재 어떤 일이 벌어졌는가? 어떤 가능성이 있는가?
- 자신의 강점은 무엇인가? 변화 이후의 삶에서 강점을 살릴 수 있는가?
- 상담할 수 있는 사람이 있는가? 지혜를 나눠줄 사람이 있는가? 믿고 의지할 사람이 있는가?

세 번째 항목에서 떠오르는 사람이 있다면, 그 사람과 상담해보세요. 자신이 내린 결정에 대해 지지를 받으려는 게 아니라, 어디까지나 객관적인 의견을 구한다는 목적으로 상담해보길 권합니다. 그 사람이 상황을 다른 시각으로 해석해줄 수도 있습니다. '본인보다 제삼자가 사물의 옳고 그름, 굽고 곧음을 더 잘 안다'는 말도 있듯, 조금 거리를 두고 보는 제삼자가 더 잘 간파하는 부분이 있을 겁니다.

슐로스버그가 단락을 짓는 시점인 '각'에 주목한 것에 반해, 도널드 E. 슈퍼는 안정적인 상태인 '선'에 주목해서 '라이프 스테이지life stage', '라이프 롤life roll'이라는 개념을 소개했습니다.

'스테이지'도 '롤'도 모두 연극 용어입니다. 스테이지는 무대 및 장면을, 롤은 배역 및 역할을 의미합니다. 이 용어들은 커리어를 보는 슈퍼의 관점을 잘 나타냅니다. 그는 인간은 나이가 들어감에 따라 활동하는 무대가 달라진다며, 각각의 장면에서 다른 역할을 연기하며 성장해 나가는 것이 커리어라고 해석했습니다.

우리의 역할은 단 하나가 아닙니다. 우리는 복수의 역할을 동시에 수행하고 있습니다. 이런 경험을 통해 우리는 '나는 누구인가'에 대한 자기 나름의 답을 만들어갑니다. 커리어란 몇 개의 루트 기호를 동시에 겹쳐 나가며 '나다움'을 확립해가는 과정입니다. 진정한 나 자신에 이르는 여정입니다.

자리가 바뀌면 풍경이 달라진다

루트 기호의 선은 올라갔다가 내려갔다가 마지막에는 옆으로 평평하게 뻗어 나갑니다. 꽤 긴 선입니다. 마지막의 이 평평한 선이 바로 커리어의 정점입니다. 이 상태를 커리어 이론에서는 '커리어 플래토career plateau(경력 정체)'라고 부릅니다. '플래토'란 '대지, 고원, 안정기, 정체기'라는 의미를 갖습니다. 커리어에 있어서 플래토란 더 이상 승진을 기대할 수 없는 지점 이후를 말합니다. 일반적으로 현재의 업무가 변화 없이 장기간(5년 이상) 계속되면 커리어 플래토로 간주합니다.

'커리어 개발'이라는 표현에서도 알 수 있듯, 암묵적으로 커리어는 향상되거나 상승하는 것이라고 생각합니다. 하지만 조직에 있어서의 업무를 생각해보면, 모든 직원의 커리어가 무한히 상승하는 일은 없습니다. 위로 가면 갈수록 자리가 줄어드니 당연한 일입니다. 누구나 언젠가는 더 이상 오를 곳이 없는 정점, 즉 한계를 맞게 됩니다. 플래토 상태가 되었을 때, '아, 나의 운은 이제 끝이구나' 하며 낙담하는 사람도 있습니다. 그런데 정말 그럴까요? 원래 커리어 플래토란 부정적인 것일까요?

꼭 그렇지만은 않다는 시각을 제시한 사람이 있습니다. 바로 토머스 페렌스입니다. 그는 두 개의 분류를 조합해서 총 네 개의 카테고리를 제시했습니다.

분류의 첫 번째 기준은 '현재 직위에서의 실적', 즉 '현재 실적'이 높은가 낮은가 하는 것입니다. 분류의 두 번째 기준은 '추후 승진 가능성', 즉 '성장 가능성'이 높은가 낮은가 하는 것입니다. 각 카테고리에 해당하는 사람은 다음과 같은 특징이 있습니다.

- 학습자learners: 현재 실적은 낮지만, 성장 가능성이 높다.
- 스타stars: 현재 실적도 높고, 성장 가능성도 높다.
- 고목deadwood: 현재 실적도 낮고, 성장 가능성도 낮다.
- 모범시민solid citizens: 현재 실적은 높지만, 성장 가능성이 낮다.

신입사원이나 새로운 부서로 막 이동해 온 사람은 '학습자'입니다. 업무 실적과 성장 잠재력을 둘 다 겸비한 '스타'는 장래가 촉망되는 보물 같은 인재입니다. '고목'은 조직을 떠나든지 아니면 재교육을 받든지 둘 중 하나를 선택해야 합니다. '모범시민'은 숙련된 업무 능력으로 일을 훌륭하게 처리해냅니다. 플래토 상태에 있지만, 조직에 있어서는 보배임에 틀림없습니다. '모범시민'이 창출한 이익은 차세대 '스타'를 육성하는 데 투자됩니다. 즉, 플래토 상태에 있는 '모범시민'은 조직의 차세대 기수를 키워내는 자랑스러운 역할을 하는 경우가 많습니다. 든든하고 믿음직한 존재이지요.

위의 분류는 비즈니스 스쿨에서 배우는 대표적인 프레임 워크인 PPM Product Portfolio Management 매트릭스와 닮았습니다. PPM은 보스턴컨설팅그룹BCG이 개발한 전략에 대한 분석 및 평가 기법으로, 두 종류의 항목을 조합해서 총 네 개의 카테고리로 나눕니다. 첫 번째 항목은, '상품의 강점', 즉 현재 '시장점유율'이 높은가 낮은가 하는 것입니다. 두 번째 항목은, '시장의 성장 가능성', 즉 '시장 성장률'이 높은가 낮은가 하는 것입니다. 이렇게 총 네 개의 카테고리가 만들어지는데, 각 카테고리에 해당하는 상품은 다음과 같은 특징을 보입니다.

- 물음표question mark: 시장점유율은 낮지만, 시장 성장률이 높다.
- 스타star: 시장점유율도 높고, 시장 성장률도 높다.
- 싸움에서 진 개under dog: 시장점유율도 낮고, 시장 성장률도 낮다.
- 캐시카우cash cow: 시장점유율은 높지만, 시장 성장률이 낮다.

신상품은 앞으로 어떻게 될지 모르기에 '물음표'입니다. 성장해가는 시장에서 높은 점유율을 가진 상품은 '스타'입니다. '싸움에서 진 개'는 시장에서의 퇴출 또는 검토가 필요합니다. '캐시카우'는 성숙한 시장에서 높은 점유율을 나타내는 상품으로, 기업의 귀중한 수익원입니다. 하지만 그 이상의 성장은 기대하기 어렵습니다. 즉, 플래토 상태에 있습니다.

'캐시카우'가 창출하는 이익은 '물음표'에 투자되어 차세대 '스타'

를 육성하는 데 쓰입니다. '스타'는 시장의 성숙과 함께 언젠가는 차세대 '캐시카우'가 되고, 거기서 얻어진 자금은 다시 다음 세대의 '스타'를 육성하기 위해 투자됩니다. 이러한 선순환이 이루어질 때 기업은 장기적인 성장을 지속할 수 있습니다.

신입사원이나 이제 막 부서를 바꾼 사람은 '학습자'로서 커리어를 시작합니다. 실적이 높아지고 업적이 쌓이면서 '학습자'는 '스타'의 자리로 이동합니다. 페렌스 모델의 '스타'는 PPM의 '스타'와 동일합니다. 하지만 빛나는 스타라고 해서 언제까지나 그 지위에 머물 수는 없는 법. 극히 일부 예외를 제외하고는 차세대를 위해 이익을 창출하는 자리로 이동합니다. 바로 '모범시민', PPM의 '캐시카우'에 해당합니다.

저는 시티은행에서 리더십 개발 매니저 업무를 담당한 적이 있습니다. 시티은행에서는 '모범시민'을 '원숙한 프로'라고 불렀습니다. 더 이상 승진하는 것은 어려워 보이지만, 회사의 소중한 인재이지요. 이런 면에서 볼 때 일정한 경험을 쌓은 후 맞이하게 되는 커리어 플래토는 마냥 슬퍼할 일만은 아닙니다. 모범시민 또는 원숙한 프로가 되었다는 의미이니까요. 업무 역량을 발휘해서 벌어들인 돈을 차세대 스타를 육성하는 데 투자하는 조직의 캐시카우가 되었다는 의미이기도 합니다. 이처럼 커리어의 정점에 다다른 사람들이 있기에 (좋은 의미에서) 차세대가 제대로 육성되고, 그 결과 조직 전체의 운이 향상되는 것입니다.

:
:
:

"최악을 경험한 건 정말 좋은 일이야"

2019년 도쿄대학 입학식 축사로 화제가 되었던 우에노 지즈코 교수(도쿄대학 명예교수. 일본의 사회학자이자 여성학의 선구자. 2019년 4월 일본 최고의 명문대학인 도쿄대학 입학식에서의 축사가 큰 화제가 되었다. 성차별이 만연한 공정하지 않은 일본 사회를 지적하며, 도쿄대학도 예외가 아님을 비판했다. 축복받은 환경과 축복받은 능력을 그렇지 않은 사람들을 돕기 위해 써달라고 당부했다. 대학은 이미 존재하는 '지知'(지식·지혜)를 익히는 곳이 아니라, 지금까지 그 누구도 본 적 없는 '지知'를 만들어내기 위한 '지知', 즉 메타 지식을 익히는 곳이라며 배움의 가치를 전달했다_옮긴이)는 저의 대학교 9년 선배입니다. 당시는 각 학년이 20명 정도였습니다. 교수님에게 영향을 받은 사람은 셀 수 없이 많습니다. 저도 커리어의 큰 전환기 때마다 운 좋게 교수님을 뵙고 큰 도움을 받았습니다.

첫 번째는 1978년, 제가 20세 때였습니다. 대학교 3학년이 된 저는 학자가 되고 싶은 막연한 희망을 품고 사회학을 공부했습니다. 교수님과는 연구회 등에서 조금씩 이야기를 나눌 기회가 있었는데, 정말 예리하고 위엄 있는 분이라고 느꼈습니다. '정말 머리가 좋다는 건 이런 분을 말하는 것이구나' 하는 경외와 존경의 마음이 절로 들었습니다. 너무나도 명쾌한 논리에 감탄했고, '학자가 되려면 저 정도는 돼야 해' 하는 생각이 들었습니다. 그분을 보면서 저는 학자에 대한 막연한 꿈과 미련을 버리고 취직을 택했습니다.

두 번째는 1990년, 제가 32세 때였습니다. 스탠퍼드대학에서 MBA 과정을 마친 귀국했다는 인사를 드리고 싶어 교수님께 연락을 했습니다. 이미 전국적으로 유명인이 되신 뒤였지만, 정말 감사하게 도 시간을 내주셨습니다.

"자네의 필드워크fieldwork(현장연구)는 어땠는가?" 하는 질문을 받았고, '네? 저는 나름대로 열심히 직장 생활을 하고 있습니다. 학자가 아니라서 필드워크는 조금도 생각해본 적이 없는데요……' 하고 속으로 생각만 할 뿐 아무 대답도 하지 못했습니다. 하지만 그후에도 교수님의 그 질문은 몇 번이고 거듭 마음속에서 반추됐습니다.

세 번째는 2004년, 제가 46세 때였습니다. 저는 당시 이른바 '중년의 위기'를 맞이하고 있었습니다. 아스팔트가 녹을 듯한 뜨거운 여름, 일 때문에 도쿄대학 근처에 갔다가 문득 교수님 생각이 나서 교수님의 연구실로 전화를 드렸습니다. "누구지?" 하고 물으셔서, "후배 스기우라 마사카즈입니다"라고 대답했더니, 근처에 있으면 오라고 하셨습니다. 바로 연구실로 찾아갔고, 시원한 화과자를 먹으며 근황을 이야기했습니다. 이제 겨우 인생 최악의 상황에서 벗어나는 듯하다고 했더니, 교수님께서 이렇게 말씀해주셨습니다.

"최악을 경험한 건 정말 좋은 일이야."

교수님과 만난 지 불과 2개월 후, 우연과 행운이 겹쳐 와세다대학과 인연을 맺게 됐습니다. 의도치 않게 계속해왔던 22년간의 비즈니스 경험은 결과적으로 경영학 연구와 교육에 도움이 되는 장기간의 필드워크였다는 생각이 들었습니다.

네 번째는 2004년 가을이었습니다. 와세다대학에서 일하게 된 제가 가장 먼저 인사를 드리고 싶었던 분은 역시 우에노 교수님이었습니다. 다시 연구실을 방문했더니 축하한다며《잘 가, 학교화 사회サヨナラ、学校化社会》라는 책 한 권을 건네주셨습니다. '22년 걸려 겨우 대학교에서 가르치게 되었는데 느닷없이 잘 가라니……' 순간 당황스럽기도 했지만 이내 그 지성의 날카로움에 감탄하게 됐습니다. 책에 적힌 '새 출발을 축하합니다'라는 교수님의 메시지도 무척 감사했습니다. 그날 선물 받은 교수님의 책은 이제 막 대학에서 교원 생활을 시작한 저에게 딱 어울리는 책이었고, 동시에 저의 '원점'이 되어주었습니다.

밑져야 본전 파워

일단 해보고 말하자

'인간은 희망을 먹고 산다'고 말하는 사람이 있습니다. '희망을 가질 수 있는 사회를 만들자!'고 정치가는 말합니다. '희망을 가지라고 하지만 지금 시대에는 어렵다'는 말도 많이 들립니다. '그것은 희망 사항에 불과하지요'라는 말은 사실상 실현 불가능하다는 의미입니다.

'희망'은 이 책의 주제인 '운', 그리고 '꿈'과 깊은 관계가 있습니다. 우선, 운이 좋으면 희망이 이루어지니 '운과 희망'은 한 세트입니다. 다음으로 '꿈도 희망도 없다'는 표현이 있는 만큼 '꿈과 희망'도 한 세트입니다. 이를 바탕으로 희망의 특징을 다음과 같이 'H.O.P.E.'로 정리해보았습니다.

H humanity

　– 희망은 인간성의 근간이자 인간을 인간답게 하는 것이다.

O opportunity

　– 희망은 '스스로 기회를 만들 수 있다'는 믿음과 함께 솟아난다.

P potentiality

　– 희망은 '꿈은 이루어진다'는 가능성을 믿음으로써 지속된다.

E energy

　– 희망은 인간이 일이나 상황을 움직여 나가게 하는 활력소다.

　희망이 무엇인지 조금 더 명확히 이해하기 위해 '불안'과 연관 지어 생각해봅시다. 왜냐하면 희망은 불안이 사라진 자리에서 싹트는 것이니까요. "희망 같은 건 없어"라고 말하는 사람에게 그 이유를 물어보면 미래에 대한 희망을 갖기는커녕 지금 이 순간이 불안해서 견딜 수 없다고 대답합니다. 현재의 불안에 압도당해 미래의 희망을 볼 수 없는 상태인 것이지요. 이처럼 불안과 희망은 한쪽이 커지면 다른 한쪽이 작아지는 반비례 관계입니다. 그렇다면 불안의 정체를 파헤쳐보면 희망이 무엇인지에 조금 더 다가갈 수 있지 않을까요.

　우리는 도대체 무엇에 불안을 느낄까요? 불안이란, '실패하면 부끄럽다', '상처받을지도 모른다', '소중한 것을 잃어버릴지도 모른다' 같은 생각 때문에 생겨나는 감정입니다. 그런데 이런 마음속 불안들은 정말로 현실이 될까요? 만에 하나 현실이 된다면 그것은 마이너스인가요? 마이너스라면 어떤 점이 마이너스인가요? 냉정하게 생각해볼 일입니다.

'실패하면 부끄럽다'는 불안은 대부분 현실화되지 않습니다. 도전했다가 실패한 사람을 보면 부끄러워해야 한다고 생각하나요? 그 누구도 도전했다 실패한 사람을 부끄러운 사람이라고 보지 않습니다. 사람들은 의외로 실패에 관대합니다. '상처받을지도 모른다'는 불안 또한 현실화될 가능성이 낮습니다. 실패한 사람에게 상처되는 말을 던지나요? 사람들은 실패한 사람을 보면 오히려 격려해주고 도전 정신에 존경을 표합니다.

불안이 현실화되어도 잃을 것은 거의 없습니다. 깊이 생각해보면 실패하더라도 대부분의 경우 잃는 것은 별로 없습니다. 만에 하나 그 불안이 현실화되더라도 도움이 되는 점이 있습니다. 그 어떤 경험이든 배움으로 연결됩니다. 더군다나 실패에선 더 많은 교훈을 얻을 수 있습니다.

불안은 대부분 현실화되지 않습니다. 현실화되더라도 큰 문제는 아닙니다. 오히려 얻을 수 있는 지혜가 많습니다. 운이 좋은 사람은 이런 점을 잘 알고 있기에 '잘 안 될 수도 있지만' '실패할 각오'로 행동에 나섭니다. 불안과의 싸움 속에서 불안을 다스릴 때 희망은 살아납니다. 희망을 억누르는 불안을 잘 들여다보면 별것 아닌 경우가 많습니다. '실제로는 별 리스크가 없다는 것을 냉정히 계산한 후, 주저 없이 도전한다'. 이것이 바로 '밑져야 본전' 정신입니다.

밑져야 본전이라고 생각합시다. 일이 잘못된다 한들 크게 손해 볼 것도, 크게 잃을 것도 없습니다. 거듭된 도전은 오히려 다양한 기회와 운을 불러들입니다. 주저하지 말고 계속 시도해보세요. 시도하는 횟수를 늘리다 보면 언젠가는 성공하게 마련입니다. 승률은 중요하

지 않습니다. 사소하더라도 승리하는 경험이 많아지는 것만으로도
충분합니다.

거짓 긍정의 함정

'결국 운은 인지의 문제'라는 사고방식은 설득력이 있습니다. 긍
정적인 면에 주목하여 '행운'이라며 기뻐한다면, 그것은 행운입니다.
부정적인 면에 주목하여 '불운'이라며 탄식한다면, 확실히 그것은 불
운입니다. '결국 운은 해석의 문제'라는 접근 방식도 납득이 갑니다.
긍정적으로 해석하여 '운이 좋다'며 감사하면, 실제로 좋은 방향으로
전개됩니다. 부정적으로 해석하여 '운이 나쁘다'며 낙담하면, 상황은
점점 더 나빠집니다.

그렇다면 긍정적으로 생각하기만 하면 되는 것일까요? 뉴욕대학
심리학과 교수 가브리엘 외팅겐은 긍정심리학의 주장을 부정하는
연구 결과를 발표해 주목받았습니다. 외팅겐은 전통적인 지혜처럼
여겨지는 긍정적인 사고방식이 언제나 도움을 주는 것은 아니라며
긍정적인 사고가 오히려 불운을 부르고, 최악의 경우 정신질환의 원
인이 되기도 한다고 지적했습니다.

외팅겐은 학생들을 대상으로 졸업 후 자신의 커리어를 이미지화
하게 하고 나서 2년 뒤 그 학생들을 추적해보았습니다. 그런데 예상
과 달리 자신의 커리어에 대해 긍정적으로 공상한 학생일수록 급여
가 낮다는 결과가 나왔습니다. 그뿐 아니라 긍정적인 공상을 하는 사

람일수록 다이어트에 실패하는 경우가 많았고, 우울증에 쉽게 걸리는 것으로 나타났습니다. 이를 바탕으로 외팅겐은 "달콤한 긍정적 공상은 기껏해야 현실 도피를 도와줄 뿐"이라며 무한긍정의 덫을 경고했습니다.

외팅겐의 주장을 어떤 의미로 받아들여야 할까요? 긍정적으로 사고하는 것은 정말로 나쁜 일일까요? 저는 '긍정적 사고'와 '긍정적인 사고처럼 보이는 것'을 나누어 생각해야 한다고 봅니다. 후자를 '거짓 긍정'이라 이름 붙이고, 세 가지 예를 들어보겠습니다.

억지스러운 '거짓 긍정'

'늘 긍정적이어야 한다'는 강박관념은 '거짓 긍정'입니다. 강박관념 자체가 정신건강상 나쁘기 때문입니다. 그럼 대체 왜 이런 강박관념을 가지게 되는 것일까요? 그 이유는 실제로는 자신을 부정적으로 평가하고 있기 때문입니다. 이런 유형의 사람들은 자신이 항상 부정적으로 생각하는 경향이 있다며 자기자신을 부정적으로 바라봅니다. 자존감이 낮은 사람이 억지로 하는 '거짓 긍정'은 운의 관점에서 보면 역효과가 날 수밖에 없습니다.

한마디로 말하면 이런 사람은 지나치게 진지해지기 쉽습니다. 강박관념에 휘둘리는 사람은 대개 완벽주의자입니다. 완벽한 긍정적 사고는 있을 수 없다는 마음으로 편하게 출발하는 것이 좋습니다.

타인과 비교하는 '거짓 긍정'

'저 사람보다는 성공했다', '이 사람보다는 행복하다'처럼 타인과 비교하는 것도 행운을 도망가게 하는 '거짓 긍정'입니다. 타인과의 비교를 통해 자신의 미래를 그리려는 시도는 긍정적 사고와 본질적으로 거리가 멉니다. 당연히 행운을 끌어당길 수 없습니다. 그 누구도 항상 1등일 수는 없습니다. 때로는 패배할 수도 있고, 실패할 수도 있습니다. 타인과 비교하는 '거짓 긍정'에 익숙해지면 자신만 상처 받게 됩니다. 비참한 삶, 상처투성이 삶을 자초하는 지름길인 것이지요. 타인의 훌륭한 점을 있는 그대로 인정하는 긍정적 사고에 '누구보다 더'라는 사고는 존재하지 않습니다. 자존감에 근거해 자기 자신을 있는 그대로 인정하는 것. 이것이 바로 진정한 긍정적 사고입니다.

변명만 하는 '거짓 긍정'

반성하기 싫어서 긍정적 사고를 이용하는 것도 '거짓 긍정'입니다. '지나간 일은 후회해도 소용없다. 뒤는 보지 말고 앞만 보며 나가자!' 같은 말들, 맞는 말일까요? 아니라고 생각합니다. 긍정적으로 생각하자는 말을 안이하게 받아들여 반성하지 않는 나를 위한 변명에 갖다 붙인다면, 모처럼의 경험을 제대로 살릴 수도, 발전을 기대할 수도 없습니다. 반성이란 자신의 잘못에 죄책감을 느끼는 것이 아니라, 있는 그대로의 모습을 정확히 직시하는 것입니다. 경험에서 제대로 배우고자 한다면, 깊은 반성과 철저한 자기성찰의 시간이 반드시 필요합니다.

이와 같은 '거짓 긍정'에 빠지지 않으려면 4F를 이용해봅시다. 첫 번째 F, 사실fact입니다. 무엇을 경험했는지, 그 사실을 객관적으로 되짚어봅니다. 두 번째 F, 감정feel입니다. 자신이 느낀 감정을 솔직하게 되돌아봅니다. 세 번째 F, 발견find입니다. 경험에서 무엇을 발견하고 어떤 교훈을 얻었는지 되짚어봅니다. 마지막으로 네 번째 F, 활용feed-back입니다. 자신의 업무나 생활에 어떻게 적용할지 스스로 제안해봅니다.

정신건강에 좋은 긍정적 사고를 정리해보았습니다.

- 편안하게 임한다.
- 타인과 비교하지 않는다.
- 자신을 부정하지 않는다.
- 실패를 교훈으로 삼는다.

위의 내용을 종합해서 영어로 간단하게 표현하면, '테이크 잇 이지Take it easy'라고 말할 수 있습니다. 편하게 가자는 말입니다. '긍정적인 사고 자체를 편하게 하자.' 이것이 참다운 긍정적 사고입니다. 이렇게 하면 행운을 불러들일 수 있습니다.

운 좋은 사람은 늘 준비되어 있다

기회는 필요한 리스크를 감내하고 시간과 노력을 들여 준비한 사람에게만 찾아옵니다. 근대 세균학의 아버지라 불리는 루이 파스퇴르는 "행운은 마음의 준비prepared mind가 된 사람에게만 찾아온다"고 했습니다. 행운은 준비된 사람을 선호합니다. '준비'란, '늘 실전 OK 상태를 유지하는 것'이라 바꿔 말할 수 있습니다. 우연히 좋은 일이 찾아왔을 때 바로 낚아챌 수 있도록 늘 준비된 상태를 유지하라는 말입니다.

사람에게는 중요한 승부의 시간이 있습니다. 결정적인 실전의 순간에 가진 실력을 전부 쏟아내기 위해서는 철저히 준비해야 합니다. 실전에 강한 사람은 단지 운이 좋은 사람이 아닙니다. 보이지 않는 곳에서 용의주도하게 준비해온 사람입니다. 준비된 사람만이 예측 불허의 상황에 침착하게 대처하고, 위기를 오히려 기회로 바꿀 수 있습니다. '준비 80%, 실전 20%'라는 말은 준비의 중요성을 단적으로 보여줍니다.

커리어와 관련해 말하자면, 예를 들어 면접은 표면적으로는 실전처럼 보입니다. 하지만 변변한 업무 실적도 없으면서 면접만 그럴듯하게 잘 볼 수는 없습니다. 분명 지금까지의 경력이나 업무 성과에 대해 질문 받을 테니 오히려 면접 보는 날을 기준으로 그 이전까지가 실전이라고 할 수 있습니다. 준비가 실전이라면 그전에도 또 준비하지 않으면 안 되겠지요. 네, 맞습니다. 밑준비가 필요합니다. 밑준비를 위해선 밑밑준비, 밑밑준비를 위해선 밑밑밑준비……. 이런 식으로 사전에 무한히 준비를 계속해야 합니다. 참고로, 사전에 준비하는 행위를 나타내는 표현은 아주 많습니다.

사전답사 ↔ 미리 상황을 검토하기 위해 현장에 다녀온다.

사전준비 ⟷ 본격적으로 시작하기 전에 미리 준비를 해둔다.

예행연습 ⟷ 완벽한 실전을 위해 사전에 훈련하고 연습한다.

예비조사 ⟷ 사전에 관련 정보를 수집하고 상황을 파악해둔다.

사전협의 ⟷ 일이 본격적으로 시작되기 전에 일의 절차를 관계자와 공유한다.

커리어 개발의 일반적인 이미지는 미래를 향해 '위로, 위로' 전진하는 모습입니다. 그에 비해 준비는 '아래로, 아래로' 거스르는 행위입니다. 준비의 목적 중 하나는 일이나 상황이 순조롭고 원활하게 움직여 나가도록 하려는 것입니다. 그런 의미에서 준비는 '운을 관리하는 행위'라고도 할 수 있습니다. 하지만 그것보다 중요한 것이 있습니다. 바로 준비는 기회를 만드는 과정이라는 사실입니다. 준비를 해두어야만 기회의 신의 앞머리를 바로 낚아챌 수 있습니다. 그런 의미에서 준비는 '운을 개발하는 과정'이라고 할 수 있습니다.

철저한 준비를 통해 기회를 만들어내고, 우연을 내 것으로 만들어가다 보면, 작은 성공은 다음 단계를 향한 문을 열어줍니다. 기회는 '먼저 먹는 놈이 임자'이니 먼저 행동하면 반드시 이깁니다. 머뭇거리고 늑장 부리다 선수를 빼앗기면 모든 것이 역전될 수도 있습니다.

준비 단계에서는 사전에 리스크를 감수해서 미리 실패를 맛보는 것도 중요합니다. 제가 추천하는 방법은 '나중에 충분히 수습할 수 있는, 작고 사소한 리스크에 척척 도전해보기'입니다. '살짝 리스크 테이킹risk taking'이라고도 할 수 있습니다. 수습 가능한 실패나 실수에서 배울 수 있을 뿐만 아니라 결과적으로 무척 효과적인 '준비'의 과정이 되어주기도 합니다. 예를 들어, 대학은 사회생활을 대비한 준비 과정이라고 보고, 강의실에서 약간 빗나간 발언을 해서 창피를 당해보는 것입니다. 이처럼 미리 저질러본 실수는 미래를 사전 경험하게 해줍니다. 이 같은 예행연습으로 미리 경험해본 일이 실제로 일어났을 때, 그때는 전력을 다해 '위로, 위로' 뛰어오르면 됩니다. 그날을 위해 '아래로, 아래로' 준비해두었던 것이니까요.

커리어라는 이름의 자동차를 능숙히 운전해서 행복이라는 목표에 다가갈 수 있는 방법을 정리하면 아래와 같습니다.

- 항상 준비, 밑준비, 밑밑준비를 해둘 것
- 우연히 찾아온 좋은 일을 알아챘다면 주저 없이 붙잡을 것
- 사소한 리스크를 감내하고 작은 실패나 실수를 저질러볼 것
- 실전 무대에 섰을 때는 커리어 같은 것은 잊고 전력질주할 것

기회는 몇 번이고 다시 찾아온다

최근 30년 동안 일본 음악계를 이끈 거장 중 한 명인 아키모토 야스시. 그가 일본의 대표적인 여성 아이돌 그룹 AKB48에게 준 노래 중에는 '운'을 소재로 한 것들이 많습니다. 그가 작사한 노래 중에 〈희망적 리프레인希望的リフレイン〉이라는 곡이 있습니다. 희망, 우연, 운명에 관한 노래입니다. 인트로 부분이 경쾌한 리듬으로 시작하는, 걸으면서 듣기에 조금 빠르다 싶을 정도의 업템포 곡입니다. 이 노래를 듣고 있으면 기분이 정말 좋아집니다.

암 검사를 받았는데 양성을 나타내는 표지자 수치가 높게 나와 입원해서 정밀검사를 받은 적이 있습니다. 그때 정말이지 인생에 대해 많은 생각을 했습니다. 집 안을 대대적으로 정리하기도 했습니다. 다행히 정밀검사를 한 결과, 문제가 없다는 진단을 받았습니다. 정밀검사를 마치고 결과를 기다리는데 신곡 〈희망적 리프레인〉이 발표됐습니다. 검사 결과를 듣고 이 세상이 다시 환하게 열렸을 때 제 귀에 날아 들어온 노래였습니다. 그리고 검사 결과를 들은 다음 날부터 운이 트이는 나날이 펼쳐졌습니다. 이후 이 노래는 저에게 희망의 상징이 됐습니다. 지극히 개인적인 경험은 차치하더라도, '희망과 운'을 노래한 일본 대중가요 중 가사의 깊이 관점에서 볼 때 이 노래는 단연 최고라고 생각합니다. 노래 가사를 조금 살펴보겠습니다.

불현듯 다가오는 예감이 들었어.

희망은 '예감'이니, 미래의 가능성이나 확률의 예측과 관련 있습니다. '불현듯'은 우연히 일어난다는 의미입니다. 이 가사에는 가능성, 확률, 우연성이라는 '운의 본질', 그리고 '운과 희망'의 관계에 대한 깊은 통찰이 담겨 있습니다.

우연이 계속되는 건 운명의 힌트겠지.

우연의 반복. 이것은 무슨 의미일까요? 몇 번이고 반복되는 우연은 더 이상 우연이라고 할 수 없습니다. 우연randomness과 운명destiny의 관계를 잘 표현했다고 볼 수 있습니다.

우연은 그래도 분명 몇 번이고 다시 찾아오지.

이 곡의 제목은 희망의 본질 중 하나는 리프레인refrain이라는 점을 보여줍니다. 리프레인은 같은 표현이 반복되는 후렴구를 의미합니다. 우연은 몇 번이고 반복되니 한 번 잘못되었다고 기죽지 말고 '밑져야 본전 파워'로 계속 도전해봅시다! 언젠가 분명 희망을 발견할 수 있을 겁니다.

내일을 디자인하라

뇌는 결과가 아니라 희망 때문에 춤을 춘다

'꿈'이라는 말에는 두 가지 상반된 뉘앙스가 존재합니다. 먼저 '꿈은 꾸는 것'이라고 보는 시각입니다. 이런 시각으로 보면 꿈은 언젠가 깨어나게 마련이라고 생각하게 됩니다. 현실적이지 않은 것을 꿈이라고 보는 시각이지요. 예를 들어, '꿈만 꾸고 있지 말고 이제 슬슬 제대로 취직해'라고 하는 경우를 들 수 있습니다. 이와 달리 '꿈은 이루어가는 것'이라고 보는 시각도 있습니다. 이루기 위해 조금이라도 가까이 다가서는 것을 꿈이라고 보는 것이지요. 예를 들어, '꿈이 있어야 멋진 일을 할 수 있어'라고 하는 경우를 들 수 있습니다.

이 두 가지 시각 중 어느 것이 옳을까요? 꿈에 대한 두 가지 해석은 모순 없이 양립 가능한 것일까요? 뇌 과학자 션 영은 이와 관련,

꿈dream, 목표goal, 단계step로 나눠 생각했습니다. 이 세 가지를 제 나름대로 해석해 보았습니다.

꿈 ↔ 마음은 설레지만 멀리 있는 것. 이루지 못할 수도 있다.
목표 ↔ 꿈을 조금 더 구체화한 것. 달성하기 위해 노력한다.
단계 ↔ 목표를 조금 더 세분화한 것. 반드시 성취할 수 있다.

꿈을 구체화하면 목표가 되고, 이를 한층 더 세분화하면 단계가 됩니다. 그러니 꿈이 있다면 이를 실현하기 위해 구체적인 목표를 세우고 단계를 밟아가면 됩니다. 역으로도 가능합니다. '단계 ➡ 목표 ➡ 꿈'처럼 쌓아 올리는 형태입니다. 작은 단계를 사다리처럼 밟아 올라가며 목표를 달성해 나가다 보면, 그 결과 꿈의 윤곽이 드러나는 것이지요.

사찰의 돌계단 앞에 서면 아득히 멀리 보이는 끝을 바라보며 한숨부터 나옵니다. 하지만 팔다리를 부지런히 움직여 한 계단 한 계단 오르다 보면 어느 순간 정상에 도착합니다. 장거리 달리기가 힘든 사람도 '다음 전신주까지'라고 눈앞에 보이는 목표를 세우고 스스로 격려해 나가다 보면 결국은 완주하게 됩니다. 중요한 것은 '다음 한 걸음', '다음 전신주까지'에 집중하는 마음가짐입니다. 각각의 단계에 집중하다 보면 결과적으로 목표를 달성하게 되어 꿈을 이룰 수 있습니다.

한 걸음 한 걸음 착실히 걸어 나가는 것이 중요하다는 사실을 누구나 머리로는 이해합니다. 그런데 첫발을 내딛는 그 시작이 어렵습니다. 왜 그럴까요? 첫발을 어떻게 내디뎌야 할지, 무엇이 첫발인지 몰라서 시작을 망설일 수는 있습니다. 하지만 하고 싶은 욕구 자체가 없고 마음이 내키지 않아 꼼짝도 못 하겠다는 말은 핑계에 지나지 않습니다. 어쩌면 한 걸음을 내딛지 않아서 의욕이 생기지 않는 것일 수도 있습니다.

성취욕이 높은 사람은 목표 달성 가능성이 절반 정도일 때 모티베이션motivation이 가장 높다는 고전적인 연구 결과가 있습니다. 사람들 중에는 약간 안전한 것을 선호하는 사람도 있고, 조금 더 도전적인 것을 선호하는 사람도 있습니다. 하지만 모티베이션의 경우, 모든 사람에게 공통적으로 적용되는 사실이 있습니다. 달성 가능성이 극단적으로 낮거나(거의 제로), 극단적으로 높으면(거의 100%) 모티베이션이 발동되지 않습니다. 아직 첫발도 내딛지 못한 상태에서는 목표가 참 멀어 보입니다. 즉, 달성 가능성이 아주 낮은 것처럼 느껴집니다. 의욕이 생기지 않는 이유를 잘 설명해주는 이론입니다.

별다른 의미가 없어 보이는 작은 한 걸음에 가슴이 설레지는 않습니다. 운이 나쁜 사람은 '어차피 꿈이니까', '시작하기 귀찮아' 하며 좀처럼 움직이려고 하지 않습니다. 그런데 그런 식으로는 절대로 꿈을 이룰 수 없습니다. 일단은 지금의 안일한 현실에서, 편안한 침대에서 과감하게 걸어 나와야 합니다. 그것이 바로 꿈을 향한 첫걸음입니다.

사람의 움직임motion을 이끌어내는 것이 모티베이션입니다. 뇌 과학적으로 말하면 뇌의 보상회로가 작동하는 것입니다. 원하는 것을 얻을 수 있을 것 같으면 쾌락 물질인 도파민dopamine이 분비됩니다.

한번 도파민이 분비되면 뇌는 도파민의 분비를 더 원하게 되고, 그래서 특정 행동을 반복하게 됩니다. 그런데 도파민은 '얻었을 때'가 아니라 '얻을 것 같을 때' 분비된다는 특징이 있습니다. 낚시를 예로 들면, 대어를 낚았을 때보다 움직이는 낚싯대를 움켜쥐고 '대어일지도 몰라' 하며 손에 힘을 주는 그 흥분된 순간에 우리의 뇌는 더 강한 자극을 받습니다.

달성 가능한 단기 목표를 세우고 첫발을 내디뎌봅시다. 조금씩 목표에 가까워지는 자신을 보면 목표를 달성할 수도 있겠다는 생각이 들며 기분이 살짝 고무됩니다. 이것만으로도 성공적입니다. 이제 노력하는 게 더 이상 고통스럽지 않습니다. '혹시'가 '분명'이 되고, 이내 '조금 더'로 바뀌어 계속 움직이게 합니다. 더욱 즐거운 기분으로 노력하게 되고, 결과적으로 목표를 달성하게 됩니다. 그렇게 꿈에 다가서게 됩니다.

하늘에서 행운이 뚝 떨어지길 바라는 사람도 있습니다. '백마 탄 왕자'나 '백만장자 공주'를 기다리는 사람을 보며 우리는 철없고 한심하다는 시선을 보냅니다. 행운이 그런 식으로 찾아올 것이라고 믿다니 안타깝기만 합니다. 자신이 확립되지 않으면 자립도 자율도 얻을 수 없습니다. 자유 또한 얻을 수 없습니다. 원하는 것을 얻기 위해서는 스스로 발로 뛰어야 합니다. 한 발 내딛는 것은 자신의 발로 움직이기 시작했다는 의미입니다. 꿈은 구체적인 행동들이 쌓이고 쌓인 결과 이루어집니다.

〈드림걸스Dreamgirls〉라는 영화를 아시나요? 뮤지컬을 영화로 옮긴 2006년도 작품으로, 미국 소울 그룹 슈프림스Supremes(1960년대 미국의 전설적인 여성 트리오)의 실화를 모티브로 한 영화입니다. 여기서 '드림걸스'란 '꿈꾸는 소녀'가 아니라 '이상적인 여성'을 의미합니다. 나의 이상과 너무나도 딱 맞아떨어져 마치 꿈만 같다는 의미입니다 (예를 들면, '당신은 나의 드림걸스입니다'같이 사용됩니다). 요행만 바라며 꿈만 꾸는 식으로는 드림걸스가 될 수 없습니다. 한 걸음 한 걸음 착실하게 걷기. 그렇게 스스로 내딛는 소박한 한 걸음과 함께 운은 트이기 시작합니다. 꿈만 꾸는 것이 아니라 꿈을 마음에 새기고 노력함으로써 비로소 드림걸스가 될 수 있습니다.

운이 운을 부르는 운의 복리 효과

지금까지 이 책을 읽어보셨으면 알겠지만, 이 책에선 한순간에 운이 트이고 행운이 쏟아지는 방법 같은 것은 제시하지 않습니다. 한방으로 인생을 역전시키는 비책도 없습니다. 운명을 걸고 단판걸이로 승패를 겨루는 건곤일척의 승부를 권하지도 않습니다. '순리에 맞는 견실한 성장'이 바로 진정한 운의 운행이며, 그것을 실현할 수 있는 방법이 있다는 것이 저의 신념입니다. 그 방법은, 내 주위에서 이미 일어난 일들이 행운이라는 것을 알아차린다거나, 면밀한 준비와 착실한 노력 같은 그 누구라도 실천할 수 있는 것들입니다. 또한 이러한 태도와 행동을 장기간 계속 유지해 나가다 보면 결국 큰 차이를 낳게 된다는 것이 바로 제가 하고 싶은 말입니다.

"하지만 저는 태생이 흙수저라 어쩔 수 없어요"라며 한탄하는 사람도 있을 겁니다. 확실히 인간은 평등하지 않습니다. 태어난 순간부터 출발점이 다르기도 하고, 날 때부터 정해진 숙명이 있다는 것도 부정할 수 없습니다.

　여기서 잠깐, 자신의 인생에 대한 이미지를 그려봅시다. 풍요롭고 행복한 미래의 모습을 상상해봅시다. 보다 높은 지점을 향해 몇 번이고 발사하며 발사 높이를 조금씩 높여 나가는 것, 즉 도전을 계속해 나가는 것이 인생이라고 생각해봅시다. '지금 이 순간'의 상황은 '현시점의 발사대 높이'라고 할 수 있습니다. 자신을 흙수저라 여기는 사람은 태어난 바로 그 순간의 낮은 발사대 자체가 근본적으로 불운이며 시간이 흘러도 절대로 만회할 수 없는 차이를 만들어낸다고 믿습니다. 그런데 정말 그럴까요? 단언하지만, 그렇지 않습니다. 물론 태어난 순간의 발사대 높이는 사람마다 다릅니다. 하지만 인생은 아주 깁니다. 긴 안목으로 볼 때 발사대의 높이보다 중요한 것은 성장의 정도입니다. 그 이유는 자산 운용에 있어서의 '복리' 같은 효과가 작용하기 때문입니다.

　예를 들어, 일본은 제2차 세계대전 후 모든 게 불타버린 허허벌판이라는 낮은 발사대에서 시작해 고도성장을 계속하며 경제대국이 됐습니다. 일본의 발전에 결정적으로 영향을 끼친 것은 발사대의 높이가 아니라 성장의 정도였습니다. 사람의 성장도 마찬가지입니다. 해야 할 일을 착실하게 계속 해 나가다 보면 발사대의 높이가 조금씩 올라갑니다. 내 힘이 미치는 범위 내의 소소한 행운을 착실히 살려 나가다 보면 언젠가는 주변으로부터 선망의 대상이 됩니다. "너는 참 운이 좋구나" 하는 말도 듣게 됩니다. 이렇게 되면 물론 발사대의 높이도 상승해 있을 겁니다.

'운이 좋다'는 것을 '결과적으로 진정한 의미의 풍요로움에 도달하는 것'이라고 가정해봅시다. 풍요로워진다는 것은 '자본의 증가'로 해석할 수 있습니다. 그런데 자본에는 몇 가지 종류가 있습니다. 첫째 파이낸셜 캐피털financial capital, 재산 등 재무적 자본입니다. 둘째 휴먼 캐피털human capital, 능력이나 의욕 같은 인적 자본입니다. 셋째 소셜 캐피털social capital, 인간관계 등 사회적 자본입니다. 이 세 자본이 합쳐져야 진정한 풍요로움이 만들어진다고 할 수 있습니다. 이 세 자본이 모두 풍요로워야 비로소 인생 전체가 종합적으로 풍요로워지며, 다른 사람들이 말하는 '운이 좋은 인생'이 된다고 단순하게 생각해봅시다. 그리고 저축하기, 공부하기, 인간관계 넓히기 등 그 전부를 합해서 매월 1%의 종합적인 자본 성장이 가능하다고 가정해봅시다. 이런 식으로 계속 성장하다 보면 장기적으로 어느 정도까지 성장할 수 있을까요?

- 1% 성장을 12개월간 지속하면, 약 1.127배, 즉 12.7% 성장
- 10년간 같은 성장률이 지속되면 3.3배
- 20년간 지속되면 10배 초과
- 20세 젊은이가 환갑을 맞이할 때면 100배 이상

물론 이런 식의 풀이가 비논리적이라는 지적, 잘 알고 있습니다. 먼저, 질적으로 성질이 다른 세 가지 자본을 합치는 것은 말도 안 됩니다. 게다가 연간 12.7% 성장을 지속한다는 것은 너무 낙관적인 시

각입니다. 애당초 인생을 단순한 2차원 그래프로 나타내려는 것 자체가 지나치게 단순화된 시각이라는 지적도 가능합니다. 모두 맞는 말입니다. 그런데도 굳이 이렇게 지나치게 단순화해서 설명한 까닭은 다음 세 가지 내용을 전달하기 위해서입니다.

- 성장을 지속할 가능성은 '한방으로 인생 역전'할 가능성보다 훨씬 높다.
- 성장을 지속하는 데 있어서 동반되는 리스크는 '건곤일척'의 도박 같은 승부에 따른 리스크보다 훨씬 낮다.
- 성장을 지속하는 데 따른 복리 효과는 '출생 시의 발사대 높이'를 능가하고도 남는다.

커리어를 쌓아가는 길은 누구도 예측할 수 없습니다. 꼬불꼬불 구부러진 길 위에서 지치기도 하고, 힘겹게 커브를 돌고 나니 비로소 신세계가 펼쳐지기도 합니다. 변화를 기회로 받아들여 새로운 세계에 들어서면 지금과는 다른, 새로운 차원의 행보가 시작됩니다. 새로운 세계에서 경험을 축적해 나가다 보면 휴먼 캐피털의 증가로 이어집니다. 그 과정에서 인간관계도 풍요로워져 결과적으로 소셜 캐피털도 급격히 증가합니다. 아울러 한층 더 큰 도전의 기회가 생겨납니다. 경험의 축적 그 자체가 한 단계 더 성장할 수 있는 토대가 되는 것이지요. 이것이 바로 운의 복리 효과입니다.

구부러진 길 끝에 지금의 자신은 전혀 예상할 수 없는 기회가 기다리고 있을지도 모릅니다. 그날을 위해 지금 할 수 있는 것은 오직 착실하게 한 걸음 한 걸음 걸어가는 것뿐입니다.

미래 예상도를 그리는 방법

인생이 생각한 대로만 펼쳐진다면 누구나 운이 좋아지고 꿈을 이룰 수 있겠지요. 그런데 그런 일이 가능할까요? 어느 정도는 가능합니다. 더 정확히 말하면, 미래의 청사진을 그리고자 노력함으로써 운은 다소 좋아집니다. 그리고 그 근소한 차이가 장기적으로 큰 차이를 만들어냅니다. 앞에서 언급한 '운의 복리 효과' 때문입니다.

미래와 관련해서는 예측 불가능한 영역이 있는 반면 발생 가능성이 확실한 영역도 있습니다. 현실은 100% 확실과 100% 불확실 사이의 어딘가에 있는 경우가 대부분입니다. 발생 가능성이 높은 미래에 대비해서 부지런히 준비하는 것은 확실히 도움이 됩니다. 모든 사람이 그렇게 부지런하지는 않으니 준비하는 사람의 승률은 올라가기 마련입니다.

어느 정도 준비하는 것이 적당한지 결정하기 위해서는 예측의 정확도를 높여야 합니다. 그렇다고 100% 정확히 예측할 필요는 없습니다. 운을 좋게 하기 위해서는 정확도를 아주 조금만 높여도 도움이 됩니다. 예를 들어, 적중과 비적중이 5 대 5인 것을 6 대 4 정도로만 높여도 큰 행운을 만날 수 있습니다.

그렇다면 미래 예상도의 정확도를 높이는 것이 가능할까요? 어느 정도는 가능합니다. 조금 더 정확히 말하면, 정확도를 높일 수 있는 방법이 있습니다. 이를 '과거로부터 생각한다', '현재에서 알아차린다', '미래를 읽는다' 세 가지로 나누어 생각해보겠습니다.

먼저, 과거로부터의 연속선상에서 생각하는 방법입니다. 확실히 발생할 것으로 보이는 장기 변동에는 대책을 마련하고 미리 대비해둡니다. 몇 년마다 반복될 것으로 예상되는 패턴이 있다면 이 역시 미리 준비해둡니다.

과거를 되돌아보면 과거에서 현재까지 지속되고 있는 빅 트렌드를 발견할 수 있습니다. 예를 들면, 세계화 또는 정보화, 인구 감소 추세 같은 것이 있습니다. 이같이 거스를 수 없는 트렌드에 대한 선제적 대응이 미래를 좌우합니다.

다음으로 현재에 반영돼 있는 미래를 알아차리는 방법을 알아봅시다. 현실에는 미래의 모습이 드러나 있습니다. 이를 알아차린 사람에게는 현실이지만 눈치채지 못한 사람에게는 여전히 미래일 뿐입니다. 현실로 드러난 변화에는 손을 쓸 수 있습니다. 이미 현실화된 미래를 알아차렸다면 즉시 예상도를 수정합니다. 미래에 일어날 변화를 나타내는 징조나 조짐을 발견했다면 그에 주목합니다. 비슷한 일이 발생하고 있음을 알면 일찌감치 대응할 수 있습니다.

변화라는 것이 매일 조금씩 일어나다 보니 그것이 기회인지 알아차리지 못하는 경우도 많습니다. 이미 주위에서 벌어진 변화가 내게도 곧 닥칠 것이라는 점은 충분히 예측할 수 있습니다. 미래를 의식하며 안테나를 세우고 있는 사람과 그렇지 않은 사람은 지금 현재의 행동 하나하나가 다릅니다. 그리고 그 행동은 돌이킬 수 없는 큰 차이가 되어 내 삶에 돌아옵니다.

마지막으로 미래를 읽는 방법을 살펴봅시다. 시점을 미래로 옮긴 후 복수의 시나리오를 작성합니다. 예를 들어 먼 미래인 30년 후를 상상해보는 식입니다. 미래로부터 현재를 거슬러 조명backcasting해봅니다. 미래를 기점으로 현재를 향해 선을 그은 후, '지금' '무엇'을 해야 할지 생각해봅니다.

기업 연수에서도 많이 사용되는 기법으로 시나리오 플래닝scenario planning이라는 것이 있습니다. 미래는 이렇게 될 거라고 일방적으로 단정 짓는 것이 아니라 미래의 가능성을 다방면으로 예상해보는 것입니다. 하나의 팀을 이뤄 시나리오를 작성하다 보면 지식과 지혜가 모여 혼자서는 예측할 수 없었던 미래가 조금씩 윤곽을 드러내기도 합니다. 게다가 다양한 가능성을 팀 내에서 공유하기에 집단지성이 발현됩니다.

자신의 미래에 대한 시나리오를 만들 때도 같은 요령으로 시도해볼 수 있습니다. 시나리오를 보면 무엇이 기회인지 알 수 있습니다. 그 기회를 살리기 위해 무엇을 해야 하는지도 뚜렷이 보입니다. 예측 없는 계획은 있을 수 없고, 계획 없는 행동은 무모합니다. 그러니 먼저 예측하는 것부터 시작해야 합니다.

미래 예상도는 대략적이어도 상관없습니다. 그것을 반영해서 계획을 세우고 그 계획을 달성하기 위해 필요한 행동을 취합니다. 회사에 기획부가 있는 것처럼 '나 자신의 기획부'를 만들어봅시다. 자신의 커리어를 디자인해보는 것입니다. 최근 디자인 싱킹design thinking이 주목받고 있습니다. 미래를 만드는 방법에 대한 새로운 접근법입니다. 그 중심에 있는 것이 와이Why 질문과 상대방 관점입니다. '나는 왜 이렇게 하고 싶은가', '누구에게 어떤 행복을 제공하고 싶은가'를 생각하는 것은 미래 예상도를 작성하는 데 있어 매우 중요한 요소입니다.

행운을 부르는 나만의 색

이 책은 착실하게, 그리고 순조롭게 운을 상승시키는 방법을 이야 기하고 있습니다. 러키 아이템이나 파워 스폿power spot(영적인 기와 에 너지가 강하게 느껴지는 장소) 같은 이야기는 언급하고 싶지 않습니다 만, 한 가지는 예외로 소개하고 싶은 것이 있습니다.

저는 색깔에 대해 저만의 특별한 취향이 있습니다. 특히 러키 컬 러를 믿습니다. 실제로 러키 컬러 덕분에 꽤 운이 상승하기도 했습니 다. 저의 러키 컬러는 터쿼이즈 블루Turquoise Blue입니다. 푸른색과 초 록색의 중간 정도인 아름다운 색입니다. 터키석, 터키옥의 그 색깔입 니다. 고대 이집트에서는 터키석을 물이 응축된 것이라며, 정화 효과 가 있다고 믿었습니다. 터쿼이즈 블루는 호기심, 모험심을 상징합니 다. 그야말로 '우연을 내 편으로 만드는 색'이라 할 수 있습니다.

이러한 이유로 가방, 정리함, 신발, 머플러 같은 개인적인 물건 중 에는 터쿼이즈 블루색이 많습니다. 대학원의 논문지도·연구 모임 의 컬러도 터쿼이즈 블루입니다. 그래서 지도 학생들은 대대로 터쿼 이즈 블루색 수건이나 티셔츠를 제작하기도 했습니다.

이 색이 실제로 행운을 불러온 경우도 있습니다. 예전에 다른 책 을 쓸 때 슬럼프를 겪었는데, 터쿼이즈 블루색 표지 디자인 안을 보자마자 기분이 단박에 좋아졌고 신비한 힘에 이끌려 집필을 성공적으로 끝낼 수 있었습니다.

특정한 색을 좋아한다고 주위에 알리면 저를 위해 무언가를 고를 때 다들 그 색을 선택합니다. "터쿼이즈 블루 포장지여서 이 과자를 샀어요", "터쿼이즈 블루 컬러의 노트가 있었어요"라는 식으로 말이지요. 저는 점점 더 제가 좋아하는 색들에 둘러싸이게 되고, 그러면서 또 기분이 좋아져 생산성이 향상되고, 그러면서 또⋯⋯. 이처럼 러키 컬러가 또 다른 행운을 불러오는 선순환이 시작됩니다. 확실히 러키 컬러에는 행운을 불러오는 메커니즘이 있습니다.

제**2**장

관계구축

운이 좋은 사람은
이렇게 인맥을 관리한다

운이 좋은 사람 · 운이 나쁜 사람

운이 좋은 사람은, 기존 인연을 소중히 다지며 동시에 새로운 인연
을 넓혀 나간다.
운이 나쁜 사람은, 악연에 연연하며 자신의 세계를 넓히지 못한다.

운이 좋은 사람은, 제삼자를 통해 간접적으로 칭찬한다.
운이 나쁜 사람은, 타인에 대한 험담을 즐기며 그 험담이 결국 당사
자의 귀에 들어간다.

운이 좋은 사람은, 시대의 흐름에 적극적으로 참여한다.
운이 나쁜 사람은, 구경꾼처럼 산다.

운이 좋은 사람은, 흐름을 타고 흐름을 창조한다.
운이 나쁜 사람은, 흐름에 휩쓸려 나간다.

운이 좋은 사람은, 사람 · 생각 · 경험에 대해 열린 자세를 취한다.
운이 나쁜 사람은, 새로운 사람 · 생각 · 경험을 피한다.

운이 좋은 사람은, 항상 가능성과 밝은 면을 본다.
운이 나쁜 사람은, '어차피', '도저히'라는 말을 달고 산다.

운이 좋은 사람은, 좋은 것을 타인에게 넘기는데 나중에 자신에게
돌아온다.
운이 나쁜 사람은, 좋은 것을 독점한다.

운이 좋은 사람은, 호감을 살 만한 어수룩한 구석이 있어 사람들이
　　　　　　좋아한다.
운이 나쁜 사람은, 너무 수지 타산적이라 사람들이 싫어한다.

운이 좋은 사람은, 테두리(경계)에 서서 인연을 연결한다.
운이 나쁜 사람은, 내부의 논리만 내세운다.

운이 좋은 사람은, '사람'이 아닌 '비전'을 따른다.
운이 나쁜 사람은, 이익을 얻으려다 제 꾀에 넘어간다.

운이 좋은 사람은, 상대방이 '납득'하도록 노력한다.
운이 나쁜 사람은, 상대방을 '설득'하려다 미움 받는다.

운이 좋은 사람은, 상처를 입으면 나을 때까지 기다린다.
운이 나쁜 사람은, 참지 못하고 상처의 딱지를 떼어버린다.

운이 좋은 사람은, '수평적 관계'를 유지하며 협력 관계를 구축
　　　　　　한다.
운이 나쁜 사람은, '윗사람 행세'를 하며 사람을 평가하고 강요하듯
　　　　　　조언한다.

운이 좋은 사람은, 타인의 과제와 자신의 과제를 분리한다.
운이 나쁜 사람은, 몹쓸 사람에게 헌신하고 내 도움이 없으면 안 된
　　　　　　다고 생각한다.

운이 좋은 사람은, 함정을 조심하면서 목표를 응시한다.
운이 나쁜 사람은, 함정이 신경 쓰여 쓸데없이 다가가다 빠져버
　　　　　　린다.

MBA 인맥 관리법

느슨한 관계를 소중히 하라

지금까지 어떤 사람들로부터 다양한 기회를 얻었나요? 저는 매일 같이 만나는 친밀한 사람들보다 가끔 연락하는 사람들로부터 기회를 얻은 경우가 많습니다. 최근에는 페이스북 등 SNS가 계기가 되는 경우도 많아졌습니다. 오래전 이 같은 내용을 지적한 사람이 있습니다. 바로 사회학자 마크 그라노베터 스탠퍼드대학 교수입니다. 그의 연구는 사회적 네트워크 연구의 발전에 큰 영향을 미쳤습니다.

이와 관련, 그라노베터는 〈약한 연결의 힘The Strength of Weak Ties〉 이라는 논문을 썼습니다. 제목에 있는 '타이tie'는 사람간의 유대관계, 즉 인간관계에 있어서의 긴밀함을 상징합니다. 그라노베터에 따르면, '위크 타이Weak Ties'(느슨하고 약한 관계)는 가끔 연락하는, 그럭

저럭 알고 지내는 사이를 말합니다. 예를 들어, 스터디모임에서 만난 사람이 있습니다. '스트롱 타이Strong Ties'(강하고 친밀한 관계)는 언제나 같이 있는, 강하게 연결된 인맥을 말합니다. 예를 들어, 직장 동료가 있습니다. 이 두 관계를 비교해보면 의외로 전자가 특정한 상황에서 강점을 발휘한다는 것이 이 논문의 요지입니다. 그라노베터는 화이트컬러 회사원들을 대상으로 지금의 직장을 얻게 된 계기를 조사했는데요, 약한 유대관계에 놓인 사람들에게 구직 관련 정보를 얻은 경우가 많았습니다.

서로 잘 아는 사람들은 같은 네트워크에 속해 있기 때문에 인간관계가 폐쇄적입니다. 게다가 동일한 정보를 공유하고 있어 새롭고 가치 있는 정보를 얻기 힘들지요. 그에 비해 평소에 친분이 없는 사람들은 나와는 이질적인 인간관계에 속해 있습니다. 그래서 지금까지 접할 수 없었던 기회를 얻을 가능성이 큽니다. 물론 다른 이유도 생각해볼 수 있습니다. 책임이 뒤따르는 일자리를 소개해야 하는 경우, 가까운 사람에게 잘못 소개했다가 결과가 좋지 않으면 곤란해질 수도 있으니 더욱 신중해지기도 합니다. 한마디로, 약한 연대에 강점이 있다는 말은 약한 연대 관계에 놓인 사람들이 서로 다른 인적 네트워크 사이에서 가교 역할을 한다는 의미입니다. 그런 점에서 약한 연대야말로 인적 네트워크에서 강점이 있다는 것이 그라노베터의 주장입니다.

이러한 인적 관계의 연결망 구조에 대한 연구는 네트워크 이론이라는 이름으로 활발히 연구되었고, 1990년대 사회적 자본social capital이라는 개념으로 이어졌습니다. 사회적 자본은 사회적 관계의 풍요로움을 의미합니다. 사회적 자본의 개념이 확대되는 데 큰 영향을 끼친 사람으로 정치학자 로버트 퍼트넘이 있습니다. 퍼트넘은 사회가 잘 돌아가는 것은 사회 구성원들이 서로 협조하기 때문인데, 그러한 협조를 촉진하는 것은 신뢰나 규범, 그리고 네트워크라고 했습니다. 이러한 요소들이 잘 갖춰지면 자발적인 상호협력이 이뤄지고, 상호 신뢰가 조성되며, 그 결과 사회 전체가 행운이 가득한 상태가 되어간다고 봤습니다.

퍼트넘은 사회적 차원의 풍요로움에 집중했으나, SNS가 널리 확산된 요즘 사회에서 사회적 자본은 개인적 차원의 풍요로움이라는 인식이 높아지고 있습니다. 풍요로운 인간관계야말로 개인이 살아가기 위해 반드시 필요한 자본 그 자체인 것이지요. 인연을 연결하고 인맥을 구축해가는 것은 다음과 같은 두 가지 의미에서 운을 불러들입니다.

- 인연이나 인맥은 비록 약한 연대일지라도 좋은 기회를 가져올 가능성이 있다.
- 좋은 인연이나 인맥을 얻는 것은 그 자체가 행운이다.

저는 이 두 가지 의미를 담아 '엔리치먼트縁リッチメント'라는 표현을 만들어보았습니다. 첫 글자 '엔'은 일본어로 인연縁을 의미합니다. 여기에 '풍요롭고 비옥하게 하다'는 의미를 가진 영어 단어 인리치먼트enrichment 합친 조어로, 원래는 사회인이 대학원에서 다시 배우는 것의 가치를 설명하기 위해 만든 표현입니다.

엔리치먼트에는 두 가지 방향성이 있습니다. 첫째, 새로운 인연을 연결하여 확대해 나가는 것입니다. 둘째, 기존 인연을 한층 소중하게 다지는 것입니다. 한마디로 엔리치먼트는 운을 개발해가는 것과 다름없다고 저는 확신합니다.

'좋은 소문'을 퍼뜨리는 사람이 되라

포지티브 가십positive gossip이라는 표현이 있습니다. 가십이란 '남의 이야기, 잡담'을 뜻하니, 포지티브 가십이란 긍정적인 소문이라고 할 수 있습니다. 오하이오주립대학의 실험에 의하면, 우리는 적극적으로 칭찬하는 소문을 흘리는 사람에게는 더욱 친밀감을 느끼고, 나쁜 정보를 흘리는 사람에게는 더욱 반감을 갖게 되는 경향이 있다고 합니다. '메신저를 쏘지 마라Don't shoot the messenger'라는 표현이 있습니다. 나쁜 소식을 전하러 온 사람에게 화내지 말라는 말입니다. 애꿎은 사람을 비난하지 말라는 이 말은 역으로 생각해보면 우리는 보통 나쁜 말을 하는 사람을 싫어한다는 의미이기도 합니다. 오하이오주립대학의 연구 결과는 다음과 같이 해석할 수도 있습니다.

- 우리는 타인을 칭찬하거나 타인에 대해 좋은 말(포지티브 가십)을 하는 사람을 좋아한다.
- 우리는 타인에 대해 욕을 하거나 험담하는(네거티브 가십) 사람을 싫어한다.

- 제삼자를 험담하는 사람에게 맞장구치며 같이 험담해도 반감을 살 수 있다.

누군가가 그 자리에 없는 제삼자를 험담할 때, 우리는 상대방의 고충에 공감하고자 맞장구치기도 합니다. 속상해하는 상대방에게 "그건 아닌 것 같아요"라고 말하는 것은 왠지 공감하지 않는 태도라고 생각되기 때문이지요. 그런데 이런 행동이 때로는 그 험담에 동의하고 가담하는 모습으로 보일 수도 있습니다. 그래서 험담한 사람뿐만 아니라 공감을 표현한 사람마저도 좋지 않은 평판을 받을 수 있습니다. 즉, 어떠한 상황에서도 타인을 욕하거나 험담하는 것은 좋지 않습니다. 상대방이 제삼자의 험담을 꺼내면 그 의중을 헤아리고, "참 안되셨네요. 힘드시겠어요" 하며 고충에 공감한다고 표현하는 것만으로도 충분합니다. 네거티브 가십은 피하고 포지티브 가십만 하겠다고 다짐해두는 것이 좋습니다.

상대방과 내가 동시에 친분이 있는 사람에 대한 포지티브 가십은 좋은 효과를 나타냅니다. 그 이유는 대화의 내용이 긍정적으로 흘러가 대화 자체가 즐거워지고, 상대방이 대화 내용과 경험, 양쪽 모두에 공감해 대화에 좀 더 몰입할 수 있기 때문입니다. 또한 타인의 장점에 집중하는 사람이라는 인상을 줄 수 있으며, '내가 없을 때 내 험담은 하지 않겠구나' 하는 안도감을 줘 상대방의 신뢰를 얻을 수도 있습니다. '당사자에게 닿는 그레이프 바인 효과'도 생각해볼 수 있습니다. 포도덩굴이라는 의미를 가진 영어 단어 그레이프 바인grapevine은 소문이 퍼지는 경로를 상징합니다. '소문으로 들었는데……'라는 말을 영어로 '포도덩굴을 통해서through the grapevine'라고 하는 데서 착안한 것이지요. 소문이라는 것은 돌고 돌아 결국 당사자의 귀에 들어가기 마련이라는 것을 함축적으로 보여주는 표현이라고 할 수 있습니다.

"너에 대해서 ××(안 좋은 내용)라는 소문을 들었어."
"뭐? 누가 그런 말을 했어?"
"◇◇ 씨."

이런 대화가 오가다 보면 자신을 험담한 사람에게 좋지 않은 마음이 생기는 것은 당연합니다. '이런 이야기를 여기저기 말하고 다니다니……' 하는 생각이 들며 기분이 상합니다. 하지만 포지티브 가십의 경우, 상황은 정반대로 흘러갑니다.

"너에 대해서 ○○(좋은 내용)라는 소문을 들었어."
"그래? 누가 그런 말을 했어?"
"□□ 씨."

좋은 말을 전해 들은 사람은 그 말을 한 사람에게 호감을 느끼게 됩니다. 사람은 직접 듣는 칭찬보다 제삼자를 통해 전해 듣는 칭찬에 훨씬 더 기분이 좋아집니다. 칭찬에서 진정성이 느껴지기 때문이지요.

포도덩굴은 여기저기 복잡하게 연결되어 있습니다. 호의적인 마음으로 행한 포지티브 가십은 당사자의 귀에 가 닿습니다. 그러면서 돌고 돌아 결국에는 자신에게 되돌아옵니다. "그 사람을 칭찬했다는 말을 전하니까 무척 기뻐했어요." 이런 말을 들으면 칭찬한 사람도 기분이 좋아집니다. 칭찬한 사람과 칭찬 받은 사람은 인연의 포도 덩굴을 통해 좋은 관계로 발전해 나갑니다. 동시에 '사람을 칭찬하는 사람'이라는 평판이 또 누군가의 포지티브 가십을 통해 주위 사람들에게 전해집니다. 자신이 타인에 대해 말하는 내용을 솜씨 좋게 관리하고 조절함으로써 좋은 인연을 넓혀 나갈 수 있습니다.

행운의 네트워크를 엮는 법

'네트워크'는 인연의 확산이라고 말할 수도 있습니다. 다시 말해, 사람을 통해 연결되는 기회이지요. 인연이 연결되어 나가면서 기회가 생깁니다. 이에 그치지 않고 기회 그 자체가 연결되어 확산되기도 합니다. 네트워크는 직역하면 '망의 작동'이라고 할 수 있습니다. SNS Social Network Service가 대표적인 예입니다. SNS는 사회적 네트워크를 만들어가는 서비스입니다.

물론 SNS가 없던 시대에도 다양한 네트워크가 존재했습니다. 교통, 통신뿐만 아니라 언어나 화폐 등 폭넓게 공유되면서 그 가치가 담보되는 것은 모두 네트워크라 할 수 있습니다. 인간의 뇌도 뉴런의 네트워크입니다. 뇌의 연결을 구성하는 요소(수상돌기 및 축삭돌기)를 쫙 펼쳐서 일렬로 연결하면 100만 킬로미터나 된다고 합니다. 그렇게 긴 것이 서로 연결되고 포개진 상태로 두개골 안에 담겨 있는 것이지요.

사람을 통한 기회의 연결은 '네트워크 효과'에 의해 기하급수적으로 확대됩니다. 네트워크 효과란 플랫폼을 이용하는 사용자 수가 증가할수록 플랫폼 자체의 가치가 높아지는 것을 말합니다. 이와 관련, 메칼프의 법칙Metcalf's law이라 불리는 것이 있습니다. '네트워크의 가치는 네트워크에 접속한 이용자 수의 제곱에 비례한다'는 내용입니다. 쉽게 말하면, 많은 사람이 연결되어 있는 것 자체가 네트워크의 가치를 높여준다는 뜻입니다. 그러니 필요할 때는 구경꾼처럼 방관하지 말고 시대의 흐름에 적극적으로 참여하는 것이 중요합니다. 이같은 선순환이 시작되면 네트워크는 폭발적으로 확대됩니다.

인터넷은 이 세상에 드리워진 망이라고 할 수 있습니다. 그렇게 연결된 망의 작동을 더욱 활발히 만드는 것으로 커뮤니케이션과 교통이 있습니다. 현재 세계를 석권하고 있는 기업들은 모두 이 네트워크 효과를 최대한 살려 적극적으로 활용하고 있습니다. 페이스북, 트위터, 아마존, 우버 등은 서비스 이용자가 많을수록 편리해지고, 편리하니까 이용자가 더욱 늘어나는 선순환을 거듭하면서 압도적인 지위를 구축했습니다. 흐름을 타고 흐름을 만들어낸 것이지요.

어부들이 쓰는 그물을 생각해봅시다. 크기가 크고 그물코가 촘촘할수록 한꺼번에 많은 물고기를 잡을 수 있습니다. 네트워크 효과도 마찬가지입니다. 망의 크기와 촘촘함의 정도에 따라 네트워크 효과가 결정됩니다. 네트워크 기업과 어부의 그물망에 다른 점이 있다면, 어부의 그물망은 크기나 그물코의 촘촘함에 한계가 있지만, 거대한 네트워크 망은 한계 없이 커질 수 있고 한계 없이 촘촘해질 수 있다는 점입니다. 그런 이유로 네트워크 효과가 강하게 나타나는 분야에서는 승자독식 현상이 나타납니다. 심지어 국가의 경계를 넘는 거대 기업까지 나타나고 있습니다.

선순환이 선순환을 부르는 것이지요. 선순환이 나타나는 이유는 다음과 같습니다.

첫째, 많은 사람과 연락할 수 있어 편리하기 때문입니다. 일본의 국민 메신저가 된 라인LINE을 생각해보십시오. 누구와도 간단하게 연결되는 것이 가치의 원천입니다.

둘째, 접촉 빈도가 늘어나서 편리하기 때문입니다. 예를 들어, 택배 이용자 수가 많아져 택배 건수가 늘어나 망이 촘촘해지면 택배기사의 담당 지역이 좁아집니다. 그 결과, 하루에도 몇 번이고 물건을 배달할 수 있게 돼 택배 이용자는 편리해집니다.

셋째, 사양이 통일되어 편리하기 때문입니다. 도로망을 예로 들어봅시다. 도로 차선은 폭이 일정합니다. 폭이 변하지 않으니 자동차 제조업체는 그에 맞게 자동차를 만들면 됩니다.

넷째, 관련 기술을 발전시키기 쉽고, 그렇게 발전한 고도의 기술 덕분에 편익성이 다시 높아집니다. 통신망을 생각해보십시오. 비즈니스가 성장하니 새로운 기술에 적극적으로 투자할 수 있습니다. 그 결과, 비약적으로 발달된 기술을 바탕으로 비즈니스가 전개되니 이용자는 당연히 더욱 편리해집니다.

다섯째, 콘텐츠가 생성되어 풍요로워지기 때문입니다. 도시를 떠올려봅시다. 네트워크처럼 확장되는 도시는 뇌와 그 구조가 비슷합니다. 이런 환경에서는 지적 활동이 서로 자극되어 콘텐츠가 자동적으로 생성되어 풍요로워집니다.

마지막으로, 디폴트(표준)가 되어 그 기반이 더욱 굳건해지기 때문입니다. 구글이 좋은 예입니다. 세계 다수의 사람이 인터넷을 검색할 때 주로 구글을 이용합니다. 구글이 검색의 표준이 된 셈이죠. 화폐도 마찬가지입니다. 표준이 됨으로써 더욱 널리 사용되고 그 가치가 안정됩니다.

네트워크는 '인연'이고, 사람과 사람이 연결되는 '기회'입니다. 나 자신이 풍요로운 인연 속에 있을 때와 그렇지 않을 때를 비교해봅시다. 좋은 기회를 만날 확률 자체가 완전히 달라집니다.

인연에 대해서 생각할 때 반드시 유념해야 할 한 가지가 있습니다. 바로 인연의 '질'도 중요하다는 점입니다. SNS에서 개인은 마치 작은 출판사나 방송국처럼 보입니다. 업로드하는 내용은 그 사람의 분신이라고 할 수 있습니다. 유유상종類類相從이라는 말이 있듯, 비슷한 사람들끼리 인연을 만들어갑니다. 이런 의미에서, 페이스북의 내용은 자기 인간관계의 산물이라고 볼 수 있습니다. 그러니 콘텐츠를 올리고 공유할 때는 그것을 받아들일 사람을 배려하고 신중한 태도로 임하는 것이 그 무엇보다 중요합니다. 네트워크 효과를 유익한 기회로 만들지, 아니면 재앙의 불씨로 만들지는 자기 하기 나름입니다.

동선만 개선해도 운이 좋아진다

　제 취미는 집을 리노베이션하는 것입니다. 건축된 지 60년이나 되어 노후화된 처갓집을 볼 때면 늘 어떻게든 하고 싶었습니다. 하지만 여름 휴가나 명절 연휴 때 방문하는 정도이니 투자를 결정하기가 쉽지 않았습니다. 그런데 생각지도 못한 일로 인해 리노베이션이 시작됐습니다. 부엌 아래쪽에서 낑낑 우는 소리가 들려 들여다보니, 세상에! 유기견이 마룻바닥 아래로 들어가 새끼를 여섯 마리나 낳았지 뭡니까! 강아지 구출 작전을 펼치기 위해서는 부엌 바닥을 뜯어내야 하는 상황이었지요. 이 강아지 가족 덕분에 제1기 공사가 시작됐습니다. 구출된 강아지는 곧 새로운 주인에게 입양됐습니다. 그리고 부엌은 반짝반짝 새롭게 재탄생되었고요. 덕분에 식사 준비도, 설거지도 무척 즐거워졌습니다.

　한 공간이 새로워지면 '저것도 바꾸고 싶다', '이것도 조금 더 좋게 만들고 싶다'는 욕심이 생기기 마련입니다. 그래서 욕실을 대상으로 제2기 공사가 시작됐습니다. 건축된 지 60년이나 된 집의 욕실은 그야말로 집 개조 TV 프로그램의 비포before 상태였습니다. 목욕을 끝낸 후 세탁할 옷을 들고 네 번이나 문을 여닫고 수십 걸음을 걸어야 세탁기에 도착합니다. 세탁기에서 빨래를 너는 곳까지는 세탁

바구니를 들고 또 수십 걸음을 걸어야 합니다. 건조된 빨래를 갠 뒤 수납을 위한 옷장까지는 또 수십 걸음을 이동해야 합니다. 이 일련의 과정은 무척 번거로울 뿐만 아니라 그 와중에 누군가 넘어져 다칠 가능성도 다분했습니다. 이 성가신 일을 누가 할지를 놓고 가족들끼리 옥신각신하기도 했고요. '동선이 나쁘면 운도 나빠진다'는 말이 있습니다. 그래서 욕실 공사의 중요한 콘셉트는, 탈의, 세탁, 건조, 수납에 이르는 전 과정에 스트레스가 없도록 하는 것으로 정해졌습니다. 동선이 좋아지면 모든 움직임이 유려해집니다. 단순히 편해지는 것을 넘어 즐거워집니다. 물건을 나르는 것도 쉬워지고, 일도 상황도 순조롭게 잘 돌아갑니다.

여기에 그치지 않고 저희 큰딸이 옷 벗는 곳과 세탁하는 곳 사이에 작은 문을 내자는 새롭고도 구체적인 아이디어를 제안했습니다. 그렇게 할 경우, 작은 문을 열면 바로 세탁기가 있으니 벗은 옷을 직접 세탁기에 넣을 수 있게 됩니다. 이 구체적인 아이디어 덕분에 탈의에서 세탁을 거쳐 수납에 이르기까지 드는 걸음 수가 크게 줄었습니다. 불필요한 움직임이 줄어드니 경미한 사고가 일어날 확률도 줄었고, 일하는 과정이 편하고 즐거우니 모두들 솔선수범해서 정리하는 데 나서기 시작했습니다. 친척들은 감탄을 금치 못했고, 전문가들에게 혁신적이라는 칭찬을 듣는 등 좋은 일만 가득했습니다.

제3기 공사는 거실과 그와 연결된 마루, 그리고 도마(일본 전통가옥에서 바닥이 흙으로 되어 있는 실내 공간)를 아우르는 총 30제곱미터의 공간을 대상으로 이뤄졌습니다. 이번 공사의 콘셉트는 일본식 모던함과 일본식 레트로의 융합이었습니다. 모두가 드나드는 출입문은 커다란 유리로 된 옛날풍 미닫이문이었는데, 무척 오래되었지만 그 구조가 아름다워 문의 외관은 그대로 살려두고 색만 다시 칠했습니다. 숙련된 창호 전문가 덕분에 부드럽게 여닫을 수 있게 되었지요. 이 공사 덕분에 집의 안과 밖을 연결하는 동선이 아주 부드러워졌습니다. 리노베이션이 필요한 곳은 아직도 남아 있으니 아마 제8기 공사까지 가야 하는 장기 프로젝트가 될 듯합니다.

이처럼 공사를 여러 과정으로 나누어 진행하는 것은 비용 관점에서 보면 다소 비경제적입니다. 하지만 직접 경험해보니 세 가지 장점이 느껴졌습니다. 첫 번째는, 리노베이션이 끝날 때마다 "오!" 하며 몇 번이고 감탄했다는 것입니다. 소분함으로써 '감탄 1회당 단가'를 낮출 수 있습니다. 두 번째는, 예산이나 상황의 변화에 맞춰 어디까지 진행할지 도중에 결정할 수 있다는 것입니다. 소위 말하는 '추후 결정권' 티켓을 사둔 것과 같은 효과이지요. 세 번째, 리노베이션에 대한 지식이나 경험을 내 안에 조금씩 축적할 수 있다는 것입니다. 그 결과, 기획이나 설계 과정이 한층 즐겁고 재미있어졌습니다.

제가 지향하는 바는 집의 수리가 아닌 이상적인 생활 동선입니다. 더 나아가 생활 전반에서 운의 선순환 만들기입니다. '동선이 좋으면 운도 좋아진다.' 운은 좋은 동선에서 비롯됨을, 그리고 이 말은 진리임을 제대로 실감하고 있습니다.

오픈 마인드, 찾게 되는 사람의 비밀

타인, 경험, 시각에 대한 편견 버리기

운을 자기 편으로 만드는 사람들에게서 공통적으로 드러나는 마음의 태도가 있습니다. 먼저, '태도'를 두 가지로 나눠 생각해봅시다. 첫 번째는 겉으로 드러나는 태도입니다. 행동, 몸짓, 동작, 자세, 거동, 표정, 말처럼 타인이 관찰할 수 있는 것입니다. 예를 들어, 당당한 태도나 버릇없는 태도는 눈에 보이는 요소가 어우러져 그런 인상을 형성합니다. 두 번째는 겉으로 드러나지 않는 태도입니다. 근본적으로 깔려 있는 마음의 태도로, 일이나 상황에 임하는 마음가짐이라 할 수 있습니다. 언행을 통해 잠시 빙산의 일각이 드러나기도 하지만, 물속에 잠겨 있는 부분이 훨씬 큰 까닭에 그 모든 것을 직접 관찰할 수는 없습니다.

사람의 특징 중 변하지 않는 것을 '성격'이라고 하고, 바꿀 수 있는 것을 '태도'라고 합니다. 그런데 겉으로 드러나는 태도는 물론 드러나지 않는 태도도 바꿀 수 있습니다. 존 크럼볼츠는 운을 좋게 하는 태도로 오픈 마인드open mind를 들었습니다. 표면으로 드러나지 않는 부분까지 포함한 열린 마음 상태를 말합니다. 개방적이라고도 할 수 있지요. 이러한 표현이 인품을 설명할 때 쓰이면 대체로 칭찬하는 말이 됩니다.

'무엇에 대해서 개방적인가' 하는 점도 중요합니다. 일단, 오픈 마인드를 가진 사람은 타인에게 쉽게 마음의 문을 엽니다. 의사결정을 할 때 자신과 다른 의견도 기꺼이 수용합니다. 타인의 생각에 마음의 문이 활짝 열려 있으니 자기 생각에 갇히지 않습니다. 생각은 깊이를 더해가고 이야기는 점점 발전합니다. 건설적인 상태이니 운도 좋아집니다. 새로운 사람과의 관계에 열려 있으니 네트워크가 넓어지는 것은 당연지사입니다. 또한 감추고 숨기는 것이 적으니 상대에게 쉽게 이해 받을 수 있습니다. 관계 맺기가 수월하니 네트워크가 자연스럽게 확대됩니다. 자기 생각을 정확하게 전달하니 주위의 관심과 지원이 이어집니다. 그 과정에서 운은 점점 더 좋아집니다.

다음으로, 오픈 마인드를 가진 사람은 새로운 경험을 기꺼이 받아들입니다. 예를 들어봅시다. 원하지도 않았고 생각지도 못한 부서 이동을 제안 받았다면, 어떻게 하겠습니까? "지금까지 이 분야에서 전문 지식과 경험을 쌓아왔는데……" 하며 거절하는 사람도 있겠지요. 그에 반해 새로운 경험에 열린 마음을 가진 사람이라면 "이것도 기회이니 한번 도전해볼까?"라고 말할 수도 있습니다. 이런 사람들은 새로움에 도전해서 예상치 못한 즐거움을 만나고, 결과적으로 바라던 커리어 이상으로 발전하기도 합니다.

말하는 것은 쉽지만, 막상 새로운 환경에서 새로운 일을 시작하려면 두렵고 불안한 게 당연합니다. 불안은 위험을 알리는 신호이자 브레이크 같은 방어기제입니다. 그런데 그 불안을 잘 들여다보면 그럴듯한 근거라고 할 만한 것이 없는 경우가 많습니다. 불안한 이유는 새로운 경험에 대해서 아무것도 모르기 때문입니다. 모르는 것은 확실히 불안을 야기합니다. 하지만 몰라서 불안해한들 어찌할 방도는 없습니다. 그러니 불안 앞에서 움츠러들기보다는 '도전해보자!' 하는 진취적인 마음으로 첫발을 내딛고 경험을 쌓아가는 것이 현명하지 않을까요? 이런 태도가 행운을 불러들이는 길이기도 하고요.

행운을 잡는 사람은 미래를 잡는 사람이라고도 말할 수 있습니다. 경험해본 적 없는 일이나 취미 활동도 '한번 해볼까' 하며 뛰어듭니다. 결과적으로 새로운 세상을 만나 자신의 세계가 넓어지고 동시에 행운으로 연결되는 기회도 늘어납니다. 한 걸음 한 걸음 걷다 보면 보이는 세상이 달라집니다. 그렇게 거듭된 걸음들이 쌓이고 쌓여 차이를 만듭니다.

오픈 마인드를 가진 사람은 다양한 선택지를 손에 쥘 수 있습니다. 사람은 목표가 있기에 노력을 합니다. 우선 커리어를 대상으로 목표를 설정해봅시다. 그 목표는 어디까지나 잠정적인 것이니 너무 얽매일 필요는 없습니다. '선택지에 대한 개방적인 태도'란 달리 말하면 '스스로를 옭아매지 않는 여유로운 태도'라고도 할 수 있습니다. 이는 '기회에 대한 오픈 마인드'와도 궤를 같이합니다.

그 누구도 미래를 알 수 없습니다. 수많은 우연이 겹겹이 쌓인 길을 걸어 지금 여기에 이르렀습니다. 마찬가지로 전혀 예상치 못한 우연들로 인해 우리의 미래 또한 다양한 모습으로 펼쳐질 겁니다. 우리의 지식도, 상상력도 미치지 못하는 그곳은 가능성으로 가득 차 있습니다. 경험을 통해 배우며 선택지를 늘려가다 보면 상상하지도 못한 기회와 마주할 가능성이 훨씬 커집니다.

마지막으로, 오픈 마인드를 가진 사람은 일이나 상황에 대한 시각도 개방적입니다. 일본어에는 바탕이 되는 근본적인 태도를 나타내는 표현으로 네아카ネアカ(근본이 밝은 사람)와 네쿠라ネクラ(근본이 어두운 사람)가 있습니다. 이 단어에 붙은 '네根'는 인간의 '근본, 뿌리'를 의미합니다. 일본의 유명한 코미디언이자 진행자인 다모리 때문에 널리 알려진 표현인데요, 다모리는 1984년 잡지에 실린 대담에서 다음과 같이 말했습니다.

나는 오랫동안 사람을 판단하는 기준을 잘 몰랐다. 이 업계에서 일하면서 갑자기 많은 사람들을 만났는데, 좋은 사람과 나쁜 사람을 판단하는 기준을 세우기가 참 어려웠다. 그런데 단순한 사실을 발견했다. 그것은 바로 근본이 밝은가 아니면 어두운가, 였다.

'근본이 밝다(네아카)', '근본이 어둡다(네쿠라)'라는 표현에서 다모리가 지적한 본질은, 뿌리根, 즉 보이지 않는 태도입니다. 이는 나의 고유한 본질과도 연결됩니다. 근본이 밝은 사람은 어떤 일이나 상황에 시각이 열려 있습니다. 다모리는 "근본이 어두운 사람은 정면에서 봐서 사각형인 것은 오직 사각형이라고만 믿는다. 때문에 외골수처럼 정면돌파만 지향하다 보니 진이 빠져 찌부러지거나 비관적으로 흐르기 쉽다'라고 말했습니다. 그에 비해 근본이 밝은 사람은 다양한 각도에서 바라보며 상황을 유연하게 받아넘깁니다. 그러다 보면 "사각형이지만 다른 면도 보게 되고, 일단 유연하게 받아넘기면서 위기를 극복할 수 있는 강함이 나온다. 그러다 보니 인간관계도 좋아진다"라고 설명했습니다. 위기를 극복하는 것도, 인간관계가 원활해지는 것도 모두 운이 호전되어가는 상태라고 할 수 있습니다. 정면에서만 보지 말고 다른 면을 봅시다. 위에서도 보고 아래에서도 보고 옆면도 살펴봅시다. 그렇게 하다 보면 시각이 열립니다.

오픈 마인드를 가진 사람은 타인, 경험, 선택지, 시각 등에 마음이 열려 있습니다. 자신을 열고 있는 상태입니다. '네아카'의 '아카'는 '열려 있다開', '비어 있다空', '밝다明' 이 모두에 해당하는 말입니다. 아래와 같이 정리해보니 '네아카'형 사람에게 행운이 굴러 들어오는 것은 당연해 보입니다.

- 열려 있다開 – 오픈된 사람은 타인이나 경험에 대해 마음이 열려 있다.
- 비어 있다空 – 오픈된 사람은 수용할 수 있도록 스스로를 비워둔다.
- 밝다明 – 오픈된 사람은 자신의 밝은 부분을 드러내 주위를 밝게 물들인다.

스스로 '근본이 어두운 사람(네쿠라)'이라고 정의하는 사람도 있겠지요. 하지만 걱정할 필요 없습니다. 오픈 마인드는 성격이 아니라 태도입니다. 성격을 바꾸는 것은 어렵지만 태도는 자신의 의지에 따라 충분히 바꿀 수 있습니다.

베풀면 되돌아온다

'인정은 남을 위해 베푸는 것이 아니다'라는 말이 있는데, 이는 종종 잘못 해석되기도 합니다. '인정을 베푸는 것은 타인에게 도움되지 않으니, 함부로 베풀지 마라' 같은 해석이 그렇습니다. 올바른 해석은, '인정은 타인을 위해서가 아니라 자신을 위해서 베푸는 것이다'입니다.

제가 좋아하는 영화 중 〈아름다운 세상을 위하여Pay It Forward〉가 있습니다. '페이 포워드pay forward'라는 말은, 누군가에게 도움이나 호의를 받고 나서 그 사람에게 갚는 것이 아니라 도움이 필요한 다른 사람에게 선행을 베푼다는 의미입니다. 영화에서 시모넷 선생님은 더 좋은 세상을 만들기 위한 방법을 생각해보고 실천하라는 특별한 과제를 냅니다. 열한 살 소년 트레버는 자신이 받은 선의를 다른 세 사람에게 베푼다는 아이디어를 생각해내고 이를 실천합니다. 생각처럼 잘되지 않자 트레버는 실망합니다. 그러나 트레버가 알지 못하는 곳에서 이 아이디어는 큰 흐름이 되어 온 세상을 바꾸기 시작한다는 게 영화의 줄거리입니다.

'A가 B에게 도움을 줬을 경우, B는 A에게 보답하는 것이 아니라, C에게 선행이나 호의를 베푼다. C는 D에게, D는 E에게…….' 이런 식으로 선행이나 호의를 베풀어 나갑니다. 타인을 배려하는 마음이 연쇄 작용을 일으켜 선행 파도타기의 흐름이 형성됩니다. 한 명이 아닌 다수에게 선행을 베푼다면 그 파장은 기하급수적으로 커지겠지요. 하지만 현실에서는 반대 상황이 더 흔하게 보입니다. A가 B를 착취하고, B는 C를 착취하는 식으로 말이지요. 어쨌든 '페이 포워드'는 현실을 뒤집는 시도입니다.

'인정은 남을 위해서 베푸는 것이 아니다'의 올바른 의미는 인정을 베푸는 것은 '자신을 위해서'이고, '페이 포워드'는 '타인을 위해서'입니다. 이렇게 비교하니 이 둘은 반대 의미인 것 같지만, 잘 생각해보면 결국 같은 뜻입니다. 인정을 베푸는 것은 타인을 위한 것이 아니라고 하지만 결국 타인에게 인정을 베푸는 것이고, '페이 포워드'는 타인을 위한 행동처럼 보이지만 그 선행이 돌고 도는 좋은 세상에 산다는 것은 결국 자신에게도 유익한 것이니까요.

그 어떤 보답도 바라지 않고 타인을 도와주거나 선행을 베푸는 사람은 운이 좋아집니다. 우리가 '페이 포워드'의 세상에 살고 있기 때문입니다. 누군가에게서 받은 따뜻한 손길에 보답한다는 마음으로 다른 사람에게 호의를 베풀면 그로 인해 좋은 인연이 싹트고 꽃을 피웁니다. 상부상조의 마음이 온 사회에 퍼져 사회 구성원 모두에게 공유되고, 그 물결이 언젠가는 나에게 돌아온다는 믿음, 그 믿음이 제대로 실현되는 사회는 모든 사람이 좋은 운 속에서 살아가는 유토피아가 되겠지요. 나는 오직 받기만 하겠다는 사람이 나타나지 않는

한 말입니다.

사람을 인간人間(사람과의 관계)이라고 쓰기도 합니다. 사람은 사회적 동물이고, 사람과 사람 사이의 인간관계가 중요하다는 사실을 잘 보여줍니다. 행운은 파랑새가 물어다 주는 것이 아니라 사람이 가져다주는 것입니다. 인맥의 네트워크를 넓혀가는 것은 기회를 넓혀 운을 개발하는 행위와 다름없습니다.

상부상조의 바탕에는 호혜성의 원리가 있습니다. 도움을 준 쪽에 무언가를 갚는, 서로 주고받는 상호관계의 문화입니다. '서로'에 제삼자까지 포함시켜 그 의미를 넓게 확대한 것이 바로 '페이 포워드'입니다. '페이 포워드'를 통한 좋은 인연의 확산이야말로 온 세상 사람들의 운을 상승시키는 행운의 네트워크입니다.

'장점 탐구'로 기회를 찾아라

인공지능AI이 큰 화제입니다. 그런데 AI는 다른 줄임말로도 쓰입니다. 조직 개발 분야에서 쓰이는 AI는 강점 탐구Appreciative Inquiry의 약자입니다. 긍정(적) 탐구라고도 합니다. 'A'의 장점 및 강점에는 조직의 강점, 사회에의 공헌, 성장 가능성, 미래에 대한 희망, 조직 구성원들의 꿈 등이 포합됩니다. 즉, 본래의 잠재력과 가능성을 재평가하는 것입니다. 'I'의 활동으로는 상호 코칭처럼 서로 질문을 주고받는 형식도 있고, 4~6명 그룹 단위로 의견을 교환한 후 전체적으로 공유하는 방법도 있습니다. 저는 세 명을 한 팀으로 하여 말하는 사람, 듣는 사람, 쓰는 사람으로 역할을 정하는 방법을 자주 이용합니다. 충분히 의견 교환이 이루어진 후 역할을 바꾸며 총 3회 같은 활동을 합니다. 제가 이 방식을 선호하는 이유는 침착하고 차분하게 이야기를 나눌 수 있고, 제대로 기록으로 남길 수 있기 때문입니다.

장점 및 강점에 대해 서로 이야기를 나누는 활동에는 두 가지 긍정적 효과가 있습니다. 첫째, 기분이 밝아지며 진취적이고 긍정적인 상태가 됩니다. 자신이 미처 깨닫지 못했던 가능성을 다른 참가자가 알려주니 비로소 새로운 사실을 자각하게 됩니다. 둘째, 참가자 전원이 자연스럽게 전체적인 관점에서 조직을 바라보게 됩니다. 그 과정에서 개인적 차원이 아닌 조직 전체 차원의 가치관을 공유할 수 있습니다.

이런 활동을 진행하다 보면 '우리 조직도 그리 나쁘지 않아', '아직도 할 수 있는 게 있어' 하며 긍정적인 면과 가능성을 깨닫게 됩니다. 그 결과, 새로운 비전이 그려지고 성장을 향한 전략도 생겨납니다. "조직에 활력을!" 하며 힘차게 구호를 외친다고 해서 없던 활력이 생겨나지는 않습니다. AI 활동은 스스로 움직이는 자율적인 조직을 만들고, 조직과 조직 구성원의 운을 개발하는 방법입니다.

AI 기법에는 4D라 불리는 네 단계가 있습니다. 첫 번째 D는 발견 discovery 입니다. 조직의 진정한 장점, 강점, 가능성, 공헌 같은 핵심적인 긍정 요소에 대해 토론하며 자기 발견을 합니다. 예를 들어, 다음과 같은 질문을 던져봅니다. '최고의 강점은 어떤 상황에서 발휘되는가?', '누구에게 어떤 가치를 제공했을 때 가장 기쁜가?', '최고의 장점이자 누구에게도 지지 않는 점은 무엇인가?'

두 번째 D는 꿈dream 입니다. 모든 틀을 버리고 자유롭게 꿈에 대해서 이야기를 나눠봅니다. 예를 들어, 10년 후나 20년 후를 상상해봅니다. 이런 가정하에 다음과 같은 질문을 던져봅니다. '우리 조직은 어디까지 발전 가능할까?', '우리 조직은 미래에 누구에게 어떤 식으로 기여하고(도움을 주고) 있을까?', '어떤 미래를 생각하면 가슴이 두근두근 뛰는가?'

세 번째 D는 설계design 입니다. 꿈을 실현하기 위한 바람직한 조직 상태를 토론하고, 그 내용을 언어화해봅니다. 예를 들면, 꿈을 이루기 위한 방법 및 그 과정을 구체적으로 이미지화해봅니다. 다음 질문을 던지고 답을 해봅시다. '꿈에 한 발 다가서기 위한 당장의 목표는 무엇인가?', '꿈을 이루기 위한 바람직한 조직의 모습이란 무엇인가?', '목표 달성을 위해 당장 내일 무엇을 하면 좋을까?'

네 번째 D는 실행destiny 입니다. 이 단어의 원래 의미는 '운명, 숙명'이지만 '실행, 실천을 통한 실현'으로도 이해할 수 있습니다. 앞 단계의 3D를 반영한 구체적인 실천 계획을 수립하고 실행함으로써 운명을 실현시키는 데 한 걸음 다가서봅시다.

AI 접근법은 당연히 조직뿐만 아니라 개인에게도 적용할 수 있습니다. 자신만의 장점이나 긍정적인 면을 면밀히 살펴봄으로써 이미 자신에게 있는 기회를 알아차립니다. 그리고 마음 깊이 감사함을 느껴봅니다. 이처럼 자신만의 고유한 장점을 기회로 활용하는 것은 운을 개발해 나가는 전통적인 방법이기도 합니다.

．
．
．

찻잔에서 배운 마음가짐

저는 미니멀리스트가 아니지만 가능한 한 물건의 수를 줄이려고 노력합니다. 주변을 깔끔하게 정리하면 운도 자연스럽게 좋아질 거라고 생각하기 때문입니다. 하지만 단 하나 예외가 있습니다. 바로 커피나 홍차를 담는 찻잔과 찻잔 받침입니다.

독일의 마이센, 덴마크의 로열 코펜하겐, 프랑스의 하빌랜드 리모지, 일본의 노리다케 등 각 나라 고유의 특색이 단적으로 표현된 아름다움을 감상하는 것은 실로 즐겁습니다. 그 즐거움을 일상 속에서 손쉽게 만끽할 수 있도록 해주는 찻잔은 저에게 더없이 소중한 존재입니다.

하지만 고급 찻잔은 가격이 비싸서 늘 그림의 떡이었습니다. 그런데 참 고맙게도 옥션 사이트의 출현으로 원하는 찻잔을 비교적 저렴한 가격에 살 수 있게 됐습니다. 옥션은 가격도 가격이지만 선택할 수 있는 찻잔의 종류가 무척 다양합니다. 도자기는 깨끗하게 씻어서 열탕 소독하면 되니까 저는 중고도 개의치 않습니다.

찻잔과 찻잔 받침, 커피 서버나 플레이트 등을 포함해 세트로 구매하는 사람도 있지만, 저는 '낱개로 따로 사자' 주의입니다. 그래서 집에 있는 찻잔은 전부 따로따로, 가지각색입니다. 이런 식으로 구매

하는 데는 이유가 있습니다. 찻잔을 세트로 샀을 경우, 하나라도 깨지거나 이가 빠지면 완벽함에 흠이 생기므로 그 세트 전체가 싫어질 수도 있기 때문입니다. 그러나 아예 처음부터 낱개라면 금이 가거나 깨졌을 때 깨끗하게 포기할 수 있습니다.

'찻잔이 깨지면 받침만 남고 받침이 깨지면 찻잔만 남는데, 이 문제는 또 어떡하면 좋을까요?' 하고 고민하는 사람도 있을 겁니다. 그 것도 괜찮습니다. 다 방법이 있습니다. '찻잔만', '찻잔 받침만'이란 키워드로 검색하면 이 세상에는 나와 반대 상황에 놓인 사람이 무척 많다는 것을 알게 되어 깜짝 놀랄 겁니다. 게다가 이런 경우는 비용도 절약할 수 있습니다. 한쪽이 결여된 사람들끼리 딱 맞아 합을 이루는 절묘함! '이런 인연도 참 감사하구나' 하는 마음에서 소소한 행복이 느껴집니다.

행운이 행운을 부른다

감사와 미소의 선순환

운이 좋은 사람은 감사의 말을 자주 합니다. 그에 비해 운이 나쁜 사람은 늘 불평불만을 늘어놓습니다. 운과 감사의 인과관계는 다음 중 어느 것이 맞을까요?

'운이 좋으니까 감사한다.'

'감사를 하니까 운이 좋아진다.'

둘 다 맞습니다. 운과 감사는 서로를 상승시키므로 운은 스파이럴 업spiral up(나선형 향상) 상태가 됩니다. 서로가 원인이 되어 소용돌이처럼 상승기류를 만들어냅니다. 이 기류에 올라탈 수 있다면 기회의 자동생성기를 손에 넣은 것이나 마찬가지입니다. 운이 좋은 사람과 운이 나쁜 사람 사이에 좁힐 수 없는 간극이 생기는 것도 바로 이 때문입니다.

운이 좋은 사람은 행운과 함께하는 삶이 얼마나 감사한 일인지 잘 알고 있기에, 긍정적인 감정이 표정에도 고스란히 드러납니다. 여기에도 '운이 좋으니까 미소를 짓는다.', '미소를 지으니까 운이 좋아진다.'처럼 두 종류의 인과관계를 생각해볼 수 있습니다.

두 경우 모두 미소와 운의 스파이럴 업이 발생합니다. 운이 좋은 사람은 긍정을 감지하는 센서가 늘 민감하게 작동합니다. 언제나 긍정적인 시선으로 바라보고 긍정적인 평가를 합니다. 덕분에 좋은 기분으로 미소 지으며 생활하고, 그 기운이 주위 사람들에게 퍼져 나갑니다. 당연히 주위 사람들의 기분도 유쾌해지고, 얼굴에는 방긋 웃음꽃이 핍니다.

스파이럴 업은 긍정적 피드백과 깊은 관련이 있습니다. 긍정적 피드백이 작동하니 스파이럴 업이 발생한다고 볼 수도 있습니다. 무언가를 하면 할수록(원인) 좋은 결과가 발생합니다.(결과) 좋은 결과에 기분이 좋아져서(원인) 조금 더 의욕적으로 움직이게 됩니다. (결과) 조금 더 움직이니까(원인) 더 좋은 일들이 일어납니다.(결과) 이 과정이 계속 반복됩니다.

'웃으면 복이 온다'는 속담이 있습니다. 운이 좋은 사람이 짓는 미소는 상대방에 대한 감사와 운에 대한 감사의 마음에서 비롯됩니다. 아기는 생후 2~3개월이 지나면 미소를 지을 수 있는데 이를 사회적 미소라고 합니다. 어른이 아기에게 특정한 행동을 하고, 아기는 그런 어른의 행동에 미소를 짓습니다. 이는 상대방과의 관계성을 바탕으로 한 미소입니다. 여기에도 긍정적 피드백이 작동합니다. 아기의 관점에서 한번 볼까요? 살짝 미소 지으니(원인) 자신에게 관심이 집중되고 자신을 얼러줘 즐거워집니다(결과). 그것이 재미있어서(원인) 아기는 또 미소 짓습니다(결과). 더욱 미소를 지으니까(원인) 한층 더 좋은 분위기가 형성됩니다(결과).

이처럼 서로의 관계를 굳건히 해 나가는 것을 '강화'라고 합니다. 이는 학습 원리의 하나인데요, 아기는 미소를 통해서 이를 배워 나가고, 동시에 부모들도 배워갑니다. 부모의 관점에서 한번 볼까요?

이것저것 시도하여(원인) 아기가 특별히 반응을 보이며 웃음 짓는 놀이를 발견합니다(결과). 아기가 웃는 것이 기뻐서(원인) 어른은 다양한 시도를 합니다(결과). 다양하게 시도하니까(원인) 아기의 웃음 코드를 더 많이 발견하게 됩니다(결과). 이 과정이 계속 반복됩니다.

아기와 부모가 서로 함께 배워가며 더 나은 관계로 발전하는 것 또한 스파이럴 업입니다. 미소나 웃음을 매개로 형성된 이런 관계성은 어른이 되어도 변하지 않습니다.

스파이럴 업을 쉽게 실현하는 사람의 전형으로 '애교 있는 사람'(일본어의 애교는 '생글생글하고 상냥하고 사랑스러운 모습', '미워할 수 없는 사랑스러운 표정이나 행동'의 의미로, 남녀노소를 불문하고 쓰이는 표현이다_옮긴이)을 들 수 있습니다. 애교 있는 사람은 주위 사람들에게 지지를 받습니다. 필요한 지원을 자연스럽게 얻어내며 기회를 넓힙니다. 더불어 행운도 얻어 나갑니다.

미소와 감사는 애교 있는 사람의 최대 무기입니다. 늘 미소 짓는 사람 주위에는 언제나 웃음이 끊이지 않습니다. 즐거우니까 웃는 것인지, 웃으니 즐거운 것인지, 아무튼 애교 있는 사람과 함께 있으면 즐겁습니다. 대부분의 사람이 비슷하게 느끼기 때문에 애교 있는 사람에게 자연스럽게 관심과 지원이 집중됩니다.

애교 있는 사람은 솔직합니다. 거짓 없이 마음을 표현하고 부끄러워하거나 어색함 없이 고맙다는 말을 합니다. 용서를 빌어야 할 때도 솔직하게 용서를 빕니다. 미소를 짓거나 감사하는 마음을 표현할 때, 차별을 두지 않고 표리부동한 태도를 취하지 않는 것 또한 무척 중요한 특징입니다. 어떤 사람에게는 밝게 대하고 어떤 사람에게는 무뚝뚝한 모습을 보이면, 그 사람의 계획과 속셈이 빤히 들여다보입니다. 타산적이지 않기에 주위 사람들이 기꺼이 도와주고 지지해주는 것입니다.

애교가 가진 또 한 가지 특징은, 불완전하고 미완성이라는 점입니다. 어찌 보면 어수룩하고 엉성합니다. 이는 좋은 의미로 빈틈 있는 인간적인 모습이라고도 할 수 있습니다. 사람들은 이런 모습을 보면 따뜻한 마음과 선한 의도로 장난을 걸어보고 싶어집니다. 살짝 시선을 던지고 슬쩍 말을 걸어봅니다. 그렇게 커뮤니케이션이 시작됩니다. 서툴지만 최선을 다하는 모습을 보면 한껏 응원해주고 도와주고 싶은 마음이 듭니다. 아이들이 애교스러운 것은 바로 이런 이유에서입니다. 엉뚱하고 허술하지만 솔직하고 순수한 아이들에게 늘 따뜻한 지지를 보내고 싶은 것은 인간으로서 당연한 마음입니다.

지능지수를 아이큐라고 합니다. 아이큐가 너무 높아 지성으로 무장된 사람을 보면 허술함을 노려 유쾌한 장난을 치거나 슬쩍 다가서는 것이 어렵습니다. 인간미 넘치는 사랑스러움 같은 것은 꼭꼭 숨겨져 보이지 않습니다. 불완전하고 미완성인 존재이기에 애교 같은 사랑스러운 인간미가 생겨나는 겁니다. 그리고 그것은 분명 강점입니다. 운을 불러들일 수 있다는 것은 운을 불러들일 여지가 있다는 의미이기도 합니다. 불완전해도 괜찮습니다. 미완성이기에 멋지고 훌륭한 것입니다. 운을 불러들이는 것은 아이큐보다 애교입니다.

사람, 흥, 행운을 불러 모으는 밴드왜건 효과

퍼레이드의 선두에서 음악을 울리는 밴드(악대)가 있습니다. 그 악대가 타고 있는 왜건을 밴드왜건이라고 합니다. '밴드왜건에 타다'라는 표현은 여러 사람이 모여 있는 차에 자신도 타는 것을 말합니다. 즉, 대세 및 다수를 따르는 것이지요. 그러한 상황이 만들어져가는 것을 밴드왜건 효과Bandwagon Effect(편승 효과)라고 합니다.

운에는 밴드왜건 효과가 있습니다. 타인, 자신, 운 3박자가 어우러져 선순환을 일으킵니다. 먼저, 운이 좋은 사람이 하는 일에는 사람들이 하나둘 모여듭니다. 밴드왜건 효과의 기본적인 의미에 충실한 현상이지요. 일정한 수의 사람들이 어떠한 선택지를 결정하면 흐름이 형성되고, 다른 사람들도 차츰 그 흐름에 올라탑니다. 다수가 이끄는 흐름에 편승하고 싶은 것이 사람의 심리이니까요.

운이 좋아 보이면, 그것을 본 다른 사람들이 '나도 나도' 하면서 모여들고, '나도 나도' 하며 모여든 사람이 많아지면, 더욱 성공하고 운도 더욱 좋아지는 것이지요. 이 관계가 제1의 선순환입니다.

밴드왜건 효과는 선거에서 뚜렷하게 볼 수 있습니다. 비즈니스에서 성공한 기업들은 어떤 형태로든 이 효과를 만들어 나갑니다. 구글, 애플, 페이스북, 아마존 등 전 세계를 석권한 거대 기업들은, '다른 사람이 쓰니까 나도 쓴다'는 원리에 근거한 행동이 전 세계를 뒤덮을 만큼 거대화된 것이 공통점입니다. 이들 기업의 창업자는 운이 좋았다기보다는 인류의 운명을 새롭게 바꿔놓은 사람들이라 할 수 있습니다.

다음으로, 운이 좋은 사람은 자신도 흥이 납니다. 흥이 나면 어깨와 엉덩이가 들썩이고 기분이 고조됩니다. 신바람이 납니다. 타이밍이 절묘하게 맞아떨어집니다. 기회를 잘 포착합니다. 본궤도에 오릅니다. 일이나 상황이 순조롭게 진척되며 술술 풀립니다. 흥이 나면, (좋은 의미로) 맨정신으로는 할 수 없는 일들도 할 수 있게 됩니다.

운이 좋으면, 흥이 나고 활기차고 타이밍이 잘 맞고 모든 일이 순조롭게 진행됩니다. 흥이 나고 활기차고 타이밍이 잘 맞고 모든 일이 순조롭게 진행되니, 운이 상승합니다. 이 관계가 제2의 선순환입니다.

일본어에 조시調子라는 표현이 있습니다. 간단히 표현하면 상태, 기세, 가락이라는 의미입니다. 이는 행운을 구성하는 중요한 요소 중 하나입니다. 앞에서 말한, '흥이 나고 신바람이 나고 일이나 상황이 순조롭게 진척되는 상태'를 '조시'가 좋은 상태라고 할 수 있습니다. 원래 조調라는 한자에는 '고르고 조절하다, 정돈하고 갖추다'라는 의미가 있습니다. 조정調整, 조합調合, 조인調印의 경우, 이 글자는 매니지먼트를 의미합니다. 매니지먼트가 잘 되면, 순조順調, 호조好調 상태가 됩니다. 조調라는 글자에는 '가락, 음률, 멜로디' 같은 의미도 있습니다. '창작한다'는 의미에서는 디벨롭먼트적입니다. 그러므로 '조시가 좋다'는 것은, 매니지먼트와 디벨롭먼트가 절묘하게 조화를 이룬 상태라고 할 수 있습니다.

마지막으로, 행운에는 더 큰 행운이 따라옵니다. 운 좋은 일이 생기니 그 운에 낚인 것처럼 또 다른 운 좋은 일들이 꼬리에 꼬리를 물고 이어지는 경험을 해보았을 겁니다. 행운은 행운을 좋아합니다. 이것이 바로 '행운이 행운을 부르는 현상'입니다. 미국의 사상가 앨버트 H. Z. 카는 이것을 '기회의 연쇄'라고 말했습니다.

운이 좋으면, 그 좋은 운으로 인한 좋은 결과가 2차 행운을 부릅니다. 2차 행운은 한층 더 좋은 결과를 낳고, 그 결과는 3차 행운의 원인이 됩니다. 여기에 제3의 선순환이 있습니다.

카는 다음과 같이 설명했습니다. "하나의 행운이 생겼다면 이렇게 생각해도 좋다. 지금이 바로 인생 비약의 순간이라고. 그러니 하나의 기회가 내 편에 서주었다면 이성을 가지고(기세등등해서 무턱대고 행동하다가는 이익은 고사하고 본전까지 날릴 수 있다) 주의를 기울여 다음 기회를 노려보자. 더 큰 기회를 낳는 기회일 수도 있으니까."

세 번째 선순환은 운의 흐름을 만들어냅니다. 실개천들이 모여 큰 강으로 흐르듯, 미세한 공기의 흐름이 모여 상승 기류를 일으키듯, 운은 그 자체가 모여서 더 큰 운을 만들어냅니다. 흐름이 아주 좋을 때는 운에 몸을 맡겨도 됩니다.

중국에서 용은 행운의 상징입니다. 용은 인간과 하늘 사이에서 중개 역할을 한다고 합니다. 인간은 용을 통해 소원을 하늘에 전달하고, 용은 하늘로부터 인간에게 그 실현을 돕는 운을 전달해준다고 합니다. 운의 본질은 '흐름을 타는 것'. 하늘 높이 솟아오르는 용의 등에 올라타는 이미지가 떠오릅니다. '옮기다, 움직이다, 나르다'라는 의미를 가진 운運이라는 한자를 생각해보면 운의 본질이 자연스럽게 이해됩니다.

타인과 자신, 그리고 운, 이 삼박자가 흥을 타고 잘 어우러져 선순환을 만들어내고, 그 선순환이 멈추지 않도록 일이나 상황을 능숙히 움직여 나가는 것. 이것이 바로 운의 정체입니다.

툇마루에서 차를 마시면 행운이 날아든다

사람들 사이의 인연이 넓어지면 그만큼 기회가 늘어나고 운도 좋아집니다. 인연은 연결하고 맺는 것. 때에 따라서는 끊기도 합니다. 인연의 연緣은 부수가 실 사糸인 것처럼, 실로 이어지는 이미지를 떠올리는 이도 많을 겁니다. 신랑과 신부를 씨실과 날실에 비유하며 부부의 인연을 촘촘히 잘 엮어가도록 격려하기도 합니다. 그런데 연緣에는 의외로 알려지지 않은 또 다른 의미가 있습니다. 안內과 밖外의 경계인 테두리를 의미하기도 합니다. 다시 말해, 안內의 가장자리이지요. 안과 밖의 경계이기도 하지만, 근본적으로는 안內에 속해 있습니다. 테두리는 집에도 있고, 자신에게도 있고, 조직에도 있습니다.

집의 테두리 - 툇마루
일본의 전통 가옥에는 툇마루가 있었습니다. 대체로 정원을 향하고 있어 집에서 가장 경치가 좋은 장소였지요. 예전에 사람들은 이 툇마루에 걸터앉아 차를 마시고 가벼운 대화를 나누기도 했습니다. 툇마루는 집의 테두리에 있습니다. 안은 툇마루의 안쪽, 밖은 툇마루의 바깥쪽을 말합니다. 즉, 툇마루는 안과 밖의 경계입니다. 밖에서 일어난 우연은 툇마루를 통해 집 안으로 들어옵니다. 이처럼 툇마루는 인연이 넓어지는 장소이자 행운이 집 안으로 들어오는 장소입니다.

나 자신의 테두리 – 엣지 있는 사람

나 자신의 테두리는 '나는 누구인가'라는 중대한 질문과 연결됩니다. 타인과 접하는 방식이나 관계를 맺는 방법에 따라 내內가 결정되고, 나 이외外와 분리됩니다. 확고한 자기 정체성을 가진 사람, 두드러지고 또렷한 개성이 있는 사람을 '엣지 있다'고 말합니다. 엣지edge는 '(가운데에서 가장 먼) 끝, 가장자리'를 의미합니다. '(칼 등의) 날, 강렬함' 같은 의미도 있습니다. 엣지 있는 사람은 자신만의 차별화된 개성이나 특성이 있어 윤곽선이 아주 또렷합니다. 이런 사람은 타인에게 확실히 인식되기 때문에 인연이 쉽게 연결됩니다.

조직의 테두리 – 경계를 잇는 사람

조직이나 부서 같은 사람들의 모임에서도 안과 밖은 중요합니다. 안은 내가 속한 조직이고, 밖은 외부 세계입니다. 그 테두리에 있는 조직이나 개인은 안과 밖을 구분하면서 다리를 놓는 중개 역할을 합니다. 기업의 팀을 예로 들어 생각해봅시다. 영업팀은 고객과 만납니다. 구매팀은 구매처와 거래를 합니다. 홍보팀은 매스컴 또는 세상과 연결되어 있습니다. 각각의 팀은 어떠한 형태로든 외부로 향하는 테두리에서 일합니다. 즉, 조직에 있어서 대외 업무의 본질은 테두리에서 인연을 연결하는 것입니다.

연緣은 경계를 뜻하기도 합니다. 가장자리나 주변에서 경계를 잇는 사람을 경계인이라고도 합니다. 대개 좋은 의미로는 쓰이지 않지만, 해석에 따라서는 '판단을 잘하는 사람', '새로운 견해를 제시하는 사람', '기회를 만드는 사람'이라는 의미도 있어 '행운을 부르는 사람'이라고도 할 수 있습니다.

본질을 꿰뚫어 보는 마지널 맨

마지널 맨Marginal man이란 경계나 주변marginal에 있는 사람man이라는 의미로, 경계인 또는 주변인이라고 할 수 있습니다. 주류가 아닌 주변이나 둘레, 또는 복수 단체의 경계에 있는 사람으로, 어느 한 곳에 확실히 속하지 않은 사람을 말합니다. 중심에 있으면 보이지 않지만, 거리를 두고 보면 오히려 더 명확히 이해되기도 합니다. 경계에 서서 당연시되는 것들을 의심해봄으로써 본질에 조금 더 다가설 수 있습니다.

인식을 바꾸는 리프레이머

리프레이밍reframing이란 사고방식이나 틀을 바꾸어 문제나 상황을 보는 관점과 해석을 새롭게 하는 것을 말합니다. 이렇게 새로운 의미(프레임)를 만드는 사람은 기존에 없었던 창의적인 관점을 제시합니다. 분명 불운이라 생각되는 일도 관점을 바꿔 바라보면 행운의 시작인 경우가 있습니다. 기존 관점이나 틀 안에 머물지 않고 새로운 해석 프레임과 틀을 만드는 사람은 인식을 바꿈으로써 운의 흐름 또한 바꾸어 나갑니다.

질서를 깨고 기회를 만드는 트릭스터

트릭스터Trickster는 현실과 허구, 또는 진실과 거짓의 경계에 있으면서 그 사이를 넘나듭니다. 웃기거나 속이면서 가치관을 뒤집고 기존 질서를 파괴해 웃음으로 전환합니다. 트릭스터는 성스러운 것과 세속적인 것, 진실과 거짓, 정통과 이단, 그리고 정상과 비정상 사이에서 자유롭게 활약합니다. 이처럼 시각을 바꾸고 비틀어봄으로써 당연한 마음에서 감사하는 마음이 생겨납니다.

중심에 있거나 주류에 속해 있는 게 행운이라고 생각하는 사람이 많은데, 저는 반드시 그렇지만은 않다고 봅니다. 경계인이기 때문에 경계에 서서 양쪽을 연결하거나, 본질을 간파하거나, 인식의 틀을 바꾸어보거나, 질서를 파괴해 새로운 기회를 창조할 수 있습니다. 행운이 들어오는 프런티어, 즉 경계에 서서 행운을 불러들이는 경계인이 되어보세요.

：

운, 그 자체가 음악

근대 서양 음악에서는 리듬(율동), 멜로디(선율), 하모니(화성)를 음악의 주요 요소로 봅니다. 리듬은 음악의 강약과 장단의 조합이 규칙적으로 반복되는 것입니다. 물론 흥의 요소도 포함됩니다. 심장 박동도 리듬입니다. 우리는 리듬 속에서 태어나 리듬과 함께 자랍니다. 리듬은 곧 생명의 소리입니다. 기회란 시간의 흐름이라는 리듬입니다. 리듬을 느끼고 리듬과 하나됨으로써 우리는 기회와 함께 있을 수 있습니다.

멜로디는 오선보상 음표의 움직임입니다. 음정이나 장단을 바꾸며 노래 부르듯 절을 엮어 나갑니다. 매니지manage하고 디벨롭develop 하면서 자신이 표현하고 싶은 선율을 만들어냅니다.

하모니는 복수의 소리가 화음을 이루며 어우러질 때 탄생하는 아름다운 울림입니다. 기회는 기회를 부르며 서로를 호응합니다. 이것이 바로 협화음입니다. 그에 반해 서로 조화롭게 어울리지 못하고 삐걱거리는 것이 불협화음입니다. 불협화음에서 협화음으로 옮겨갈 때 긴장이 풀리고 이완되면서 마치 행운이 찾아온 듯한 느낌이 듭니다.

찬스 그 자체가 음악이 되기도 합니다. 클래식 음악은 작곡가가

정성껏 만든 악보를 바탕으로 연주하는 것이 통상적입니다. 그에 반해 우연성 음악Chance Operation이라는 작곡 기법은 형태가 완전히 다릅니다. 이는 미국의 음악가 존 케이지가 개발한 작곡 기법으로, 우연성을 가미해 작곡하는 새롭고도 실험적인 방법입니다. 1950년대의 이야기이니 새롭다고 해도 이미 상당한 세월이 흘렀습니다.

케이지는 음의 고저, 강약, 리듬, 템포 등에 다양한 우연적인 요소를 적극 수용하고 그것을 음악에 활용했습니다. 악보를 만드는 과정에 우연이 관여하지만, 악보 자체는 존재합니다. 케이지는 연주에 있어서도 우연성을 도입하는 기법을 발전시켜 나갔습니다. 악기를 전혀 연주하지 않는 〈4분 33초〉의 '침묵의 음악'을 시작으로 한층 더 실험적인 음악을 발표하면서, 이 세상에 '음악이란 무엇인가'라는 질문을 던졌습니다. '불확정성의 음악'은 연주할 때마다, 청중이 바뀔 때마다, 다른 음악이 탄생됩니다. 이 같은 접근법은 이후 댄스 퍼포먼스 분야에도 크게 영향을 미쳤습니다.

연주 내용을 악보라는 형태로 사전에 확정해서 우연성을 줄여 나가는 것은 매니지먼트 중시, 우연을 받아들이는 것은 디벨롭먼트 중시라고 할 수 있습니다. 매니지먼트파는 '단지 관리가 부족한 것을 우연성이라고 부르지 마!'라고 주장하고, 디벨롭먼트파는 '우연성처럼 흥미로운 요소를 관리해버리면 단조롭고 지루해져!'라고 반론합니다. 이 같은 양쪽의 주장은 '찬스란 무엇인가', '인생이란 무엇인가'에 대해 깊이 시사하는 바가 있습니다.

관계 구축의 묘미

"당신은 누구 편인가"

직장은 다양한 기회를 얻을 수 있는 장소이지만, 다소 성가신 장소이기도 합니다. 인간관계가 이리저리 뒤얽혀 있고, 그 배후에 복잡한 이해관계가 존재하기 때문입니다. 사내 정치가 대표적인 예입니다. "자네는 어느 라인?" 하며 선택을 강요당하면 무척 곤란합니다.

예전에 많은 도움을 받았지만, 지금은 내리막길에 있는 사람과 지금까지 특별히 친밀한 관계는 아니었지만, 지금은 오름세에 있는 사람이 있습니다. 어느 쪽에 줄을 서야 할까요? 아직 이런 경험을 해보지 않았더라도 직장 생활을 하다 보면 언젠가는 이런 상황에 놓일 수 있습니다. 어느 조직에나 사내 정치가 있기 마련이니까요.

능력 있는 사람일수록 파벌 다툼이 생기면 피곤해집니다. 양쪽에서 서로 자기 쪽으로 오라고 작업을 걸어오기 때문입니다. 이쪽에 서면 저쪽에 설 수 없고, 저쪽에 서면 이쪽엔 설 수 없어 난처하기만 합니다. 이런 곤란한 상황에서 얼마만큼 현명하게 처신하느냐가 회사 생활의 운을 결정합니다.

결론부터 말하자면, 어느 줄에 서야 할지 고민하는 것 자체가 무의미한 일입니다. '어느 줄에 서지?'는 현재의 인간관계를 바탕으로 한 질문인데, 그 관계성이 앞으로도 계속 유지될 리 없기 때문입니다. 돌발적인 인사 이동이 발표될지도 모릅니다. 선택을 강요했던 배경 및 상황 자체가 바뀔 수도 있습니다. 무슨 일인지 그 이유는 알 수 없지만 선택을 강요했던 상사의 인격이 돌변하는 경우도 있습니다. 인수합병으로 어제까지 경쟁 회사의 직원이었던 사람이 오늘은 직장 동료가 되는 일도 드물지 않은 세상입니다. 지금의 사내 인간관계에 대해선 '우연히 함께 일하게 된 사람', '지금 한때' 하고 딱 잘라 생각하는 편이 좋습니다. 미래의 일은 그 누구도 알 수 없습니다. 결과적으로 좋은 선택을 했다고 한들, 내가 줄 섰던 상사가 나에게 무언가를 보장해주는 것도 아닙니다.

조직의 세력과 판도는 시간의 흐름과 함께 변합니다. 이 동적 균형이야말로 조직의 본질입니다. 아주 사소한 계기로 이 균형은 달라집니다. 지금의 인간관계에 의지하는 것은 불안정한 우연에 몸을 맡겨 불필요한 리스크를 떠안는 행위나 마찬가지입니다. '어느 줄에 서지?' 이 무모한 질문을 어떻게 피할 것인가가 포인트입니다.

나의 운을 좋게 하기 위해서는 그 어떤 사람 뒤에도 줄 서지 않아야 합니다. 이는 사람, 개인에게 나를 걸지 않아야 한다는 의미입니다. 기회주의와는 다릅니다. 기회주의자는 세력의 움직임을 살펴 대세나 강자 뒤에 줄 서는 것이니 결국 개인을 따르는 것이나 마찬가지입니다.

모든 인간관계를 좋게 만들 필요는 없습니다. 늘 언제나 모든 사람에게 훌륭하게 처신하는 것은 불가능합니다. 그렇다고 싸우는 것은 어리석은 대응입니다. 이유를 불문하고 싸웠다는 사실만으로 쌍방이 모두 처벌 받을 수도 있습니다. 그러다가 어부지리를 노리던 제삼자에게 행운이 떨어질 수도 있습니다. 상황이 이러하니 인간관계의 긴장에서 자연스럽게 한 발짝 물러서 있는 것이 상책입니다.

그런데 나는 물러서 있는데 상대방이 다가오는 경우가 있습니다. 그런 경우에는 '나는 상위 가치(조직 전체 차원)에 관심이 있다'는 메시지를 전하는 것은 어떨까요? 내가 따르는 것은 '특정 인물이 아니라 조직 전체 차원의 가치다'라는 자신의 직업적 철학이나 방침을 평소에 보여주는 겁니다. 이러한 기본적인 방침은 누구도 거부하거나 부정할 수 없습니다. 혹시 부정하는 사람이 있다면 그 줄에 서지 않으면 됩니다. 더 높은 차원에서 더 넓은 시야로 조직을 생각하는 사람이라는 평가를 받을 수 있다면 최고입니다. 이것이 바로 진정한 의미로 위기를 기회로 만드는 방법입니다. 현실적이면서 위험부담은 적고 게다가 효과는 만점입니다.

뛰어난 인재일수록 구질구질한 인간관계에 지치면 "이제 어찌 되든 상관없어. 깨끗하게 물러서주지!"라고 위세 좋게 말하는 경향이 있습니다. 자질구레한 일에 휘말려 너덜너덜해진 모습이 자신의 철학에 반한다고 느껴지기 때문입니다. 질질 끌지 않고 깨끗하게 정리하고 싶은 마음이 요동칩니다. 그런 경우 저는 '스스로 불운에 달려 드는 것은 피하라'고 조언합니다. '깨끗하게 지는 꽃' 같은 멋을 추구하지 마세요. 나뭇가지에서 떨어진 벚꽃 잎은 바닥에 떨어져 사람에게 밟히고 빗물에 쓸려 내려갑니다. 깔끔하고 멋진 퇴사 카드는, 그렇게 하는 것이 정말 효과 있고 보람 있을 때까지 조금 더 아껴두기 바랍니다.

그리고 혹시 당신이 상사의 위치에 있다면, 당신 개인이 아닌 '조직 전체'라는 줄에 서겠다는 사람을 중요한 자리에 임용하길 권합니다. 그것이 상사로서 당신의 운을 상승시키는 길입니다.

"적당히 해줘"라고 상사가 말한다면

"이거 적당히 하면 되니까, 처리해줘."

"이 일, 적당히 해줘. 제대로 하지 않아도 되니까."

상사에게 이런 업무 지시를 받고 골치 아팠던 적이 있나요? '적당히'라는 문제는 일을 잘 몰라 고민하는 젊은 직원과 역시 잘 몰라 망설이는 중간관리자 사이에서 벌어지는 비극이자 희극입니다.

적당히 하라고 하면, '정도에 알맞게 하라'는 것인지 '엇비슷하게 대충하라'는 것인지 무척 헷갈립니다. 커뮤니케이션에 오류가 발생하기 쉬운 말이지요. 생각해보면 당연합니다. 모두 자신의 경험을 바탕으로 형성된 편견에 근거해 '적당히'이라는 표현을 쓸 테니까요. 게다가 대충하라는 의미의 "적당히 해줘" 같은 업무 지시를 받으면

'나에게는 늘 대충하면 되는 일만 주어지는구나', '나에게는 중요한 업무를 맡기지 않는구나' 하고 위축되기도 합니다.

이러한 이유로 '적당히'라는 말의 사용법 및 해석법은 일상 속 다양한 인간관계에서 무척 중요한 의미를 갖습니다. 자칫 실수하면 분위기를 파악하지 못하고 눈치 없는 사람이 될 수도 있습니다. '적당히'라는 말에는 다양한 뉘앙스가 섞여 있습니다.

"자네라면 두루뭉술하게 지시해도 잘 알아들을 것이라 믿는다."

"다른 일들도 많을 테니 너무 애쓰지는 말고."

"업무의 중요도를 생각해보니 적당히 하면 되겠어."

"그다지 이익이 되는 일은 아니니까 너무 시간 들이지는 마."

"(귓속말로) 이건 좋아 보이는 제안이지만, 우리 회사가 수주하면 위험해질 수도 있으니 눈치껏 하지 않아도 돼."

상사나 부하, 동료 등 모든 조직 구성원이 긴밀한 업무 관계를 바탕으로 신뢰감을 갖고 있는 조직이라면, 조직 내에서 '적당히'의 의미가 공유되어 실수하는 경우가 많지 않겠지요. 하지만 그렇지 않다면 '적당히'의 의미를 파악하느라 애를 먹을 겁니다.

이처럼 배경의 뉘앙스나 맥락을 공유하고 있어서 일일이 말로 설명하지 않아도 의사소통이 가능한 상황을 고맥락High-context이라고 합니다. 한국과 일본은 대표적인 고맥락 사회입니다. '척하면 삼천리'라는 말도 있듯 타인의 의도나 돌아가는 상황을 재빨리 알아차리고 분위기를 읽어 눈치껏 행동해야 합니다. '척하면 착이다' 같은 찰떡 호흡도 중요합니다. 하지만 앞으로는 다양성이 점점 더 중요해질 겁니다. 즉, 맥락이 쉽게 공유되지 않는 상황이 된 것이지요. 말하지 않아도 눈빛으로 통하고 손발이 척척 맞는 찰떡 호흡은 기대하기 어렵습니다. 커뮤니케이션communication의 'com -'은 '공통, 함께'라는 뜻으로, 공통점이 있음을 의미합니다. 그러나 인력의 다양성이 실현된 조직에서는 함께 일하는 구성원이 제각기 달라 공통점을 찾기 어렵습니다.

그렇다면, 다양한 인력으로 구성된 조직에서의 커뮤니케이션에는 도대체 어떤 식으로 대응해야 할까요? "적당히 해줘"가 통하지 않는 세계인데요. 이런 상황을 기회로 바꾸는 방법 두 가지를 소개합니다. 첫째, 말하지 않아도 알 것이라고 맘대로 생각하지 말아야 합니다. 둘째, 늘 말로 표현하도록 노력해야 합니다.

업무에 노련한 상사는 아직 업무에 숙달되지 않은 직원에게 자신이 기대하는 '적당히'를 알기 쉽게 풀어서 이야기합니다. 하지만 나의 상사는 그런 사람이 아닐 수도 있습니다. 그럼 업무 지시에 능숙하지 않은 상사의 '적당히'에는 어떻게 대처하면 좋을까요? "적당히 해줘"라고 지시하면 일단 부드러운 어조로 5W1H를 확인합니다. 무엇을What, 누가Who, 언제When, 어디서Where, 왜Why, 어떻게How입니다.

이 중에서 '어떻게'를 묻는 것은 조금 맹랑해 보일 수도 있습니다. 이를 좀 더 부드럽게 표현할 수 있는 필살의 문구 두 가지를 소개합니다. "어떻게"라고 묻는 대신 "예를 들면?" "더 해야 할 게 있을까요"라고 말해봅시다. "예를 들면, 이렇게 하라는 말씀이신가요?" "이렇게 이해하면 될까요?" "이런 식으로 처리해보았는데, 더 해야 할 것이 있을까요?"라고 묻는 식입니다. 따지듯 묻는 게 아니라 가벼운 느낌으로 질문하는 것이 포인트입니다. 질문을 잘하면 상대방은 조금 더 구체적으로 '적당히'의 내용을 설명해줄 겁니다.

운을 상승시키는 마법의 한 마디

"아무리 말해도 내 말을 조금도 듣지 않아. 나는 정말 부하 운이 나쁘다니까"라며 한탄하는 상사가 있다면 대부분은 그 말을 하는 사람이 문제일 가능성이 높습니다.

'알다'는 이해와 납득 두 측면으로 나눠볼 수 있습니다. 이 둘은 엄연히 다릅니다. 그리고 설득해서 얻을 수 있는 것은 대체로 이해에 그칠 뿐, 납득시킬 수는 없습니다. 이해란 상대방이 하는 말을 문자 그대로 머리로 아는 것입니다. 머리와 마음은 별개이니 마음으로 느끼는 것은 머리로 아는 것과 별개의 문제입니다. 그에 비해 '납득'은 거대한 온화함 속에 있는 듯한 감정을 느끼며 마음속 깊이 이해하는 것입니다. 머리와 마음으로 동시에 이해하니 자연스럽게 행동이 동반됩니다.

사람은 납득하는 것을 좋아합니다. 납득 가는 그 느낌은 일종의 쾌감과 비슷합니다. 납득을 좋아하는 더 근본적인 이유는 납득할지 말지 자신이 결정할 수 있기 때문입니다. 즉, 자신이 컨트롤 레버를 쥐고 있기 때문입니다. 반면, 설득당하는 것은 무척이나 싫어합니다. "이게 옳지", "이렇게 해" 하고 누군가에게 설득 당하면 '아니, 나는 그렇게 생각하지 않아', '아니, 그렇다고는 해도……' 하는 반발심이 고개를 듭니다. 설득 당하면 불쾌해집니다. 설득하는 쪽의 말이 옳다고 암묵적으로 상정되어 있고, 상대방이 내 생각을 들어주지 않는데다, 컨트롤 레버가 상대방의 손에 있기 때문입니다.

납득은 내부로부터 비롯되는 힘이고, 설득은 외부로부터 비롯되는 힘입니다. 외부에서 강제적인 힘이 주어지면 반발하는 게 당연합니다. 그러니 아무리 설득해도 상대방은 다만 머리로 이해할 뿐, 납득까지 도달하기 어렵습니다. 상사는 원하는 행동을 끌어내지 못하니 당연히 자기 말을 들어주지 않는다며 한탄만 늘어놓습니다. 그뿐인가요. 설득 당한 쪽은 설교만 잔뜩 들었다고 느낍니다. 혹시 반발하는 마음을 입 밖에 내기라도 하면 "말대꾸하지 마", "입 다물고 들어" 같은 꾸지람만 돌아올 뿐입니다. 그 순간, 부하 직원의 머릿속에는 최악의 시나리오가 떠오르고, 이내 그냥 꾹 참는 편이 낫다고 생각해버립니다. 하지만 솔직한 마음을 표현하지 못하니 불편한 감정은 마음속에 차곡차곡 쌓입니다. 상황을 빨리 마무리짓고 싶어 영혼 없이 "네네" 하고 대답하면, "(네는) 한 번만!" 하며 또 다른 설교가 시작됩니다. 이런 상황에서 부하 직원은 이렇게 느낍니다. '아, 나는 참 상사 운도 없구나.'

그렇다면 조직의 구성원을 움직여야 하는 상사의 경우, 어떻게 하면 효과적으로 납득을 이끌어낼 수 있을까요? 어렵지 않습니다. 스킬을 쌓기만 하면 됩니다. 그 스킬은 기본적 태도와 답의 유무, 이렇게 두 가지로 나누어볼 수 있습니다.

기본적 태도란 상대방이 스스로 납득할 수 있도록 손을 내미는 것입니다. 강제로 당기면 역효과만 납니다. 상대방이 스스로 문제의 답을 찾아내는 것을 목표로 삼고, 상사는 그 과정에 함께 있어준다는 마음가짐을 가져봅시다.

답의 유무는 문제의 답이 상대방 안에 있는 경우와 없는 경우로 나누어볼 수 있습니다.

먼저 답이 상대방 안에 있는 경우입니다. 이 경우 코칭의 기본 철학은 '그 사람에게 필요한 해답은 모두 그 사람 내부에 있다'입니다. 배려 깊게 경청하며 상대방의 입에서 답이 나오도록 도와줍니다. 경청은 코칭에 있어 기본적인 스킬이자 필수적인 요소입니다. 그런데 경청이 왜 중요할까요? 이야기를 깊이 있게 들어주면 상대방은 '귀를 기울여주었다'는 사실에 기쁨을 느끼고, 이해 받은 느낌과 함께 충분한 만족감을 얻습니다. 모종의 납득을 경험하는 것이지요. 이야기를 들어주니 비로소 마음이 열립니다. 마음이 열리니 나와 다른 타인의 생각을 받아들일 여유가 생깁니다.

다음으로, 답이 상대방 안에 없는 경우입니다. 문제의 답이 상대방 안에 없거나, 있더라도 너무 벗어난 답인 경우가 있습니다. 그런 경우, 저는 말투에 살짝 변화를 줍니다. 첫 번째로, '해야 한다'를 '해보면 어떨까'로 바꿔봅니다. '……해야 한다'가 아닌 '……하기만 하면 되는데', '……해보면 어떨까'라는 식으로 말이죠. 이렇게 하면 불필요한 반발 없이 상황이 마무리될 가능성이 커집니다. 두 번째로, 주어를 '당신'이 아닌 '나'로 바꿉니다. '자네는 ……하도록'이 아닌 '나라면 ……해볼 텐데'라거나, '……해주면 나는 참 기쁘겠네'라는 식으로 말합니다. 이렇게 하면 강압적이거나 일방적인 느낌이 사라지고 제안하는 표현이 됩니다.

반대 상황을 생각해봅시다. 누군가가 나에게 '……해야만 해'라고 말하면 기분이 어떨까요? '아니 그게 아니라……' 하는 마음이 반사적으로 올라오고 강요 받는 것 같아서 반발심도 생길 겁니다. 이러한 감정이 생기는 이유는, (내 의견과는 상관없이) 100% 그렇게 해야 한다고 전제된 것 같은 느낌이 들기 때문입니다. 게다가 내게는 'No'라고 대답할 재량이 없는 것처럼 들리기 때문입니다.

'……하기만 하면 되는데, 한번 해보는 건 어때?'라고 말하면 어떤 느낌이 드나요? 마음이 가벼워지면서 '음, 뭐 그 정도라면 한번 해볼까' 하는 생각이 듭니다. '한번 해볼까' 하는 마음이 생기는 이유는 조금만 노력하면 문제가 해결될 것처럼 느껴지기 때문입니다. '나라면 ……하겠는데', '……해주면 나는 기분이 참 좋겠네'라는 말을 들으면 어떤가요? 대뜸 반발하기 어렵습니다. 심리적 저항도 낮아집니다. 할지 말지 결정권이 내게 있으니 나에게 재량이 있는 것처럼 느껴집니다. 그 결과, 조금 더 적극적으로 행동하게 됩니다. 기회일 수도 있겠다 싶어 '기꺼이 해보겠습니다'라는 태도가 나오게 됩니다.

조직 구성원들의 납득을 능숙하게 이끌어내는 상사를 보며 '나는 상사 운이 참 좋다니까' 하는 부하 직원과 함께 일하면, 상사 또한 자연스럽게 '나는 부하 운이 참 좋다니까' 하고 느낍니다. 서로를 존중하고 배려하는 마음 덕분에 조직의 운은 점점 더 좋아집니다.

：

도구에 투자하라

운이 좋은 상태란 일과 상황이 순행하는 상태입니다. 편하고 수월하게 일할 수 있는 상태에서 일과 상황은 절로 발전하며 좋은 방향으로 전개되어갑니다. 운을 좋게 하기 위해서는 늘 사용하는 도구에 망설이지 않고 투자하는 것이 좋습니다. 목수에게는 대패, 요리사에게는 칼, 음악가에게는 악기, 손으로 직접 글을 쓰는 사람에게는 만년필, 타이핑을 많이 하는 사람에게는 키보드가 그런 도구가 되겠지요.

IT업계 관련자나 게이머에게 고급 키보드는 일상적인 물건이지만, 그 존재 자체도 모르는 사람이 많습니다. '키보드 같은 건 따로 살 필요 없이 노트북이나 컴퓨터에 달려 있는 걸 쓰면 된다'고 생각하는 사람이 많습니다. 하지만 이는 고급 키보드를 써보지 않은 사람들의 생각입니다. 고급 키보드는 반응이 빨라 스트레스가 전혀 없습니다. 스트로크가 깊어 내 생각이 언어화되는 것을 생생하게 느낄 수 있습니다. 타이핑하는 것 자체가 너무 즐거워 나도 모르게 생산성이 향상됩니다.

저는 20만 원 정도 하는 키보드를 쓰고 있습니다. 상당한 가격이지요. 그런데 자판의 타격감이 실로 경쾌합니다. 타이핑 음도 마음에

듭니다. 좋은 기분을 느끼고 싶어 무의식적으로 타이핑하는 경우도 있습니다. 당연히 일도 순조롭게 진척됩니다.

키보드는 손가락의 연장선이라고 할 수 있습니다. 제가 쓰는 제품은 키 압력을 세심하게 조정할 수 있습니다. 훌륭한 키보드는 손가락의 움직임을 경쾌하게 해줍니다. 이는 아이디어나 콘셉트 개발과도 직결됩니다.

나쁜 관계, 나쁜 감정은
빨리 이별하라

질투라는 이름의 상처 딱지는 떼지 않는다

부스럼이나 상처의 딱지가 신경 쓰여 떼어버리는 사람은 회복이라는 측면에서는 운이 나쁩니다. 딱지가 생기는 것은 상처가 아물고 있다는 증거입니다. 그냥 두면 말끔히 나을 것을 참지 못하고 딱지를 떼어버린다면, 도로 아미타불이지요.

질투라는 감정은 상처의 딱지와 닮은 면이 있습니다. 그냥 무시하고 신경 끄면 될 일을 굳이 그 사람의 SNS를 찾아봅니다. 질투심에 속이 탑니다. 마치 딱지를 뗀 후 고름과 진물로 범벅된 상처를 보고 있는 것 같습니다. 그런데 질투란 무엇일까요? 저는 이런 식으로 정의해보겠습니다. '타인이 나보다' '뛰어난 점에 열등감을 느끼며' '타인이 (나보다 더) 잘나고 좋아 보인다'고 생각해서 마음의 '상처가 아물지 않는 상태'.

질투라는 감정은 전혀 생산적이지 않습니다. 질투심에 불타 그 사람을 방해한들 자신에게는 그 어떤 진전도, 발전도 없습니다. 당연히 운이 좋아질 리 없지요. 머리로는 잘 알고 있지만 끓어오르는 질투의 감정을 도저히 억누를 수 없습니다. 뇌가 이미 질투의 감정에 지배당하고 있기 때문입니다.

앞서 제시한 질투의 정의 네 가지를 다시 살펴봅시다. 그 각각에 질투의 감정에 지배당하지 않기 위한 처방전이 숨겨져 있습니다.

타인이 나보다

타인에게 사고의 중점을 두는 것은 비생산적입니다. '나는 나, 남은 남'이라고 생각합시다. 주위를 두리번거리며 타인을 살피기보다 거울을 들여다보며 나를 보살피는 편이 훨씬 이롭습니다. 소중한 시간에 내가 무엇을 하면 좋을지 먼저 생각해보세요. 인생은 그리 길지 않습니다. 그리고 매사 타인과 자신을 비교하려 드니까 비참한 느낌이 몰려오는 겁니다. 비교의 종착역은 비참 아니면 교만이라는 말도 있습니다. 이 세상에 나보다 뛰어난 사람은 셀 수 없이 많습니다. 그 모든 사람에게 질투를 느끼고 있을 여유는 없습니다.

뛰어난 점에 열등감을 느끼며

상대방이 뛰어나고 훌륭하면 왜 분하고 억울하나요? 이 세상의 모든 사람은 나름대로 훌륭한 점이 있습니다. 그 점을 인정할 수 있는 마음의 여유를 가져봅시다. 여러분에게도 분명 뛰어난 점이 있습니다. 이 세상에 태어나 존재하는 이유가 분명 있습니다.

타인이 (나보다 더) 잘나고 좋아 보인다

왜 그렇게 생각하지요? 사실은 그렇지 않을 수도 있습니다. SNS는 과장과 과시로 뒤범벅되어 있습니다. 분한 마음을 언어화해보세요. 차분히 앉아 글로 적어도 좋고 말로 표현해도 좋습니다. 말이나 글로 표현하다 보면 '뭐야, 별것 아니잖아' 하고 깨닫게 됩니다.

상처가 아물지 않는다

상처에 딱지가 생기는 것은 자연스러운 자가치유 과정입니다. 그냥 두면 알아서 아물 것을 괜히 신경 쓰다 보니 떼어버리고 싶은 겁니다. 질투는 상대방에게 주의와 눈길을 주면서 시작됩니다. 그 사람에게 향하는 주의와 시선을 거두세요. 이 세상에는 상처 딱지보다 중요한 것이 훨씬 많습니다.

다른 사람이 나를 질투하는 경우도 있습니다. 나를 질투해서 험담하고, 그 결과 인간관계가 어그러지는 경우도 종종 있습니다. 그런데 타인을 향한 나의 질투보다 나를 향한 타인의 질투는 대처하기가 더욱 어렵습니다. 타인의 감정에 내가 손을 쓸 수는 없으니까요. 이런 경우 다음과 같이 대처해봅시다.

상대방에게 감사하는 마음을 가져봅시다. 관점을 바꾸어 생각해보면 분명 감사하는 마음을 느낄 수 있을 겁니다. 내가 질투하는 쪽이 아니고 질투를 받는 쪽인 게 다행이라고 생각해봅시다. 누군가의 질투의 대상이 되고 있음에 거듭 감사의 마음을 느껴봅시다.

허점을 보여줍니다. 나의 부족한 면을 살짝 내비쳐보이는 것은 상대방에게 쉽게 다가설 수 있는 방법입니다. 그러면 상대방의 질투 수위가 조금 수그러들기도 합니다.

그냥 피하는 것도 방법입니다. 상대방의 레이더망에 잡히지 않도록 부지런히 피해 다니며 거리를 둡니다. 그러다 보면 어느 날 상대방은 독무대에서 혼자 설치고 있다는 것을 깨닫게 될 겁니다.

그리고 이 일을 계기로 조금 더 분발해봅시다. 질투 받은 사건을 발판 삼아 조금 더 노력을 기울여보는 것이지요. 질투는 상대방이 나보다 아래 또는 동급이라 여길 때 발동됩니다. 타인이 나에게 질투를 느끼는 것조차도 불가능하도록, 또는 질투를 느낄 대상조차 되지 않도록 아득하게 격차를 벌려봅시다. 그러면 문제가 근본적으로 해결됩니다.

윗사람처럼 굴고 있지는 않은가

사람들이 싫어하는 태도 중에 '윗사람처럼 구는 태도'가 있습니다. 원래는 대등한 입장, 혹은 아래 있는 입장인데도 불구하고 마치 자신이 위에 있는 것처럼 거만하게 행동하는 태도입니다. 윗사람처럼 구는 태도의 또 다른 이름은 잘난척쟁이라고 할 수 있습니다. 그렇게 대단하지도 않으면서 잘난 척하며 가르치려고 듭니다. 이런 사람은 친구도 잃고, 인적 네트워크도 좁아지고, 운도 비켜 갑니다.

SNS에서 막말과 비방의 악플이 난무하는 것은 자신도 인지하지 못한 채 윗사람처럼 구는 태도로 자신의 감정을 여과 없이 쏟아내기 때문입니다. 그럴 입장도 아니면서(아닐수록 더 그런 태도를 보입니다) 자신의 우위성을 주장하려다 보니 잘난 척 거만한 태도를 취할 수밖에 없는 악순환에 빠져드는 것이지요. 주위에서 '윗사람처럼 군다'는 말을 듣지 않도록 항상 주의해야 합니다. 이는 불운의 공격을 막아내고 운을 지키기 위한 중요한 방법입니다.

그런데 윗사람처럼 구는 사람을 싫어하는 이유는 뭘까요? 사람들이 싫어하는 행동만 골라서 하기 때문입니다. 한번 살펴볼까요?

윗사람처럼 구는 사람은 다른 사람을 시험하기 일쑤입니다. "너그거 알아?" 하는 질문에 모른다고 대답하면 "그것도 모르냐"고 핀잔을 주고, 대충 "알고 있지" 하면, "아냐, 그건 틀렸어"라고 지적합니다. 또한 윗사람처럼 구는 사람은 타인을 평가하는 버릇이 있습니다. 칭찬하려는 의도를 가졌더라도 상대방은 평가당하는 느낌이 듭니다. 서열을 매기거나 우열을 가리는 것도 평가에 속합니다. 윗사람처럼 구는 태도가 중증이 되면 상대방의 말을 듣기도 전에, "그건 안돼!" 하며 단칼에 자르고 무조건 부정합니다. 일방적으로 거부당하거나 부정당하면 반발심이 생기는 것은 당연지사입니다.

윗사람처럼 구는 사람은 상대방이 요구하지 않았는데도 조언하기 일쑤입니다. 아무리 "너 잘되라고" 하는 조언일지라도, 또는 좋은 의도를 품은 건설적인 내용일지라도 듣는 사람은 '아니, 왜 내게 설교를?' 하고 반감을 가질 수 있습니다. 강요하는 듯한 조언도 거북한데 한술 더 떠 "이렇게 해"라는 명령까지 들으면 심리적 피곤함은 극에

달합니다.

　마지막으로 마운팅하는 경우도 있습니다. 대장 원숭이가 자신이 대장임을 나타내는 행동, 즉 힘의 상하 관계를 나타내는 행동을 마운팅이라고 합니다. 마운팅하는 원숭이처럼 자신이 상대방보다 우위임을 드러내고 싶어 안달인 사람이 꼭 있습니다. 이런 이들은 자신의 입장, 처우, 경험, 능력, 실적 등이 좋고 뛰어나다는 이야기를 사람들에게 일부러 흘립니다. 자학을 가미한 마운팅 기술을 선보이는 사람도 있습니다. 보통 이런 식으로 말하지요. "너는 ○○니까 참 좋겠다. 나는 ××라서 비싼 것밖에 안 어울리잖아."

　시험당하고, 평가당하고, 조언당하고, 마운팅당하고……. 지긋지긋합니다. 나와 동등한 친구라고 여겼던 사람이 잘난 척하며 윗사람처럼 굴면 당연히 기분이 상합니다. 동등하니 편한 친구라 생각했는데, 그렇지 않다는 식으로 나오면 계속 친구로 지내기 불편합니다. 결국 윗사람처럼 구는 사람은 풍요로운 인간관계를 구축할 기회들에서 점점 멀어집니다. 바로 상대방을 불쾌하게 만드는 이런 태도 때문이지요.

　게다가 윗사람처럼 구는 태도는 참으로 난감한 특징이 있습니다. 상대방을 무척 힘들게 하는 태도인데도 정작 본인은 모른다는 점입니다. 이런 이들은 대부분 자신이 문제 있는 발언을 하고 있다는 사실을 자각하지 못합니다. 오히려 상대방이 잘되라고 하는 말이라며 당당합니다. 참으로 난감합니다. 이들의 언어와 행동의 기저에는 늘 자신이 우위임이 전제되어 있습니다. 이런 면모는 이들의 말과 태도에 고스란히 드러납니다. 도를 넘은 자신의 행동을 전혀 알아차리지 못하는 그 무신경함에 더욱 짜증이 치솟습니다. 결국 '이 사람과는 더 이상 말을 섞지 말자'고 마음속으로 정리하게 됩니다.

문제의 근본적인 이유는 일방통행 같은 자신의 태도를 전혀 자각하지 못한다는 데 있습니다. 즉, '눈치채지 못하는 유일한 사람은 바로 나 자신'이라는 사실을 모르고 있는 것이지요. 그러니 몰랐던 것을 알게 되고 깨닫지 못했던 것을 깨닫게 되면, 즉 무지에서 깨어나면 손쉽게 해결될 문제입니다. 하지만 좀처럼 그렇게 되기 어렵기에 참 골치 아픈 문제입니다.

그렇다면 이 문제에는 어떻게 대처하면 좋을까요? 두 가지 접근 방법이 있습니다. 일단, 누군가 윗사람처럼 굴면 가능한 한 무시합시다. 어차피 결국 사람들에게 미움 받고 입지를 잃게 될 사람에게 휘말려 고생할 필요 없습니다. 아무리 노력해도 무시하기 힘들다면 그 분한 마음을 발판 삼아 더욱 분발해봅시다. 그리고 나 자신은 절대로 그런 사람이 되지 않겠다고 다짐해봅시다. 이를 위해서는 자아성찰이 무척 중요합니다. 자신이 무의식적으로 그런 행동을 하고 있지는 않은지 되돌아봅시다. 동시에 의식적으로 수평적인 태도를 가지도록 노력합시다. 요령은 다음과 같습니다.

- 상대방의 인품을 긍정적으로 이해해본다.
- 상대방이 어떤 입장에 놓여 있는지 이야기를 잘 들어본다.
- 상대방에게 다가갈 때는 동등한 시점을 유지한다.
- 진심 어린 질문으로 상대방의 본심이 무엇인지 끌어내본다.

'사람을 시험하지 않는다, 평가하지 않는다, 강요하듯 조언하지 않는다. 마운팅하지 않는다'. 이는 최소한의 원칙입니다. 상대방을 동정하는 것 또한 잘 생각해보면 윗사람처럼 구는 태도일 수 있습니다. 그에 비해 수평적인 태도는 상대방이 중심이 됩니다. 수긍하며 고개를 끄덕이고 진심으로 경청합니다. 진심 어린 질문으로 다가서고, 상대방이 스스로 해결책이나 아이디어를 끌어낼 수 있도록 격려합니다. 수평적인 태도는 코칭과 다름없습니다.

이 글을 쓰는 지금, 사실 저는 꽤 조심스럽습니다. 여러분이 부탁하지도 않았는데 윗사람처럼 굴지 않기 위한 조언을 (어쩌면 강요하듯) 설교한 것은 아닌가 하는 생각이 들기 때문입니다.

나쁜 관계에서 벗어나는 방법

일본어에 다멘즈ダメンズ라는 표현이 있습니다. '나쁨', '형편없음'을 의미하는 '다메だめ'에 '남자'가 붙여진 표현으로, 형편없는 나쁜 남자를 뜻합니다. 성격파탄자에 자립도 못 하고, 방탕하고 방종한 생활을 하는데, 결국 그 끝은 가정폭력이나 데이트 폭력. 어느 면으로 보나 몹쓸 인간입니다.

〈다멘즈 워커Damens Walker〉(구라타 마유미의 작품으로 2000년~2013년 〈SPA!〉에 연재된 만화)는 이런 몹쓸 남자에게만 끌려 사랑에 빠지는 여성의 이야기를 다룬 만화입니다. '다멘즈'라는 표현은 이 만화에서 비롯됐습니다. 현실에서는 남녀가 뒤바뀌기도 하고, 남녀관계가 아닌 경우도 있겠지요. 여기서는 '몹쓸 남자를 좋아하는 여자'가 아닌, '몹쓸 사람을 돕고 지지해주는 사람'으로 확대해 설명해보겠습니다.

왜 이런 나쁜 인간에게 끌리는 것일까요? 주위에서는 그런 사람과는 헤어지라고 조언합니다. 하지만 나쁜 사람을 좋아하는 사람은 도저히 헤어질 수 없다고 합니다. 그러면서 늘 하는 말이 있습니다. "그 사람은 내가 아니면 안 돼. 내가 없으면 망가져."

나쁜 사람을 좋아하는 사람은 '공의존' 상태입니다. 공의존은 오해하기 쉬운 말인데, 단순히 서로가 서로에게 의존하는 것만을 의미하지 않습니다. 누군가가 자신에게 의존하는 것에 의존하는 상태를 말합니다. 다시 말해, 나쁜 사람은 자신을 좋아해주는 사람에게 의존하고, 나쁜 사람을 좋아하는 사람은 자신에게 의존하는 몹쓸 사람이 있다는 것에 의존하는 것이지요.

말도 안 되는 상황이라는 것을 알면서도 의존하고 의존 받으며 나름대로 안정적인 관계가 형성됩니다. 몹쓸 사람을 좋아하는 마음에는 기묘한 논리가 숨겨져 있습니다. 이를 간단히 정리하면 다음과 같습니다. '내가 없으면 이 사람은 망가진다.' 즉 '상대방이 나에게 의존하도록 만들고 있다.' 그리고 '내가 옆에 있기 때문에 이 사람은 살아가고 있다.' 따라서 '나도 존재 이유가 있다' 아, 이 뿌듯함! 보람 있구나!'

나쁜 사람에게 끌리는 마음의 바탕에는 자신의 가치를 확인하고 싶어 하는 욕구가 있습니다. 그 허점을 파고드는 것이 나쁜 사람의 상투적인 수법입니다. 그런 식으로 상대방에게 의존하고 싶은 사람과 자기에게 의존할 사람이 필요한 사람 사이에 상호의존 관계가 성립됩니다.

사실 '내가 없으면 안 되는' 일은 없습니다. 나쁜 사람을 좋아하는 사람은 다음과 같은 불편한 진실을 외면하고 있는 것은 아닌지 생각해봅시다.

- 내가 있든 없든 이 사람은 망가진다.
- 이 사람은, 내가 사라지면 망가지기는커녕 다른 의존 상대를 찾을 것이다.
- 이 사람은, 의존할 사람이 있으니 더욱 의존하는 것이다.

즉, 내가 옆에 있기 때문에 상대방은 더욱더 나쁜 인간이 되어가는 것입니다. 나쁜 사람을 좋아하는 사람은 상대방에게 모든 것을 다 바쳐도, 아니 모든 것을 다 바칠수록 불운만 들러붙습니다. 스스로 불운을 선택하는 상황이지요. 나쁜 사람과 그 나쁜 사람을 좋아하는 사람은 불운을 공유하고, 서로의 상처를 보듬어주며, 공의존의 정도를 계속 강화시켜 나갑니다. 그 결과 운은 스파이럴 다운됩니다.

그렇다면, 공의존에서 탈출할 수 있는 방법이 있을까요?

첫째, 공의존 구조를 이해해봅니다. 자신의 마음을 직시하는 것이 중요합니다. '나에게 의존하는 사람이 있다'는 사실에 의존하고 있지는 않은지 솔직하게 자신의 마음과 대면해봅시다. 공의존은 서로 돕고 의지하는 건강한 관계가 아니라, 상대를 자신에게 의존하게 만듦으로써 결국 서로의 불운을 키울 뿐이라는 사실을 기억합시다.

둘째, 제삼자의 시각을 존중합시다. 누군가가 "그 관계는 이상해",

"헤어지는 것이 좋겠어"라고 조언한다면 무작정 반박하기 전에 잘 생각해봅시다. 한 번 정도는 "모두가 그렇게 말하니 맞는 말일지도 몰라" 하고 받아들여보는 것은 어떨까요?

셋째, 지원의 본질을 고찰해봅시다. 타인에게 "나에게 의존해도 된다"고 말하지만, 사실은 내가 필요해서 나에게 의존할 사람을 찾는 것일 수도 있습니다. 이는 지원(케어)이 아닙니다. 어쩌면 지원 받고 케어 받는 쪽은 나 자신인지도 모릅니다. 타인의 자립을 돕는 것이야말로 진정한 지원(지지하여 도움) 아닐까요?

마지막으로, 과제의 분리를 실천해봅시다. 심리학자인 알프레드 아들러는 고민은 대부분 대인관계에서 비롯된다며 단순한 삶을 누리기 위해서는 '과제의 분리'를 실천하고, 문제가 생기면 누구의 과제인지 명확히 구분해야 한다고 설명했습니다. 진지하게 마주 대해야 하는 것은 오직 자신의 과제뿐입니다. 타인의 과제에는 끼어들지 않는 것이 현명합니다. 몹쓸 사람의 과제는 몹쓸 사람이 스스로 해결하고, 자신의 과제는 자신이 해결하면 됩니다. 하지만 나쁜 사람에게 끌리는 사람은 그것이 안 됩니다. '그렇게 했다가는 그 사람이 나를 떠나버릴 거예요'라는 생각이 든다면, 이는 자신이 나쁜 사람에게 의존하고 있다는 증거입니다. 떠나버려도 괜찮지 않나요? 그런 사람은 불운을 끌어들이는 자석일 뿐입니다.

운을 좋게 하고 싶다면 타인에 대한 의존도를 낮출 필요가 있습니다. 타인에게 의존할수록 파워는 상대방에게 옮겨갑니다. 파워가 상대방에게 이동해 간다는 것은 상대방이 주도권을 가지며, 상황이 상대방의 뜻대로 되어간다는 의미입니다. 자신이 생각하는 바를 이룰 수 있는 소중한 기회들에서 스스로 손을 떼는 것이나 마찬가지입니다.

몹쓸 사람들은 서로 돕고 지지하는 것이 중요하다며 반박할 수도 있습니다. 이런 이들은 '사람 인人자는 사람이 서로를 받치고 서 있는 모양'이라는 말을 자기 주장의 근거처럼 내세웁니다. 그런데 한문학자의 설명에 따르면 사실 사람 인人자는 인간이 양손을 아래를 향해 사선으로 뻗은 상태를 형상화한 한자라고 합니다. 결국, 사람은 스스로 홀로 서야 하는 존재입니다. 몹쓸 사람에게 끌리는 사람들은 사람 인人자의 진정한 의미를 마음 깊이 새겨보기 바랍니다.

＊
＊
＊

불운을 자초하는 법칙

은행에 잔고가 7000원 있었습니다. 카드로 인출할 수 없어서 직접 은행을 방문해 창구에서 돈을 받을 생각이었습니다. 은행은 집에서 꽤 멀었고, 그래서 차를 몰고 나섰습니다. 그런데 가는 도중 전신주에 부딪치고 말았습니다. 큰 사고가 아니어서 다행이지만, 세상에! 7000원을 인출하러 가다가 수리비를 30만 원이나 내게 되었습니다.

제가 왜 차로 전신주를 들이받았을까요? 그건 전신주를 봤기 때문입니다. 운전자는 행선지로 향하는 길을 보면서 운전해야 합니다. 두말할 필요도 없지요. 하지만 말은 쉽고, 현실은 그렇지 않은 법입니다. 핸들을 아주 약간만 틀었는데 차가 생각보다 많이 왼쪽으로 치우쳤고, 그리고 그 앞에 전신주가 보입니다. '전신주에 부딪히겠다!' 하고 위험을 감지했을 때 대부분의 운전자는 어디를 볼까요? 전신주입니다. 원래는 자동차가 달릴 도로에 시선이 있어야 하는데 말이지요. 그래서 자석처럼 끌려가 전신주에 부딪치고 마는 겁니다.

인간관계에서도 비슷한 상황이 발생합니다. 뭔가 거북한 상대가 있어서 그 사람을 줄곧 신경 쓰다 보면 결국엔 그 사람과 성가신 일에 휘말려버립니다. 이처럼 불운을 자초하는 법칙은 다음과 같습니다.

- 일어나지 않기를 바라는 일이 일어날 것 같은 낌새를 감지한다.
- 일어나지 않기를 바라는 일이 자꾸 신경 쓰여 거기에 마음을 빼앗긴다.
- 그 결과, 일어나지 않기를 바라는 일이 실제로 일어난다.

언제나 목표를 직시하고 의식해야 하는 이유는 그렇지 않으면 이 법칙대로 흘러가 낭패를 볼 수도 있기 때문입니다. 상처의 딱지 떼기도 이 원리로 설명할 수 있습니다. 긁어 부스럼인 것이지요.

제 **3** 장

의사결정

행운의 확률을 높이는
선택 법칙

운이 좋은 사람·운이 나쁜 사람

운이 좋은 사람은, 이득과 확률을 합리적으로 평가하여 냉정하게
    결정한다.
운이 나쁜 사람은, 언제까지나 고민만 한다.

운이 좋은 사람은, 손전등으로 발밑을 비춘다.
운이 나쁜 사람은, 어둠 속에서 발을 부딪치는 아픔을 겪는다.

운이 좋은 사람은, 선택지를 엄선하고 세심하게 비교 검토한다.
운이 나쁜 사람은, 터무니없는 선택지를 두고 고민하다 진이 빠져
    대충 결정한다.

운이 좋은 사람은, 시험해보고 거듭 검토한다.
운이 나쁜 사람은, 할지 말지 끊임없이 고민한다.

운이 좋은 사람은, 경험이나 지식을 토대로 직관을 단련한다.
운이 나쁜 사람은, 대충 찍어 결정한다.

운이 좋은 사람은, 어려움에 부딪히면 원점으로 되돌아온다.
운이 나쁜 사람은, 어려움에 부딪히면 자기 자신을 잃는다.

운이 좋은 사람은, 자신의 예측이나 판단을 어느 정도 신뢰한다.
운이 나쁜 사람은, 자신의 예측이나 판단을 100% 믿거나, 전혀 믿
    지 않는다.

운이 좋은 사람은, 다양한 가능성이 있음을 이해하고 행동한다.
운이 나쁜 사람은, 늘 답은 오직 한 가지라고 말한다.

운이 좋은 사람은, 누구나 인지편향이 있다는 사실을 알고 있다.
운이 나쁜 사람은, 자신의 견해는 절대적으로 옳다고 말한다.

운이 좋은 사람은, 너무나도 그럴싸한 이야기는 의심한다.
운이 나쁜 사람은, 너무나도 그럴싸한 이야기는 전적으로 믿는다.

운이 좋은 사람은, 정리, 정돈, 청소, 청결, 습관화를 가정에서도 실
　　　　　　　천한다.
운이 나쁜 사람은, 가정에서는 정리, 정돈, 청소, 청결, 습관화를 실
　　　　　　　천할 필요가 없다고 생각한다.

운이 좋은 사람은, 객관적으로 관찰하고 본질을 통찰한다.
운이 나쁜 사람은, 눈앞에서 벌어지는 일도 제대로 보지 못한다.

운이 좋은 사람은, '당신도 맞고, 나도 맞다'고 말한다.
운이 나쁜 사람은, '나는 맞고, 당신은 틀리다'고 말한다.

운이 좋은 사람은, '나는 할 수 있다'고 믿는다.
운이 나쁜 사람은, '결국', '어차피'가 입버릇이다.

운이 좋은 사람은, 현재형 긍정문으로 생각을 언어화한다.
운이 나쁜 사람은, 지나간 일에 대해 '……했더라면', '……였다면'
　　　　　　　하며 늘 후회하고 푸념한다.

고민하지 말고 생각하라

고민 VS. 생각

'열심히 생각해봤는데 어떻게 해야 할지 모르겠다'며 상담을 청하는 지인의 이야기를 들어봅니다. 그런데 차근차근 들어보니 생각이 아닌 고민만 하고 있다는 느낌이 듭니다. 고민과 걱정만으로는 그 어떤 문제도 해결되지 않습니다. 운이 좋아질 리도 없습니다. 그래서일까요. 눈앞의 기회도 그냥 놓쳐버립니다. 머릿속이 고민과 걱정으로 가득한데 기회가 보일 리 만무합니다.

더 깊이 생각하고 더 적게 고민하기 위해서는 먼저 '생각하다'와 '고민하다'의 정의가 무엇인지 이해할 필요가 있습니다. 그런데 '생각하다란 무엇인가'라는 질문은 철학이나 뇌 과학의 테마로, 그렇게 간단히 답을 찾을 수 없습니다. 이런 경우에 도움되는 간단한 방법

하나를 소개합니다. 바로 비교하기입니다. 즉 '생각하다'와 '고민하다'를 대비시켜 나열해봅시다.

생각하다 VS. 고민하다

생각하다		고민하다
문제를 부각시켜다	⟺	유야무야 얼버무리다
과제를 정리하다	⟺	어질러진 채 두다
해결에 접근해 나가다	⟺	끝없이 헤매다
창조하고 생산해 나가다	⟺	빙빙 맴돌다
복잡성을 줄이다	⟺	더 복잡하게 만들다
혼란을 해결하다	⟺	더 혼란스럽게 하다

고민할 때도 생각할 때도 똑같이 정신적 에너지를 씁니다. 이왕이면 부각, 정리, 접근, 생산 등 뭔가 좋은 결과로 이어지는 활동에 에너지를 씁시다. 이런 자세와 노력은 결국 운의 상승으로 연결됩니다. 경영학에서는 말하는 매니지먼트의 목적은 '복잡성 줄이기'입니다. 단순명쾌한 일은 생각을 거치지 않고도 일사천리로 처리할 수 있으므로 매니지먼트가 필요 없습니다. 하지만 현실에서 실제로 벌어지는 상황들은 복잡하게 얽혀 있기 마련입니다. 우리는 그 얽히고설킨 것들을 풀어 나가야 합니다.

'생각하다'는 일이나 상황을 보다 단순하게 나누어가며 복잡성을 줄여 나가는 과정입니다. 예를 들어, 매장의 매출을 높이는 방법의 경우, 매출을 단순하게 분해해서 생각해봅시다.

매출 = 고객 수 × 평균 고객단가

이렇게 분해해보면 고객 수를 늘리기 위한 대처 방법과 평균 단가를 늘리기 위한 대처 방법은 다르다는 것이 저절로 파악됩니다. 고객 수와 평균 고객단가는 다음과 같이 분해할 수 있습니다.

- 고객 수
- 기존 고객 수+ 신규 고객 수
- 단체 고객 수+ 소수 그룹 고객 수+ 1인 고객 수
- 지역 내 고객 수+ 타 지역에서 방문한 고객 수
- 반복 구매 고객 수+ 간헐적 구매 고객 수+ 일회성 구매 고객 수

- 평균 고객단가
- 구매 물건의 가격대는? (저가의 물건인가, 고가의 물건인가?)
- 무엇을 구매하는가? (일용품인가, 기호품인가?)
- 구매 목적은 무엇인가? (가정용인가, 선물용인가?)

이렇게 나누어봄으로써 원인을 파악할 수 있습니다. 원인 분석은 생각하는 활동 중 하나에 불과합니다. 분석하는 이유는 어떤 대책을 세워야 하는지 구체적으로 파악하기 위해서입니다. 이 과정에서 중요한 포인트는 다음의 두 가지입니다. 문제 해결을 위한 대책 및 행동 방안의 선택지를 잇달아 생각해내고, 선택지별 성공 확률을 가늠해보는 것입니다.

166

생각할 때는 직접 적어보는 게 효과적입니다. 컴퓨터나 스마트폰을 이용해도 좋습니다. 적지 않으면 모처럼 떠오른 좋은 생각들을 놓칠 수 있습니다. 문자나 숫자 형태로 기록하는 것은 머리 외부에 따로 기억장치를 두는 것과 같습니다. 적어보면 세분화하여 '지금 이 순간'의 상황에 이른 이유를 파악할 수 있습니다. '지금 이 순간'에 서서 미래를 내다보니 대책을 찾아내기도 쉽습니다.

마지막으로, '생각하다'와 '고민하다'의 차이를 정리해보겠습니다.

생각하다 VS. 고민하다

미래를 향한 계획을 짜다 ⟷ 미래를 걱정한다

선택지의 확률을 예측한다 ⟷ 모르겠다며 내던진다

문자나 숫자로 표현한다 ⟷ 그러한 수고를 아낀다

고민하지 않고 사고를 발전시킨다 ⟷ 생각하고 있다고 착각한다

흐린 날, 우산을 가져가야 할까?

결정하는 것 그 자체는 그렇게 어렵지 않습니다. 꼼꼼하게 사전 조사한 후 결정을 내릴 수도 있고, 별생각 없이 대충 결정할 수도 있습니다. 모든 상황에서 '예측은 맞을 수도 있고 안 맞을 수도 있다'며 대충 결정하는 사람과 대부분의 상황에서 합리적인 사고를 추구하는 사람 중 장기적으로 좋은 결과를 내는 사람은 어느 쪽일까요?

저는 후자라고 생각합니다. 한두 번 정도는 전자가 좋은 결과를

나타낼 수도 있겠지요. 하지만 우리 인생이 수많은 의사결정의 연속이라는 점을 이해한다면, 합리적으로 생각하려는 자세가 전체적인 성공 확률을 높이는 결과로 이어진다는 것을 쉽게 알 수 있습니다. 이것이 바로 '의사결정의 질을 높인다'는 의미입니다.

스탠퍼드대학에서 MBA를 공부할 때, '불확실성하에서의 의사결정'이라는 강의를 들었습니다. 이 강의에서 의사결정 트리Decision Tree 기법을 중심으로 의사결정에 필요한 분석 과정을 나무 모양으로 나타내는 연습을 했습니다. 플랜 A로 갈지 플랜 B로 갈지, 어떤 안건에 찬성인지 반대인지, 할 것인지 말 것인지 등등 경영자는 복수의 선택지 중에서 최상의 것을 선택해야 합니다. 의사결정 트리에서는 각각의 선택지에 대한 기대치를 계산한 후 그 결과가 가장 높은 것을 선택합니다.

의사결정 트리는 다음과 같이 사용됩니다. 의사결정을 할 때 어떤 선택지가 있는지 그 가능성을 생각합니다. 각각을 선택했을 때 발생할 수 있는 상황과 그 확률을 예측합니다. 그러고 나서 각각의 결과가 발생했을 때 어느 정도의 리턴return이 예상되는지 계산합니다. 이렇게 나온 리턴과 확률을 곱해 기대치를 계산한 후, 기대치가 높은 쪽을 선택합니다. 예를 들어, '비가 올 것 같은 날에 우산을 들고 나가야 하는가' 같은 일상적인 문제를 생각해봅시다. 하늘은 비가 올 듯 잔뜩 흐립니다. 강수 확률은 20%. 애매한 상황입니다. 기대치는 '포인트 × 확률'로 구합니다.

• 우산을 들고 나갔는데 날씨가 맑아지면, 짐만 늘어난다. (약간 유

감) ➡ 마이너스 20포인트

- 우산을 들고 나갔는데 비가 오면, 안 젖으니 다행이다. (잘됐다!) ➡
  플러스 100포인트
    - '우산 들고 외출'의 기대치는, $(-20 \times 0.8) + (100 \times 0.2) = 4$

- 우산을 안 들고 나갔는데 날씨가 맑아지면, 짐도 없고 좋다. (약간
  기쁨) ➡ 플러스 20포인트
- 우산을 안 들고 나갔는데 비가 오면, 쫄딱 젖는다. (최악의 사태!) ➡
  마이너스 100포인트
    - '우산 안 들고 외출'의 기대치는, $(20 \times 0.8) + (-100 \times 0.2) = -4$

'우산 들고 외출'은 플러스 4포인트, '우산 안 들고 외출'은 마이너
스 4포인트이니 이 경우에는 '우산을 들고 외출'해야 합니다.

계산식에 영향을 주는 것은 두 가지입니다. 먼저, 강수 확률입니
다. 강수 확률이 변하면 계산 결과도 바뀝니다. 다음으로 각각의 상
황이 벌어졌을 때의 포인트도 계산해봐야 합니다. 저는 우산을 들고
외출했다가 날씨가 맑아지면 꽤 높은 확률로 우산을 잃어버리기 때
문에, 다음과 같이 포인트 배분을 약간 조정해보았습니다.

- 우산을 들고 나갔는데 날씨가 맑아지면, 짐만 늘고 '잃어버릴 수
  도 있다' ➡ 마이너스 30포인트
- 우산을 들고 나갔는데 비가 오면, 안 젖으니 다행이다. ➡ 플러스
  100포인트

- '우산 들고 외출'의 기대치는, $(-30 \times 0.8) + (100 \times 0.2) = -4$

- 우산을 안 들고 나갔는데 날씨가 맑아지면, 짐도 없고 '잃어버릴 일도 없다' ➡ 플러스 30포인트
- 우산을 안 들고 나갔는데 비가 오면, 최악의 사태 ➡ 마이너스 100포인트
  - '우산 안 들고 외출'의 기대치는, $(30 \times 0.8) + (-100 \times 0.2) = 4$

포인트 배분을 약간만 바꿔도 '우산 들고 외출'은 마이너스 4포인트, '우산 안 들고 외출'은 플러스 4포인트로 결과가 뒤바뀝니다. 이렇게 계산해보니 우산을 집에 두고 외출하는 것이 좋을 듯합니다.

의사결정이라고 하면 경영상의 큰 판단에나 해당되는 말처럼 들립니다. 그런데 외출할 때 우산을 들고 나갈지 정도의 결정까지 포함시킨다면 우리 일상생활은 그야말로 의사결정의 연속이라고 할 수 있습니다.

우리는 점심 메뉴로 무엇을 먹을지, 외식한다면 어느 식당에 갈지 등등 매일 의사결정을 하고 있습니다. 물론 이런 소소한 의사결정에 직면할 때마다 의사결정 트리 기법을 쓸 필요는 없습니다. 하지만 우리는 의식하지는 않더라도 실제로는 무의식적으로 이같이 기대치를 비교해 결정을 내립니다. 그리고 '확률의 예측'과 '이득의 평가' 이 두 가지가 정확할수록 성공 확률은 높아집니다. 우리는 이런 식으로 우리 삶 전체의 행운을 만들어 나갑니다. 여기서 유념할 것은 의사결정 트리에는 몇 가지 한계가 있다는 점입니다.

- 자신이 생각해내지 못한 선택지가 더 있을 수도 있다.
- 자신이 예상한 시나리오 이외의 일이 발생할 수도 있다.
- 확률을 정확히 예측하는 것은 어렵다.
- 미래의 리턴을 제대로 예측해내는 것 또한 어렵다.

이런 한계에도 불구하고 의사결정 트리에는 중요한 힌트가 숨겨져 있습니다. 우리는 의사결정 트리에서 '의사결정이란 선택지를 나열해 확률을 예측하고, 작은 프로세스로 분해하는 과정'이라는 사실을 배울 수 있습니다. 단순히 고민하는 것이 아니라 합리적으로 생각하는 것이지요.

불확실한 상황에서 앞으로 나아가는 것은 어둠 속을 걷는 것과 비슷합니다. 이러한 현실을 살아가는 우리에게 의사결정 트리는 발밑을 비추는 손전등이 되어줄 수 있습니다. 매일 조금이라도 더 나은 의사결정을 해 나가다 보면 원하던 좋은 일이 일어날 확률이 높아지기 마련입니다. 운도 자연스럽게 좋아지고요. 장기적으로 보면 반드시 그렇습니다. 지금 이 순간에 서서 미래를 향한 확률을 매긴 시나리오 그 전체를 전망해보세요. 불확실성의 시대를 현명하게 걸어 나갈 지도를 얻을 수 있는 방법입니다.

결정장애에서 벗어나기 위한 처방전

사람은 보통 선택지가 주어지면 "이것밖에 없다"며 불만을 느낍니다. "뭐든 좋으니 골라봐"라고 결정권을 주면 또 한참 망설입니다. 레스토랑에서 메뉴를 고른다고 생각해봅시다. 즐겁기도 하지만 그것도 정도의 문제입니다. 몇 장이나 되는 두꺼운 메뉴판에 생소한 요리 이름들이 깨알같이 적혀 있으면 '헉' 하게 됩니다. 전채요리, 메인 요리, 디저트 하나하나에 방대한 선택지가 있다면 즐겁다기보다는 난감합니다.

뇌의 처리 용량에는 한계가 있어서 선택지가 너무 많으면 합리적인 판단을 내리기가 어려워집니다. 혼란스러워서 대충 결정해버리거나 현상 유지에 그치는 선택을 내리기도 합니다. 하지만 그렇게 해서는 운이 좋아질 리 없습니다. 누구나 경험해봤을 이 증상에는 사실 '결정마비 Decision Paralysis'라는 그럴듯한 이름이 있습니다.

결정마비 현상에 대한 유명한 연구가 있습니다. 식품제조업체가 두 개의 팀으로 나눠 시음회와 전시 판매를 진행했습니다. A팀은 24 종류의 신제품을 모두 진열했고, B팀은 6가지 상품만 추려서 진열했습니다. 어느 쪽이 더 많이 판매했을까요? 답은 B팀입니다. 판매 성적이 열 배나 좋았다고 합니다.

옛날에는 살아가면서 무언가 결정하기 위해 고민할 일이 별로 없었습니다. 특히 일본은 문화적으로 선택지를 줄이는 경향이 있습니다. '정식 문화'를 생각해보십시오. 식당에 가면 세 가지 정식 메뉴 중 하나를 고르면 됩니다. 정해진 메뉴 외에는 선택하는 게 아예 불가능한 식당도 많습니다. '나도 같은 거로 문화'도 있습니다. 식당에서 누군가가 햄버거 정식을 시키면 "나도 같은 거로"라고 말해서 선택에 드는 에너지를 줄이는 것이지요. '일단 문화'도 있습니다. 모임

172

에서 간사가 늘 하는 말이 있습니다. "일단 맥주로 시작할까요?"

　일본은 '어떤 일이든 제멋대로 하지 않을 것', '너무 튀지 않고 전체적인 조화를 도모할 것'을 중요시합니다. 상황의 압력에 못 이겨 암묵적으로 다수의 의견에 맞추는 동조 압력이 강하다고도 할 수 있습니다. 선택지를 줄이는 것은 서비스를 제공하는 측에도 운영상 장점이 있습니다. 어떤 의미로는 서비스 제공자와 소비자 양쪽 모두에게 도움이 되는 윈윈win-win이라고도 할 수 있습니다. 그런데 서서히 이러한 경향이 줄어들고 스스로 선택하고 결정해야 하는 상황이 늘어나고 있습니다. 저는 기본적으로 이런 변화가 반갑습니다.

　선택지가 늘어난 배경에는 다음과 같은 두 가지 변화가 있습니다. 먼저, 가치관의 변화입니다. 특히 다양성의 가치를 중시하게 되었습니다. 개개인의 기호나 가치관이 조금 더 존중받게 된 변화는 참으로 멋진 일입니다. 다음은, 기술의 진보입니다. 인터넷이 발달함에 따라 정보에 접근할 가능성이 확대되면서 지금 우리는 무한에 가까운 정보를 손쉽게 얻을 수 있게 되었습니다.

　가치관의 변화와 인터넷의 발달, 양쪽 모두 그 자체는 참으로 반가운 일이지만, 한편으로는 그로 인해 정보 마비에 빠져 허덕이는 일상이 반복되고 있습니다. 결정을 내리고 행동을 취해야 하는데 너무 많은 선택지 앞에서 길을 잃는 것이지요. 피로감이 몰려와 아무것도 할 수 없게 되는 것입니다.

　결정마비에서 벗어날 수 있는 처방전 두 가지를 제시합니다. 첫째, 고민의 여지 없는 선택지를 합리적으로 줄여 나갑니다. 지인 중 커리어에 대해 고민하는 사람이 있었습니다. 회사에서 영업을 담당하는 이분은 사내의 기획 포지션에 지원할지, 다른 회사에서 기획 관련 일자리를 찾을지, 아니면 지금 상태를 유지하는 게 좋을지 고민하고 있었습니다. 저는 다음과 같은 조언을 해주었습니다.

"지금 눈앞에 놓인 선택지는 세 가지가 아닙니다. 사내 기획부의 빈자리에 지원할 것인지 말 것인지, 즉 선택지는 두 가지입니다. 지원해서 기획부로 이동하면 사내의 경험을 살리면서 기획 업무까지 경험할 수 있습니다. 기획 부문에서 업무 경력을 쌓은 다음 추후 이직을 결정하면 됩니다. 타사에서의 기획 업무라는 선택지는 사내 이동이 실현되지 않았을 때 비로소 생겨납니다."

우리는 무언가 고민하면서 많은 에너지를 소비합니다. 고민하다 지쳐버리면 늘 하던 대로 현상유지식 안일한 결정을 하거나, 눈앞에 보이는 것으로 부랴부랴 결정하기 쉽습니다. 합리적으로 생각하기 위해서는 일단 선택지를 줄여 생각할 에너지를 남겨둡시다.

둘째, 조건의 우선순위를 정한 후 범위를 축소해가며 검색합니다. 인생 최대의 쇼핑이라고 할 수 있는 부동산을 찾고 있다고 가정해봅시다. 무수한 선택지가 있지만 조건을 좁혀 나가다 보면 그 수를 줄일 수 있습니다. 조건에는 지하철역, 역까지의 도보 시간, 건축연수, 방의 배치나 집의 구조, 외관 및 내부 인테리어 등이 있습니다. 선호하는 아파트나 빌라의 브랜드도 있겠네요.

부동산을 고를 때 자신에게 가장 절실하고 중요한 조건들로 우선순위를 정해봅시다. 저는 직주근접, 즉 직장과 가까운 것을 최우선으로 고려합니다. 양보할 수 없는 조건입니다. 현재의 집을 결정할 때 저의 최우선 조건은 직주근접이었고, 다른 가족 구성원들의 최우선

조건은 큰 도로변을 피하는 것이었습니다. 이렇게 고려하다 보니 후보는 아파트 세 개로 좁혀졌습니다. 또 하나의 중요한 조건인 예산까지 고려하니 마지막에는 단 하나의 선택지만 남았습니다. 우리 가족이 내릴 결정은 단지 '살지 말지'였습니다. 다른 선택지도 없이 결정한 집이지만 우리 가족 모두의 조건을 충족시켜준 집이기에 크게 만족하며 살고 있습니다.

⋮

불운을 막아주는 직관적 디자인

결정 내리지 못하고 망설이다 보면 정신적 스트레스가 쌓입니다. 외국 호텔에 묵었을 때의 일입니다. 목욕물을 받기 위해 레버를 돌렸는데 위에서 물이 쏟아져 바닥이 물 범벅이 돼버렸습니다. 제가 호텔의 세련된 수도꼭지를 좋아하지 않는 이유입니다. 원치 않는 게임에 무방비 상태로 초대되어 대개 저의 패배로(샤워기 물벼락) 마무리되기 때문입니다.

불편한 경험으로 인해 거북해진 것이 또 하나 있습니다. 바로 편의점에 있는 셀프 커피 머신입니다. 가격 대비 커피 맛이 좋고, 찾는 손님이 많다 보니 커피가 늘 신선합니다. 그런데 이 커피 머신의 사용법이 늘 혼동됩니다. 저는 R과 L이 나란히 적혀 있으면 당연하게 R은 오른쪽Right, L은 왼쪽Left을 의미한다고 생각합니다. 그래서 커피 머신에서 R과 L을 보았을 때 무슨 의미인지 한참 생각해야 했습니다. 이런! R은 레귤러Regular, L은 라지Large였습니다.

사용자가 디자인된 물건을 보기만 해도 어떻게 사용해야 하는지 직관적으로 알 수 있도록 만드는 것은 디자인(특히, 사용자 인터페이스)에 있어서 지극히 중요한 요소입니다. 어포던스affordance(행동 유도성)란 물건(의 형상, 표시, 표현) 자체가 '이렇게 사용하세요'라는 메시지를 담고 있어 사용자의 행동을 유도한다는 의미로, 인지심리학자 제임스 깁슨이 주창한 개념입니다. 이를 바탕으로 도널드 노먼은《디자인과 인간심리 The Design of Everyday Things》라는 책을 통해서 어포던스를 디자인에 접목해 흥미로운 주장을 펼쳤고, 이는 산업 전반의 다양한 분야로 확대됐습니다.

상품을 디자인할 때는 사용 방법에 대한 직관적인 힌트를 물건 자체의 디자인에 녹여낼 필요가 있습니다. 나도 모르게 돌리고 싶어지는 수도꼭지, 자연스럽게 손을 끼워 좌우로 여닫고 싶어지는 미닫이문 손잡이, 무의식중에 물건을 올려두고 싶어지는 선반, 아이폰의 스와이프를 비롯한 각종 기능은 어포던스 관점에서 보면 무척 뛰어난 사례입니다.

'무의식중에 ……하고 싶어'지는 어포던스를 잘 살려 설계된 제품은 불운한 실수나 쓸데없는 망설임으로부터 우리를 해방시켜줍니다. 이런 제품은 설명도 필요 없습니다. '직관을 거스르는 디자인 때문에 나도 모르게 잘못 조작하게 되는' 디자인을 저희 집에서는 '바보던스'라고 부릅니다. 특히 직관을 거스르는 디자인으로 만들어진 산업기기는 불운을 넘어 중대한 사고를 일으킬 수도 있으니 주의 깊게 살펴 배제하거나 개선해야 합니다.

아름다운 외관과 어포던스의 양립, 이것이야말로 훌륭한 디자인의 조건 아닐까요? 편의점의 커피 머신은 나날이 개선되고 있습니다. 다음엔 어떤 디자인이 나올까요?

한 박자 쉬고 결정하라

나중에 결정할 권리

앞서 결정마비에서 벗어나기 위한 두 가지 처방전으로 고민의 여지가 없는 선택지를 제외할 것, 그리고 조건의 우선순위를 정한 후 범위를 좁혀가며 검색할 것을 제시했습니다. 그렇게 했는데도 선택지가 많이 남아 있는 경우에는 어떻게 하면 좋을까요? 조건의 우선순위를 정하고 범위를 좁혀가며 검색하려는데 도대체 그 조건을 알수 없는 경우에는 또 어떻게 해야 할까요? 성공 확률을 전혀 예측할수 없다면 어떻게 해야 할까요?

그럴 때를 위한 처방전이 있습니다. '시험 삼아 해보기'입니다. 리얼 옵션real option적 접근법이라고 할 수 있습니다. 리얼 옵션이라니 조금 어렵게 들릴 수도 있습니다. 옵션은 '추가 선택지'라는 의미입니다. 여행을 갈 때 옵션투어를 신청하거나, 자동차를 살 때 편의나 안전을 위해 장비의 옵션을 추가합니다. 휴대전화를 신청할 때도 옵션 서비스를 추가합니다. 추가 여부를 자신의 선호나 필요에 따라 결정하는 것이지요.

금융 상품에도 '옵션 거래'가 있습니다. 이 경우의 옵션은 어떤 회사의 주식을 사전에 결정해둔 가격으로 특정 기간 내 매매할지 말지를 나중에 선택할 권리입니다. 즉, '추후 결정권 티켓'입니다. 그리고 그 티켓은 공짜가 아니라 일정한 비용이 발생합니다. 바꾸어 말하면, 금융 거래에 있어서 옵션 거래란 '지금 산다(또는 판다)는 의사결정을 미루는 권리를 사는 것'이라고 할 수 있습니다.

리얼 옵션은 금융의 옵션 거래 접근 방식을 현실의 사업이나 프로젝트에 적용하는 것입니다. 즉, '나중에 결정할 권리의 티켓을 사두는 방법'이라고 바꿔 말할 수 있습니다. 일정한 비용을 지불하는 대가로 의사결정을 미루는 것이지요. 즉, 결정에 대한 자유를 사는 것입니다. 예를 들어, 시험 삼아 작은 규모로 시도해보거나, 프로토타입(시제품)을 만드는 것, 테스트 마케팅(시험 판매) 하는 것은 리얼 옵션적이라고 말할 수 있습니다. 그런데 여기에는 비용이 듭니다. 금융 상품의 옵션 거래 비용에 해당합니다. 그 비용이 부담스럽지 않다면 리얼 옵션을 사두는 의사결정을 하면 됩니다.

'성공 여부가 불명확한 프로젝트에 투자할 것인가' 같은, 회사가 직면하는 의사결정과 비슷한 상황이 개인에게도 일어날 수 있습니다. 직업을 선택하는 경우가 그렇습니다. 일정 기간 업무를 경험해서 나와 기업이 잘 맞는지 확인해볼 수 있는 인턴십은 리얼 옵션적이라고 할 수 있습니다. 물론 100% 리얼 옵션이라고 할 수는 없습니다만, 기본적인 접근 방식은 비슷합니다.

리얼 옵션적 접근법은 안이한 결정에 의한 최악의 사태를 방지하는 데도 무척 효과적입니다. 일단 시험 삼아 시도해본 후 상황을 지켜보며 계속할지 그만둘지 결정할 수 있으니 만회하기 어려운 끔찍한 불운은 피할 수 있습니다. 이 같은 리얼 옵션적 접근법은 불확실성의 시대에 슬기롭게 대처하는 삶의 지혜로도 활용할 수 있습니다.

금융상품으로서의 옵션은 주식, 채권, 통화 등을 '사전에 결정해둔 가격으로' '일정 기간 내에' 매매할 수 있는 권리입니다. 그리고 그 옵션을 사는 데는 비용이 발생합니다. 즉, 나중에 결정할 권리에는 가격이 매겨집니다. 반복되는 이야기이지만요. 그렇다면 과연 옵션에는 얼마 정도 가격을 매기는 것이 적정할까요? 그 답을 내는 수식으로 블랙 숄즈 방정식Black-Scholes equation이 있습니다. 이 방정식은 미국의 금융학자 피셔 블랙과 마이런 숄즈에 의해 1973년 발표되어 소위 금융공학의 기본이 됐습니다. 뒤이어 로버트 머튼이 이 이론의 발전에 공헌했습니다. 블랙은 1995년에 사망했지만 머튼과 숄즈는 1997년에 노벨경제학상을 수상했습니다.

이 두 사람은 자신의 이론을 실천하고자 거대 헤지펀드 롱 텀 캐피털 매니지먼트LTCM를 설립하고, 직접 경영자로 참여했습니다. 그들의 이론이 맞다면 큰돈을 벌 것이 확실했지요. 실제로 거액의 돈이 모였고, 이 둘은 무척 운이 좋아 보였습니다. 그런데 노벨상을 받은 다음 해, LTCM은 거액의 손실을 내고 도산하고 말았습니다. 두 사람이 있을 수 없다고 가정했던 일(러시아의 채무불이행 선언)이 발생했기 때문입니다. 이 두 사람은 운이 좋았던 것일까요? 나빴던 것일까요?

길을 잃었다면 부동점으로 돌아가라

무엇인가 결정할 때 최후에는 자신의 직관에 따르는 방법이 있습니다. 단, 예리하게 단련되고 섬세하게 다듬어진 직관이어야 합니다. 직관력을 높이면 왜 운이 좋아지는지 삼단논법으로 설명해보겠습니다. 직관력을 개발하면, 성공 확률을 높이는 방법을 알 수 있습니다. 성공 확률을 높이는 방법을 알면, 운이 좋아집니다. 따라서 직관력을 개발하면, 운이 좋아집니다.

그런데 흥미로운 점이 있습니다. 논리적으로 그 중요성을 설명할 수 있는 직관 그 자체는 논리와 정반대라는 것입니다. 직관은 논리적인 사고가 아니라 자연스럽게 도달하는 인식입니다. 논리는 '의식적으로 올바른 인식'인 데 반해 직관은 '무의식적으로 올바른 인식'입니다. 논리와 직관의 관계는 종교나 뇌 과학에서도 논해왔습니다. 불교에서의 직관지直觀智는 논리에 가까운 분별지分別智와 대조를 이룹니다. 뇌 과학에서는 논리적인 사고는 좌뇌가, 직관적인 사고는 우뇌가 관장한다고 봅니다. 불교와 뇌 과학 모두 논리와 직관은 상호보완적인 관계라고 말합니다.

'왜 이런 결론에 도달했지?' 그 이유를 말로 설명할 수 없을 때 우리는 직관에 따른다고 할 수 있습니다. 그렇다고 해서 직관이 합리적이지 않다는 말은 아닙니다. 이 세상의 모든 것을 말로 표현하고 설명할 순 없습니다. '언어화할 수 있는 것에 대해서는 논리로, 언어화할 수 없는 것에 대해서는 직관으로 판단한다'. 이런 의미에서도 논리와 직관은 상호보완적입니다.

그리고 논리만으로 봤을 때 종종 양쪽 모두 옳은 경우가 있습니다. 오른쪽으로 가든 왼쪽으로 가든 각각의 바람직한 결과와 그에 상응하는 리스크가 예측됩니다. 그런데도 어느 한쪽을 선택해야 하는 상황이라면 직관에 의지해볼 수 있습니다.

예리하게 다듬어진 직관은 효율적인 의사결정을 가능케 합니다. 시간을 들이지 않고도 결정할 수 있으니까요. '그럼 모든 일을 직관으로 결정하지 그래'라고 말할 수도 있지만, 그것은 안 될 일입니다. '직관'과 '찍기'가 섞여버릴 수 있으니까요.

직관이란 경험을 깊이 있게 쌓아온 결과에 의한 직접적인 인식입니다. 깊이 있는 경험을 통해 이해나 통찰이 무의식의 영역이 될 만큼 견고하게 결정화된 결과이지요. 비유해보면, 고도로 단련된 장인의 감이라고도 할 수 있습니다. 직관은 경험을 반복적으로 쌓은 결과 얻어지는 최적의 해답입니다. '꼭 들어맞다, 정도에 알맞다, 적절하다'는 의미의 '적당함'이지요. 최적의 해답으로서 '적당함'을 지향해나가다 보면 운이 좋아집니다. 그에 비해 '찍기'는 경험이 없어도 할 수 있습니다. '대충대충, 대강대강'의 '적당함'인데요, 이는 바람직하지 않습니다.

그렇다면, 직관을 발달시키려면 어떻게 해야 할까요? 다음과 같은 방법을 생각해볼 수 있습니다.

첫 번째로, 플로Flow 상태로 몰두해봅시다. 직관이라는 순발력은 극도의 집중 상태인 플로 상태일 때 발휘됩니다. 좋은 의미로 푹 빠져 몰입하고 있는 상태입니다. 플로 상태일 때 사람은 깊이 집중해서 대상과 하나되고, 확신이 또렷이 살아나며, 직관은 예리해집니다.

두 번째로, 힘을 뺀 이완 상태일 때 직관은 활성화됩니다. 욕조에 몸을 담그고 있을 때 아이디어가 번쩍 떠오르는 것은 이완 상태가 직관에 미치는 효과를 잘 보여줍니다. 그렇다고 계속 이완 상태로만 있으면 직관은 또 무뎌집니다. 직관력을 발달시키는 데 가장 도움이 되는 방법은 뇌에 '완급'을 주는 것입니다. 사고를 거듭하고 거듭해서 뇌가 풀가동되었다면 긴장을 풀고 이완합니다. 이완 후 또 뇌를 풀가동시키며 사고 활동을 합니다. 이처럼 긴장과 완화의 조화가 직관력을 향상시키는 데 도움이 되는 까닭은, 집중하고 있을 때 생각했던 것들이 이완 상태에서 '결정화'되기 때문입니다.

세 번째로, 잠시 멈추고 '정말일까?' 자문해봅시다. 직관은 사유작용을 거치지 않고 대상을 직접 파악하는 것이니, 타인의 생각이나 상식 등에 좌우되지 않고 자기 자신이 직접 느끼는 것이 중요합니다. 특히 선입견을 배제하는 것이 무척 중요합니다. 이 세상의 모든 것에 대해서 '정말인가?' 질문을 던져보는 습관은 직관력을 기르는 구체적인 방법입니다.

네 번째로, 가짜 마감일을 설정해서 자신을 긴장감에 몰아넣어봅시다. '마감일'이라는 긴장감을 적절히 사용하는 것도 현명한 방법입니다. 마감일이 다가오면 비로소 집중력이 발휘되는 사람이 있는데, 이런 장치에 너무 의존하는 것은 좋지 않습니다. 마감일 직전에 반드시 순발력이 발휘된다고 할 수 없고, 예측불허의 일로 시간을 뺏겨 제시간에 일을 끝내지 못할 리스크도 있으니까요. 진짜 마감일 전에 '가짜 마감일'을 설정해서 자신을 몰아넣는 것도 좋은 방법입니다. 여기서의 요령은 마감을 앞당겨 설정한 가짜 마감일이 진짜 마감일이라고 자신을 제대로 속이는 것입니다.

다섯 번째로, 내면의 소리에 솔직하게 귀를 기울여봅시다. 직관이라는 것은 '지금 이 순간'의 자신과 진지하게 마주할 때 들려오는 내면의 소리입니다. 직관에 따른 의사결정이란 자기 내면의 소리를 솔직하게 따르는 것입니다. 특히, 자신의 가치관과 부합하는지 자문해봅니다. 또한, 직관을 따른다는 것은 '자신의 인생은 자기 스스로 결정한다'는 의미입니다. 인간은 자신의 직관에 따라 스스로 내린 결정에는 책임감을 가지고 끝까지 완수하려는 의지를 보입니다. '하늘은 스스로 돕는 자를 돕는다'는 말도 있듯, 행운의 여신은 스스로 노력하는 사람들의 편만 들어줍니다.

직관을 따르고 싶지만 그래도 여전히 망설여진다면, 커리어 앵커 Career Anchor (경력 닻)가 도움이 될 수 있습니다. 커리어 앵커란 MIT 심리학자인 에드거 샤인이 제창한 것으로, 커리어에 있어서 변하지 않는 자신의 정체성이나 가치관을 의미합니다. 앵커는 닻을 의미하는 영어 단어인데, 닻은 배(= 자신)를 단단히 고정시키는 역할을 합니다. 닻을 내리고 있으면 배는 파도에 가볍게 흔들릴 수는 있어도 떠내려가지는 않습니다. 그리고 앵커에는 달리기나 수영 같은 릴레이 경주의 최종 주자처럼 '최후로 행동하는 사람'이라는 의미도 있습니다. 즉, 커리어 앵커란, 커리어에 있어서 '양보하고 싶지 않은, 양보해서도 안 되는' 자신만의 무게중심을 뜻합니다. '변하지 않는, 변해서도 안 되는' 자신만의 중심축이기도 합니다. 직관에 따랐을 때의 부동점(변하지 않는 자신의 원점)이지요. 이는 커리어를 선택할 때 자신만의 기본 방침이 되어주며, 커리어를 쌓아 나가는 데 있어 방향성을 제시해줍니다. 또한 커리어를 내면 깊은 곳에서 자신과 이어줍니다.

커리어 앵커는 자각하고 있는 재능, 동기, 가치관의 형태라고 샤인은 말했습니다. 이는 성장하는 동안 부모, 형제자매, 선배 등을 접하며 조금씩 형성되어갑니다. 그리고 사회에서 경험하는 다양한 일을 통해 단련되고 다듬어지다가 비로소 명쾌하게 인식됩니다. 우리는 일을 하면서 즐거운 일도, 힘든 일도 경험합니다. 그런 과정을 통해 재능, 동기, 가치관을 재확인하게 됩니다. 왜 이 세 가지가 의미 있는 것일까요? 재능, 동기, 가치관은 '자신의 내부'로부터 설명하는 '자기 자신'이기 때문입니다.

자기소개를 할 때 대부분 이렇게 말합니다. '○○에서 일하고 있습니다.' '○○에서 태어났습니다.' '○○가 취미입니다.' '○○와 친구입니다.' 하지만 잘 생각해보면 직장도 고향도 취미도 친구도 나 자신 그 자체는 아닙니다. 외부의 것들을 통해 자신을 설명하고 있을 뿐입니다. 그에 비해 커리어 앵커는 자기 자신을 자신의 내면으로부터 설명합니다. 나의 '재능'은 무엇이고, 어떤 일에 '의욕'이 샘솟고, 무엇을 '소중'하게 여기는가? 이 세 가지에 대한 대답은 자신의 내면에서만 찾을 수 있습니다.

커리어 앵커는 '나는 진정 누구인가?'라는 질문과 맞닿아 있습니다. 본래의 나라는 씨앗에서 나온 싹을 잘 키워가다 보면 이상적인 방향으로 '나'라는 나무가 성장하기 마련입니다. 내가 나 자신에게 거짓말을 하지 않고 나다움을 소중히 여기며 나답게 사는 것. 그것이 바로 진정한 '행복한 인생'이라고 할 수 있습니다.

샤인은 조사를 통해 대부분의 사람은 8개 유형의 닻에 해당된다고 말했습니다. 그것들을 한자로 표현해보면, 전專 · 총総 · 독独 · 안安 · 창創 · 헌献 · 도挑 · 형衡입니다.

전專, Technical/Functional Competence

－특정 분야의 전문가로 활약하고 싶다.

－전문기술이나 지식에 자신 있다.

－가능하다면 그 분야의 대가가 되고 싶다.

총総, General Managerial Competence

－스케일이 큰 일을 하고 싶다.

－책임 있는 일을 하면서 성장하고 싶다.

－조직을 움직여보고 싶다.

－사람들을 통솔하고 리더십을 발휘하고 싶다.

－주요 의사결정은 내가 하고 싶다.

독独, Autonomy/Independence

－나만의 속도와 방식으로 일하고 싶다.

－다른 사람의 도움이나 간섭을 받지 않고 일하고 싶다.

－납득 가능한 방식으로 일하고 싶다.

－가능하다면 혼자서 일하고 싶다.

안安, Security/Stability

- 안정성이 중요하다.
- 미래가 예측 가능한 일을 선호한다.
- 리스크는 곤란하다.
- 예측불허의 일은 거북하고 대처가 서툴다.

창創, Entrepreneurial Creativity

- '새롭다', '창조' 같은 말을 좋아한다.
- 도전을 즐긴다.
- 창의성이 중요하다.
- 창업이나 사업을 해보고 싶다.

헌獻, Service/Dedication to a Cause

- 다른 사람을 돕고 싶다.
- 더 나은 사회를 만드는 일에 관여하고 싶다.
- 사회에 공헌하고 싶다.

도挑, Pure Challenge

- 지속적인 도전을 즐긴다.
- 높은 산이 있으면 올라가보고 싶다.
- 어려운 것이 있으면 극복해보고 싶다.
- 강한 경쟁 상대일수록 이기고 싶다.

형衡, Life Style

- 일뿐만 아니라 생활 전반의 균형도 중요하다.
- 조직도 중요하지만 나의 생활도 중요하다.
- 사생활도 존중받고 싶다.

인생의 여정에서 결정하지 못하고 망설이는 순간은 누구에게나 찾아옵니다. 그럴 때는 자신의 닻으로 돌아가는 것이 행운에 이르는 최선의 길입니다. 왜냐하면, 닻이라는 것은 '내가 어떤 상황에 있을 때 행복하다고 느끼는가' 바로 그 자체를 의미하기 때문입니다.

동물에 빗대 보는 운의 유형

잘못된 선택은 불행의 시작입니다. 운을 좋게 하려면 의사결정이나 선택을 하는 데 있어서 잘못을 저지르지 않는 것이 중요합니다. 다른 말로 하면, 인생의 전략을 잘못 세우지 않는 것이 중요합니다. 왜 느닷없이 전략이라는 거창한 단어가 등장하냐고요? 전략 수립의 목적은 결국 의사결정을 위해서입니다. '할 것인지 말 것인지', '무엇을 하고 무엇을 하지 않을 것인지' 고민의 순간에 제대로 결정을 내리기 위함입니다. 회사에 있어서 전략이 미래를 결정하는 것처럼 개인에게 있어서도 전략은 미래를 결정합니다.

'운이란 무엇인가'에 대한 정의나 접근법은 사람마다 다릅니다. 그와 비슷하게 '전략이란 무엇인가'에 대한 접근법도 사람마다 다릅니다. 이와 관련, 참고해볼 수 있는 책으로 캐나다의 경영학자 헨리 민츠버그가 쓴 《전략 사파리Strategy Safari》가 있습니다. 전략에 대한 접근법을 열 가지 동물에 빗대 제시한 점이 무척 흥미롭습니다.

이 중 네 동물을 예로 들어 운과의 관계를 살펴보겠습니다. 전략이란, 미래의 계획을 제대로 수립하고 실행해가는 것이라고 생각한다면 '다람쥐형'입니다. 전략이란, 자기만의 명확한 비전을 확실히 제시하는 것이라고 생각한다면 '늑대형'입니다. 전략이란, 힘을 얻어 교섭에서 유리한 자리에 올라 왕자가 되는 것이라고 생각한다면 '사자형'입니다. 전략이란, 배움, 즉 지속적으로 배워 나가는 것이라고 생각한다면 '원숭이형'입니다.

첫 번째, 다람쥐형(플래닝 학파)입니다. 부지런히 먹이를 모으듯 미래에 대비하는 방식으로 운을 좋게 만들어 나갑니다. 이런 유형은 먹이에 대해 리스크를 관리하며 저축하는 것이라고 생각합니다. 하지만 먹이를 부지런히 모아놓고 나서 잊어버릴 리스크가 있습니다.

다람쥐형에게 전략이란 미래를 위한 계획을 면밀히 수립하고 실행해 나가는 것입니다. 특히 추운 겨울(리스크)에 대비해 한껏 먹이를 모읍니다. 개인에게 있어서도 자신만의 인생 계획을 세우는 노력은 꼭 필요합니다. 물론, 인생이 계획대로 흘러가지 않는 것도 사실입니다. 따라서 너무 계획에 얽매이지 않고 상황에 따라 융통성을 발휘하는 지혜가 중요합니다.

두 번째, 늑대형(기업가 학파)입니다. 이런 유형은 '나의 길을 간다'

는 전략으로 그에 맞게 운을 개척해 나갑니다. 이들은 먹이에 대해 리스크를 감수하며 획득하는 것이라고 생각합니다. 단독 행동이 많다 보니 네트워크 효과를 제대로 살릴 수 없다는 리스크가 있습니다.

늑대라고 하면, 달을 향해 홀로 울부짖는 고독한 이미지가 떠오릅니다. 늑대형은, 전략 형성 프로세스는 위대한 한 사람의 리더가 비전을 창조하는 것과 다름없다고 생각합니다. 그러니 전략 수립 과정이 한 명의 리더에게 집중됩니다. 인간이라면 누구나 '내 인생의 주인공은 나 자신'이라는 생각을 기본적으로 갖고 있지만, 늑대형은 특히 이런 경향이 강합니다.

세 번째, 사자형(권력 학파)입니다. 이런 유형은 '전략은 파워를 갖는 것'이라고 생각합니다. 이들이 오로지 파워를 추구하는 것은 강자의 입장이 되면 교섭에서 유리하기 때문입니다. 하지만 동물의 왕으로 군림하더라도 현실에서는 멸종할 우려가 있습니다.

사자형은 전략이란 누가 파워를 장악하는가, 즉 패권 다툼이라고 봅니다. 물론 파워가 강하면 교섭에서 유리합니다. 내가 나로 살아가기 위해서는 파워가 필요한 것도 사실입니다. 남에게 의존하면 파워와 자율성을 잃게 됩니다. 역으로 다른 사람이 자신에게 의존하도록 하는 것이 파워 게임입니다.

네 번째, 원숭이형(학습 학파)입니다. 이런 유형은 학습이 근본적인 전략이라고 생각합니다. 이들은 먹이에 대해 도구를 사용하는 등 머리를 써서 획득하는 것이라고 생각합니다. 하지만 결국 원숭이 수준의 얕은 지식으로 끝날 리스크가 있습니다.

원숭이형은 매사 미래의 일은 알 수 없다는 대전제하에 생각하는 경향이 있습니다. 따라서 명쾌한 전략을 미리 세울 수 없다고 단정합니다. 오히려 전략은 환경에 적응하거나 학습하는 과정에서 자연스럽게 그 모습을 드러낸다고 믿습니다. 이런 유형은 한 발 내디딜 때마다 달리 보이는 상황에 대응하며 학습해 나간 결과 자연스럽게 형성되어가는 것이 전략이라고 생각합니다.

네 가지 동물의 유형의 특징을 참고하여 전략과 운의 관계를 정리하면 다음과 같습니다. 전략에 대한 접근법의 차이는 운에 대한 시각의 차이로 나타납니다. 역으로 말하자면, 운을 어떻게 보느냐에 따라 전략은 저절로 결정됩니다. 전략에 대한 접근 유형은 환경(= 타인)과 자신이라는 두 축으로 결정됩니다. 민츠버그가 '전략에 대한 접근법'을 유형화한 것처럼, '운에 대한 접근법'도 유형화할 수 있습니다. 다음의 두 가지 축을 바탕으로 운에 접근해봅시다. 첫 번째 축은, 미래를 '예측 가능'과 '예측 불가능'으로 보는 시각입니다. 두 번째 축은, 자신의 감각과 판단은 '확실하고 믿을 수 있다'와 '믿을 수 없다'고 보는 시각입니다. 이 두 축을 바탕으로, 운에 접근하는 방식을 다음의 네 가지 유형으로 나눠보았습니다.

- 미래도 예측 가능하고, 자신의 감각과 판단도 믿을 수 있다.
  - 미래상을 그린 후 자신을 믿고 스스로 미래를 창조하자!
- 미래는 예측 가능하지만, 자신의 감각과 판단은 믿을 수 없다.

– 나는 가끔 실수하니까 미래의 계획을 제대로 세우고 착실히
   실행해 나가자!

• 미래는 예측 불가능하지만, 자신의 감각과 판단은 믿을 수 있다.
   – 미래는 알 수 없는 것. 그러니 배움을 통해 미래 전망에 대한
     정확도를 높여 나가자!

• 미래도 예측 불가능하고, 자신의 감각과 판단도 믿을 수 없다.
   – 조용히 자신과 마주하며 직관력을 키워보자!

점괘에 의지하는 것은 최후의 방법으로 남겨두시기 바랍니다.

．
．
．

아마추어이기에 알 수 있는 것들

직관은 축적된 경험의 산물이며, 논리와 상호보완적입니다. 그런데 조금 주의해야 할 부분이 있습니다. 바로 '전문 지식의 함정'입니다. 전문가는 기본적으로 훌륭한 사람입니다. 전문적인 능력, 깊이 있는 지식, 풍부한 정보 등을 바탕으로 발군의 실력을 발휘합니다. 하지만 전문가도 틀릴 때가 있습니다. 오히려 전문가이기 때문에 그릇된 판단을 하는 경우도 종종 있습니다. 전문가의 판단이 옳은지 아닌지에 대해 생각할 때면 늘 떠오르는 기억이 하나 있습니다. 대학교 때 취업을 준비하던 중 겪은 일입니다. 자동차 회사에서 일하는 선배에게 다음과 같은 질문을 했습니다.

"왜 자동차는 세단인가요? 밴 같은 사각형 모양의 차가 공간을 더 유용하게 쓸 수 있지 않나요?"

돌아온 대답은 이랬습니다. "이래서 아마추어는 답답하다니까. 세단이야말로 진정한 자동차지."

"왜 경차 이외의 자동차로 다른 회사와 경쟁하나요?"

돌아온 대답은 이랬습니다. "이래서 아마추어는 답답하다니까. 경차는 차도 아니지."

"미래에 전기자동차의 시대가 오지 않을까요?"

돌아온 대답은 이랬습니다. "이래서 아마추어는 답답하다니까. 자동차의 본질은 내연기관이야."

현재 자동차업계에서 어떤 일이 벌어지고 있나요? 일본에서 세단은 소수파가 되었고, 경차의 판매 대수가 상위권을 점하고 있으며, 이제 곧 전기자동차의 시대가 올 겁니다. 자동차에 대해 아무것도 모르는 비전문가이자 문외한이었기에 오히려 이런 미래를 전망할 수 있었던 것 아닐까요?

전문가는 확실히 정보나 지식이 풍부합니다. 그러나 자신이 몸 담고 있는 전문 영역의 상식과 가치관이 너무나도 당연해서 그 전제가 무너질 수도 있음을 깨닫지 못합니다. 밝은 곳(전문 영역)에 있으면 어두운 곳(전문 영역 이외)은 오히려 더 안 보이기 마련입니다. 전문가는 전문 내內, 영역 내, 조건 내, 예측 내 등 '틀 안'의 것에는 정통합니다. 하지만 전문 외外, 영역 외, 조건 외, 예측 외 등 '틀 밖'의 것에는 의외로 취약합니다. 그에 비해 아마추어는 심리적 편향 없이 본질을 꿰뚫어 봅니다. 전문가의 시점이 아닌 생활자의 시점에 근거해서 전체를 바라보기 때문입니다.

우리는 모두 어느 분야에는 전문가고, 어느 분야에는 아마추어입니다. 전문가는 아마추어의 전체감을 존중함으로써 전문가의 함정에 빠지지 않을 수 있습니다. 그리고 아마추어이기에 가질 수 있는 감각을 개발하다 보면 질 높은 의사결정을 돕는 직관도 자연스럽게 개발됩니다.

불운을 부르는 사고방식

극단적으로 생각한다

질 높은 의사결정을 가로막는 원인 중 하나로 인지 왜곡cognitive distortion이 있습니다. 애인에게 버림받아 살 가치가 없다는 생각이 든다고 가정해봅시다. 물론 그 쓰라린 마음에는 공감합니다. 그러나 그런 해석이 바람직한 의사결정을 낳고 행운을 불러들일 가능성은 거의 없습니다. 차이고 버림 받아도 충분히 가치 있는 인생을 살 수 있습니다. 오히려 차이길 잘했다며 쾌재 부를 상황이 될 수도 있습니다. 인지 왜곡은 극단적 사고가 그 원인입니다. 말 그대로 생각이 극단으로 치닫는 것이지요. 스스로 논리적이라 여기지만 객관적으로 보면 아주 비약적인 논리에 사로잡혀 있는 경우입니다.

인지 왜곡에는 몇 가지 유형이 있습니다. 첫째, '과도한 일반화'입니다. 이런 유형은 '모든 것은 이러하다!', '모두 그렇게 하고 있다!'는 말을 입에 달고 삽니다. 실제로는 소수의 경우만 그러한데도 마치 모든 것에 해당되는 것처럼 결론을 내려버립니다.

둘째, '양극화와 단순화'입니다. 이런 유형은 '흑 아니면 백!', '답은 오직 하나' 같은 말을 버릇처럼 해댑니다. 모든 일에는 중간이 없고, 답은 딱 하나만 존재한다고 보는 것이지요. 하지만 세상에는 회색도 있고, 답이 여러 개 있거나 하나도 없는 문제도 존재하는 법입니다.

셋째, '극단적인 판단'입니다. 이런 유형은 '이제 내 인생은 끝이야!'라는 식의 말을 일삼습니다. 실제로는 아주 작은 실패인데도 실패를 너무 과장되게 받아들여 더 이상 회복할 수 없다며 낙담하기 일쑤입니다. 행여 작은 잘못이라도 저지르면 '한번 시작한 나쁜 일 어디 끝까지 가보자!'며 더 큰 잘못을 서슴없이 저지르기도 합니다.

왜 이렇게 행동하는 것일까요? 원래 인지는 '패턴'을 통해 이루어집니다. 일이나 상황을 받아들일 때 우리는 일반화, 양극화, 단순화, 극단화 같은 식으로 자신에게 익숙한 패턴으로 인식합니다. 그렇게 하지 않으면 뇌가 정보를 처리하는 데 너무 많은 시간이 소요되기 때문입니다. 이런 이유로 인지 왜곡은 많든 적든 누구에게나 일어납니다. 문제는 극단적 사고에는 '확률'에 대한 인식이 결여되어 있다는 점입니다. 어떤 일이 발생하는 것은 100% 또는 0%가 아닙니다. 확률이라는 개념이 적용되는 것은 100%와 0% 사이에서 발생한다는 의미입니다.

게다가 극단적 사고는 실제로 불운을 야기할 확률을 높입니다. 그 이유는 먼저, 판단 자체가 틀렸기 때문입니다. 그릇된 인지를 바탕으로 판단하고 행동하니 그릇된 결과로 이어질 가능성이 절로 커집니다. 다음으로는, 타인에게 좋지 않은 인상을 주기 때문입니다. '생각이 늘 극단적인 사람', '사고 칠 듯 불안한 사람', '휘말리면 피곤한 사람' 같은 인상을 주니 다른 사람과의 인연이 더욱 요원해집니다. 마지막으로, '역逆 어퍼메이션'이 발생하기 때문입니다. 어퍼메이션 affirmation(긍정적 확언)은 생각을 언어화함으로써 이루어질 가능성이 높아진다는 것인데요, 그 메커니즘이 역으로 작동해버립니다.

인지 왜곡에서 나타나는 또 하나의 경향으로 자기 사고가 있습니다. 뭐든 자기와 연관해 생각해버리는 것입니다. 예를 들면, 좋지 않은 결과가 나왔을 때 '내 탓이야!', '나 따위가 무슨'이라는 식으로 반응합니다. 사실, 원인은 다양한데도 나쁜 일이 일어났을 때 그 원인을 자신에게 돌리며 자책하거나, 결과가 나오기도 전에 자신의 능력과 장점은 생각지도 못하고 자기비하에 빠지는 것이지요.

극단적 사고와 자기 사고가 동시에 발동되면 문제가 반대 형태로 나타나기도 합니다. 즉, 좋은 일이 생기면 자신이 잘났기 때문이라며 교만해지고 자신은 전능하다며 과신합니다. '자뻑' 귀신한테 홀린 것처럼 말입니다. 극단적 사고와 자기 사고를 동시에 가진 사람은 자기 생각과 가치관이 전적으로 옳다고 믿으며, 이를 타인에게 일방적으로 강요하는, 참 난처한 인물로 완성됩니다. 매사 '반드시 이렇다!', '이렇게 해야 한다'는 확신에 사로잡히는 것이지요. 이런 이들은 자신의 생각을 필요 이상으로 단언하며 그 외의 가능성은 허락하지 않습니다. 뿐만 아니라 모든 일에 '이래야만 한다'고 정해놓고 그런 자신의 틀을 타인에게 강요합니다.

자신이 극단적 사고나 자기 사고에 빠져 있는지, 또는 둘 다 탑재된 상태는 아닌지 잘 파악하고 있으면 문제될 건 없습니다. 자신의 인지 상태를 인지하는 것, 즉 인지의 인지를 '메타인지'라고 합니다. 극단적 사고나 자기 사고에 빠지는 사람은 메타인지 능력이 낮기 때문에 자신의 인지에 그릇된 경향이 있다는 사실을 깨닫지 못합니다. 모든 일을 극단적으로 받아들여 일반화 혹은 단순화한 후 자신과 연관 지어 해석하는 것은 뇌가 아주 엉성하고 조잡하게 패턴을 인식하고 있는 상태입니다. 패턴 인식의 오류에 빠지지 않고 신중하게 사고하는 것은 대단히 중요하면서도 동시에 무척 어려운 일입니다.

극단적 사고나 자기 사고에 갇히지 않고 제대로 사고하기 위해선 세계관의 차이를 이해해야 합니다. 세상만사를 인지하고 판단하는 방식은 사람마다 다 다름을 이해하도록 노력해야 합니다. 또한 가치관의 차이를 이해해야 합니다. 사람마다 소중하게 여기는 가치가 다 다름을 이해하고 그 점을 중요하게 여기는 시각을 가져야 합니다. 다양성을 받아들이는 노력을 게을리해선 안 됩니다. 마지막으로 메타인지를 통해 패턴 인식의 함정에 쉽게 빠지지 않는지 항상 경계해야 합니다.

이 내용을 실천하기는 꽤 귀찮습니다. 썩 내키지 않을 뿐더러 에너지도 많이 소요됩니다. 하지만 '운을 관리한다'는 관점에서 보면 충분히 가치 있습니다. 이렇게 하다 보면 최악의 사태에 빠질 가능성을 줄여 쓸데없는 불운을 자초하지 않을 수 있기 때문입니다. 매사 신중하게 생각하며 대처하는 사람에게 행운의 여신은 미소를 지어줍니다. 행운의 여신은 당신 주위의 사람들일 수도 있습니다. 누구나 진지한 태도를 가진 사람을 응원하고 지지하며, 필요하면 협력하는 수고도 아끼지 않습니다. 100%는 아니더라도 꽤 높은 확률로 말입니다.

선입견, 고정관념, 편견에 사로잡힌다

의사결정의 질을 높이고, 계속해서 더 나은 의사결정을 해 나가다 보면 성공 확률은 당연히 높아집니다. 하지만 이는 그리 쉬운 일이 아닙니다. 인간에게는 무의식적 편향이 있고, 이것이 우리의 올바른 선택을 방해하기 때문입니다.

편향이나 편견을 영어로는 바이어스bias라고 합니다. 원래는 '사선'이라는 의미입니다. 한쪽으로 기울어진 선을 '사고'에 적용해보면 한쪽으로 치우친 편향된 생각이나 근거 없는 판단 기준 같은 의미로 해석할 수 있습니다. 편향에는 여러 종류가 있습니다.

- 이미 가지고 있는 생각 ↔ 선입견, 착각
- 일방적인 관점 ↔ 독단, 편견, 편협, 단정, 색안경
- 고착화된 사고 ↔ 고정관념, 기성관념, 스테레오 타입

구체적으로 풀어보면 다음과 같습니다.

'늙어서 IT업계는 어려워.' '남자라 집안일은 못할 거야.' '단축근

무를 원하다니 회사보다는 집이 우선인 게 틀림없어.' '인도인이니 당연히 카레를 좋아하겠지.' 모두 다 인지상의 왜곡이나 편향을 보여주는 예입니다. 여기서 자기 자신은 이를 알아차리지 못한다는 점에 주목할 필요가 있습니다. 어떤 상황을 보고 '분명 ……임이 틀림없어'라고 단정 짓는데 자기 자신은 단정 짓고 있다는 것을 자각하지 못합니다. 이를 '무의식적 편향'이라고 합니다.

무의식적 편향은 모든 사람이 갖고 있으며, 그 자체가 나쁜 것은 아닙니다. 오히려 이유가 있기에 인간은 이런 능력을 발달시켜왔습니다. 이유를 하나 들어보면, 뇌의 한계를 꼽을 수 있습니다. 인간은 오감에 기대 매초 1000만 가지가 넘는 정보를 얻는데, 그중 40개 정도만 처리할 수 있습니다. 또한 생각하는 데도 시간이 걸립니다. 그 해결책으로 인간은 '패턴 인식'을 합니다. 대략적인 관련성을 바탕으로 인식해서 시간과 에너지를 절약하는 것이지요.

패턴은 가설이 되기도 합니다. '분명 이럴 거야' 하는 가설을 만들어놓고 순식간에 그것과 비교해 재빠르게 판단하는 겁니다. 이처럼 무의식적으로 편향된 인지 및 판단(또는 패턴 인식)을 함으로써 사고 활동에 드는 시간과 노력을 적절히 절약하는 것이지요. 이런 능력 덕분에 긴급 상황에서 빠르게 판단을 내릴 수 있는 겁니다. 예를 들어, 어두운 밤에 두 개의 빛이 번쩍 보였다면 혹시 모를 위험을 감지하고 곧바로 피해야 합니다. '저건 뭐지?' 생각하며 시간을 끌었다가는 맹수의 먹이가 되어버릴 수도 있습니다. 역으로 말하면, 이 같은 순간적인 반응 능력을 잘 갈고닦아온 인간의 자손만이 살아남았다고도 할 수 있습니다. 물론 인간뿐만 아니라 동물들도 세대를 거치면서 반사적 판단 능력을 갈고닦아왔습니다.

그렇다면 편향이 어떤 문제를 가지고 있는지 '운'의 관점에서 살펴봅시다. 미래 개척의 관점에서 보면, 단정의 대표적 표현인 '어차피 안 될 거야'는 스스로를 가두는 틀과 한계를 만들고 동시에 창의력의 싹을 자릅니다. 관계 구축의 관점에서 보면, 인간관계에 악영향을 끼칩니다. 아주 사소한 언행일지라도 그 뒤에 숨겨진 무의식적 편향은 드러나기 마련입니다. 의사결정의 관점에서 보면, 정확한 평가를 왜곡하고 올바른 판단을 방해합니다. 가능한 한 질 높은 의사결정을 하는 것이 운을 좋게 하는 방법인데 이를 방해하는 것이지요. 자기관리의 관점에서 보면, 정확한 리스크 평가를 그르치게 합니다. 특히 두려움이라는 감정을 느끼면 리스크는 몇 배나 증폭됩니다.

무의식적 편향이 너무 강하게 자리 잡고 있으면 개발 가능한 운도, 관리 가능한 운도 모두 나빠집니다. 자, 그러면 어떻게 하면 무의식적 편향으로부터 자유로워질 수 있을까요? 실로 어려운 문제입니다. 첫 시작은, '무의식적 편향이 존재한다'는 사실을 인지하는 것입니다. 그다음으로, '나에게도 무의식적 편향이 있다'는 사실을 인정합니다. 한층 더 나아가, '무의식적 편향을 자각하기는 어렵다'는 사실을 이해해야 합니다.

요약하자면, '자신을 의심하자'라고 말할 수 있습니다. 스스로 색안경을 끼고 있다는 사실을 인정해야 합니다. 이를 인정함으로써 비로소 평평한 토대가 만들어집니다. 그 위에 '팩트fact와 데이터data에 근거한 논의'라는 기둥을 세웁니다. 그런 후, '진정성 있는 커뮤니케이션'이라는 지붕을 올립니다. 이렇게 하면 겨우 무의식적 편향으로부터 자신을 지킬 수 있는 구조물이 만들어졌다고 볼 수 있습니다.

마지막으로, 신중하고도 진정성 있는 커뮤니케이션을 할 때 꼭 기억해야 할 것이 있습니다. 그것은 '역시나', '그것 봐, 그럼 그렇지', '어차피' 같은 말을 금지어로 정하고 내뱉지 않도록 노력하는 것입니다. 운을 상승시키고 싶다면 가능성을 제한하는 무의식적 편향의 말들과는 담을 쌓으시기 바랍니다.

불운을 부르는 5가지 인지편향

인지편향에는 종류가 많습니다. 이를 알아두면 의사결정 및 판단이 편향에 조종당할 수도 있음을 자각하는 데 큰 도움이 됩니다.

첫째, '지레짐작, 쉽게 판단!'입니다. 학술적으로는 가용성 편향 availability bias이라고 합니다. 샅샅이 수집한 다양한 정보 및 통계 같은 객관적인 정보를 통해서가 아니라, 기억 속에서 간편히 꺼내 쓸 수 있는 정보에 근거해 쉽게 추정하고 안이하게 판단하는 경향을 말합니다. 예를 들어, 비행기가 무서워서 타지 않겠다는 사람이 있습니다. 개인적인 견해이니 존중합니다만, 그 판단 근거가 비행기 추락 뉴스를 봤기 때문이라면 이는 가용성 편향의 함정에 빠진 것입니다. 왜냐하면 자동차 사고로 사망할 확률이 비행기 사고로 사망할 확률보다 높다는 명백한 통계가 있으니까요. 비행기 추락 사고 뉴스가 너무나도 생생하게 기억에 남아 있기 때문에 자신도 모르게 비행기가 더 위험하다고 판단해버리는 것입니다. 아이들이 장래 희망으로 운동 선수, 유튜버, 연예인을 자주 언급하는 것도 텔레비전에서 자주 보기 때문입니다. 이처럼 최근 일이면서 기억에 선명하게 남는 일도 가용성 편향에 영향을 줍니다.

둘째, '얼렁뚱땅, 대충 판단!'입니다. 행동경제학에서 말하는 대표성 편향representativeness bias입니다. 기존에 갖고 있는 전형적인 이미지를 이용해 대충 판단해버리는 것을 말합니다. 인간의 인지능력에는 한계가 있습니다. 때문에 하나의 대상 또는 현상을 보고 '이것이 전체를 대표하고 있다'고 나름대로 분류를 합니다. 그런데 이 분류가 무척 '대충'입니다. 예를 들어, 아이스크림을 먹고 있을 때 뭔가 좋은 일이 생기면 내 행운의 아이템은 아이스크림이라고 판단하는 식입니다. 그렇게 되면 이제는 아이스크림 가게 간판만 봐도 기분이 좋아집니다. 상당히 대충 내린 결론이지요.

셋째, '입맛대로, 취사선택!'입니다. 심리학에서는 말하는 확증 편향confirmation bias입니다. 확증 편향의 원리는 인지 부조화 이론 Cognitive Dissonance입니다. 인간은 인지와 현실 사이에 갭이 있으면 마음이 동요됩니다. 예를 들어, 포도가 맛있을 것 같다는 인지와 높은 곳에 있어 딸 수 없다는 현실 사이에 갭이 있으면, '어차피 저 포도는 실거야'라며 인지를 수정하여 마음의 동요(인지적 불협화)를 잠재웁니다. 자신이 이미 내린 의사결정을 지지해주는 정보만 취하려는 경향을 말합니다. '역시, 이렇게 결정하길 잘했네'라고 할 만한, 내 입맛에 맞는 정보만 도려내 취합니다. 혹 입맛에 맞지 않는 정보가 있으면, 못 본 척합니다. 보고 싶은 것만 보는 것이지요. 그런 후 '내 말이 맞지? 역시 그렇다니까' 하며 안심합니다. 합리적인 의사결정을 하려면 정보를 치우침 없이 객관적으로 수집해야 합니다. 확증 편향에 휘둘리는 사람은 편향된 정보원에 의지하다 보니 선입견이 한층 강화됩니다.

넷째, '자신만만, 나는 완벽!'입니다. 학술적으로는 과도한 자신감 편향overconfidence bias 또는 과잉 확신 편향이라고 합니다. 자신의 지식이나 능력을 과신하며, 자신이 완벽하다고 생각하는 것입니다. 과도한 자신감으로 인해 실제보다 더 많이 알고 더 뛰어나다고 착각하는 경향입니다. 이러한 경향은 투자 시 판단에서 현저하게 나타납니다. 전문가가 모든 능력과 노력을 들여 분석한 정보보다 자신이 모은 정보와 자신의 분석이 더 정확하다며 과신합니다. '나라면 할 수 있어' 하며 큰 거래에 무모하게 덤비다가 결국 낭패를 봅니다. 비현실적인 자기 과신이 원인입니다.

안타깝게도 능력이 부족한 사람일수록 자신의 능력을 과신하다가 과도한 자신감 편향의 덫에 걸리기 쉽습니다. '벼는 익을수록 고개를 숙인다'의 역逆버전이지요. 냉정하고 객관적으로 자신을 되돌아보면 자신의 부족한 부분이 절로 드러납니다. 열린 마음으로 다른 사람의 의견과 평가를 수렴하고, 자신의 부족한 부분은 배움으로 채우는 노력을 게을리하지 말아야 합니다.

다섯째, '얼토당토않게 감쪽같이!'입니다. 학술적으로는 기준점 편향anchoring bias이라고 합니다. 최초로 제시된 정보가 배에서 내린 닻처럼 작용해 그 정보에서 벗어날 수 없는 상태가 되는 것을 말합니다. 즉, 최초에 주어진 정보를 기준점으로 삼으며, 그 정보에 지나치게 좌우되는 경향입니다. '앵커링 편향', '닻 내림 효과'라고도 합니다. 이 편향은 사람을 설득하거나, 가격을 교섭하거나, 면접하는 사람에게서 흔히 볼 수 있습니다. 소위, 감쪽같이 (부풀려) 속이는 것이지요. 예를 들어, 사실은 사흘 후까지 해주면 되는 일을 내일까지 해달라고 말하면 상대방은 '모레까지 마치면 안 될까요?' 하고 양해를 구합니다. 사실은 10만 원의 가치가 있는 물건인데 얼토당토않게 일단 30만 원이라고 제시합니다. 그러면 흥정한 결과, 20만 원에 팔리기도 합니다.

운을 향상시키고 싶다면 인간의 인지가 편향으로 가득하다는 사실을 똑바로 인식해야 합니다. 동시에 가능한 한 인지편향의 덫에 걸리지 않고 합리적으로 인지하고 판단하도록 노력해야 합니다. 말은 쉽지만, 자신의 편향을 제대로 파악하는 것은 무척이나 어려운 일입니다. 왜냐하면 자신의 편향을 알아차리면 그 자체가 인지 부조화를 불러들이니까요. '나는 인지편향에 대한 지식 같은 건 필요 없어. 나는 편향 같은 건 없거든' 하고 말하는 사람처럼 말이죠. 죄송하지만, 과도한 자신감 편향입니다.

만약 제가 이렇게 말한다면 어떨까요? "인지편향을 공부하면 운이 열 배는 좋아집니다. 왜냐하면, 다른 사람들은 인지편향투성이라 합리적으로 인지하고 판단하는 것이 어렵거든요." '그런가? 열 배는 좀 그렇고 세 배 정도는 운이 좋아질까?' 하는 마음이 드시나요? 기준점 편향이 잘 먹힌 것 같습니다.

।
।
।

너무나도 그럴싸한 이야기는 조심, 또 조심

마을 뒷산을 산책하던 중 멀리 염소 두 마리가 보였습니다. 엄마 염소와 아기 염소처럼 보였습니다. 그때 문득 '저 염소들은 이제 어디로 갈까?' 하는 궁금증이 생겼습니다. 이야기를 단순하게 전개하기 위해 다음처럼 두 가지 경우를 비교해보겠습니다. 어느 쪽 확률이 더 높을까요?

A: 그 후 아기 염소는 멀리 가버린다.
B: 그 후 아기 염소는 멀리 가버리지만, 줄에 묶인 엄마 염소는 아기 염소를 따라가지 못하고 비탄에 잠겨 "메" 하고 운다.

냉정히 생각해보면 물론 대답은 A입니다. 이런 이유들을 생각해볼 수 있습니다.

• 엄마 염소는 줄에 묶여 있지 않았을지도 모른다.
• 엄마 염소는 줄에 묶여 있더라도 그 줄을 끊어버릴지도 모른다.
• 아기 염소가 멀리 갔다가 엄마 염소에게 돌아올지도 모른다.
• 어쩌면 엄마 염소가 아닐지도 모른다.

인간은 참 재미있는 착각을 합니다. B처럼 너무나도 그럴듯한 스토리는 왠지 모르게 납득이 갑니다. 그래서 마치 그 일이 일어날 확률이 높은 것처럼 느껴집니다. 하지만 실제로는 그럴싸하면 그럴싸할수록 일어날 확률은 되레 낮아집니다. 그럴싸하게 느껴지도록 만든 많은 조건을 모두 충족시켜야 하니까요.

이처럼 우리는 '너무나도 그럴듯한 이야기'는 잘 생각해보지도 않고 그냥 믿어버리는 경향이 있습니다.

구체적인 숫자가 제시되면 더욱 쉽게 속아버립니다. 승과 패가 반반인 게임, 즉 승률 50%의 게임이라며 다음과 같은 제안을 받았습니다. "승부는 20회 연속. 네가 이기면 너의 몫은 50% 증가하고, 지면 50% 감소. 해보자." 위험을 감수하고 싶지 않아 거절하면 상대방은 이렇게 유혹합니다. "그럼, 네가 이기면 너의 몫은 60% 증가하고, 지면 50% 감소. 어때? 네게 이익이지?"

이런 게임은 받아들이면 안 됩니다. 손실이 날 가능성이 무척 높습니다. 냉정히 생각해보면 사실은 '지면 반'에 상응하는 것은 '이기면 배'이고, 비율로 나타내면 '이기면 100% 증가, 지면 50% 감소'이어야 함을 알 수 있습니다. 그런데도 '업의 비율이 다운의 비율보다 높으니 득이다' 하는 식으로 그럴듯하게 이야기를 끌고 가면 자신도 모르게 빠져들고 맙니다. 이런 이야기에 휘말려드는 것은 운이 나빠서가 아니라 단지 생각이 짧기 때문입니다. 진 것을 운 탓으로 돌리는 것은 운에 대한 예의가 아닙니다. '잠깐만 생각해볼게'라고 말해봅시다. 마음의 여유가 나를 지켜줄 겁니다.

통찰력을 한층 더 높이는 방법

정리를 통해 행운의 스위치를 켜라

정리 붐이 일어난 지 꽤 됐습니다. 야마시타 히데코의 《버림의 행복론新·片付け術「断捨離」》이 2009년, 곤도 마리에의 《인생이 빛나는 정리의 마법人生がときめく片づけの魔法》이 2010년 크게 인기몰이를 했습니다. 이 두 가지 정리법의 공통점은 방의 물건을 정리하는 물질적 정리에 그치지 않고 심리적인 문제에까지 접근했다는 점입니다.

방을 정리하면 운이 좋아집니다. 이렇게 단언하듯 말하면 앞에서 언급한 '단정', '극단적 사고'처럼 들릴 수도 있지만 결코 그렇지 않습니다. '정리'와 '운'에는 합리적인 관계가 있습니다. 정돈된 방은 마음이 정돈되어 있음을 보여줍니다. 역으로, 방이 지저분하게 어질러져 있으면, 이는 마음이 어질러져 있다는 증거입니다. 마음이 어질러져 있으면 어질러진 방이 눈에 들어오지 않습니다. 그런 것에 신경 쓸 여유도 없습니다. 방의 상태는 내 마음의 상태를 있는 그대로 반영하는 거울입니다.

방 정리는 전형적인 매니지먼트, 즉 관리입니다. 달리 표현하면 '문제가 없도록 제대로 하는 것', '방법을 찾아 해결하는 것'이라고 할 수 있습니다. 이를 방이라는 공간에 한정 지으면, 정리, 정돈, 또는 청소가 됩니다. 즉, 방을 치우고 정리하는 행위는 '공간과 마음의 매니지먼트'라고 할 수 있습니다.

일본의 공장에는 여기저기 '5S' 포스터가 붙여져 있습니다. 5S는 정리, 정돈, 청소, 청결, 습관화를 의미하는데, 다섯 단어 모두 일본어 발음이 S로 시작하기 때문에 5S라고 이름 붙였습니다.

- 정리란, 필요한 것만 남기고 불필요한 것은 버리는 것
- 정돈이란, 원래 있어야 할 곳에 두는 것
- 청소란, 문자 그대로 쓸어내 깨끗이 하는 것
- 청결이란, 닦아내 깨끗한 상태를 유지하는 것
- 습관화란, 정리·정돈·청소·청결의 4S를 포함해 좋은 습관을 만드는 것. 이를 습관화해 지속적으로 실천하는 것

요즘 로봇 청소기를 사용하는 가정이 많이 늘었습니다. 저희 집에서도 로봇 청소기가 대활약하고 있습니다. 로봇 청소기를 사용하는 사람들은, 로봇 청소기에게 청소를 시키려면 집 안을 어느 정도 정리해야 한다고 이구동성으로 말합니다. 이처럼 5S에도 순서가 있습니

다. 이를 운과 연관 지어 정리해보겠습니다.

운을 좋게 하는 목적은 행복하기 위함입니다. 행복이란 궁극적으로 심리적인 상태입니다. 마음이 평온하고, 안녕하고, 명경지수 상태면 심리적인 행복 상태라고 할 수 있습니다. 마음이 맑고 평온한 상태를 유지하기 위해서는 자신이 머무는 공간을 닦아내는 작업이 필요합니다. 닦아내 청결해진 장소에 머물면 마음도 깨끗한 상태를 유지할 수 있습니다. 즉 청결입니다. 그전 단계에 필요한 것이, 청소입니다. 쓸어내 깨끗하게 하면 마음의 묵은 찌꺼기도 동시에 제거되어 막혔던 사고 활동이 원활해집니다. 그전 단계가 '정돈'입니다. 물건을 있어야 할 곳에 두는 것이지요. 한번 쓰면 제자리에 가져다놓아야 합니다. 제자리에 있으면 쉽게 찾아 쓸 수 있고, 손쉽게 쓸 수 있으니 기회를 놓치지 않습니다. 정돈하기 위해서는 물건이 너무 많으면 안 됩니다. 물건의 절대량에 제한을 둘 필요가 있습니다. 그것이 바로 정리입니다. 그러니 정리·정돈·청소·청결은 치우는 순서이기도 합니다. 이 4S가 나의 습관으로 자리 잡으면 그것이 '습관화'입니다. 생활 속 자신의 규율을 올바로 지키는 습관을 지속함으로써 나의 몸가짐은 아름답게 유지됩니다.

구석구석까지 정리정돈되면 좋은 운을 불러들이는 행운의 스위치가 여러 개 동시에 켜집니다. 마치 집 안에 밝은 불이 켜진 듯, 선순환이 일어납니다. 먼저 공간의 선순환입니다. 어디에 무엇이 있는지 파악하기 쉽습니다. 물건을 찾는데 드는 시간이 절약되고, 물건을 찾지 못해서 안절부절못하는 마음 상태를 줄일 수 있습니다. 다음으로 동선의 선순환입니다. 방해되는 물건이 없으면 움직임이 수월해지고, 시간과 노력이 절약됩니다. 물건을 떨어뜨리거나 물건이 깨지는 일도 줄어들고, 사람과 부딪힐 위험도 격감합니다. 사고의 선순환도 있습니다. 깨끗이 쓸어내고 닦아내면 사고 활동이 원활해지고 결국 사고가 명확해집니다. 마음이 가벼워지고 안정된 상태가 되어 더 나은 의사결정을 할 수 있습니다. 다음으로 감각의 선순환입니다. 지금의 나 자신을 소중하게 대함으로써 감각이 섬세하게 열립니다. 곤도 마리에가 말하는 설렘spark joy이 무엇인지 알게 됩니다. 그리고 가치의 선순환입니다. 정리 중 취사선택 과정에서 판단 기준이 생깁니다. 차근차근 추려 나가다 보면 나에게 소중한 것들이 명확해지고, 이는 행동의 지침이 됩니다. 마지막으로 여유의 선순환입니다. 공간이 생겨 받아들일 여지가 생겨납니다. 마음이 열려 새로운 경험에 개방적인 태도가 되고 발상도 유연해집니다.

　물건이 넘쳐나는 상황을 해결하는 것이 정리의 출발선입니다. 물건이란 내버려두면 늘어나게 되어 있습니다. 그런 물건들로 인해 집안은 점점 어질러지기 마련입니다. 이는 물리학에서 말하는 엔트로피 증가의 법칙에 따른 현상입니다. 엔트로피entropy는 무질서한 정도, 즉 '무질서도'를 의미합니다. 자연 상태로 내버려두면 무질서하고 난잡하게 어질러지기 마련입니다. 물건은 곧 깨지고 조만간 쓰레기가 됩니다. 역으로 쓰레기가 물건이 되는 경우는 없습니다. 청소하는 것은 엔트로피 증가의 법칙에 맞서는 행위입니다. 조금 과장되게 표현하면, 인간이 살아 있는 상태는 엔트로피 증가의 법칙을 거스르는 상태라고 할 수 있습니다. 역으로 인간이 죽은 상태는 엔트로피 증가의 법칙에 순응하는 상태입니다. 정리란 과장되게 말하면 '살아 있음'과 다름없습니다. 따라서 정리란 우리가 관리 가능한 운의 가장 전형적인 모습이라고 할 수 있습니다.

운이 나쁜 사람은 모르는 3가지 코스트

코스트cost는 비용을 의미합니다. 회계에서는 원가라고도 하고, 비유적으로 희생을 의미하기도 합니다. 매출액에서 매출원가와 각종 비용을 빼면 이익이 됩니다. 원가나 비용이 줄어들수록 이익은 증가하니, 원가나 비용을 효율적으로 줄이는 것은 매우 중요합니다. 인생에 있어서 운이 나쁜 것을 '코스트가 높다'라고도 말할 수 있습니다. 코스트에는 과거와 관련된 코스트, 현재와 관련된 코스트, 미래와 관련된 코스트가 있습니다.

먼저 과거의 코스트, 즉 매몰비용을 살펴봅시다. 비즈니스 스쿨에서 배우는 개념 중 하나로 매몰비용Sunk Cost이 있습니다. 경영 원칙 중 '의사결정 시 매몰비용은 무시한다'는 개념도 있습니다. 이런 원칙이 생긴 이유는 매몰비용을 신경 쓰다 보면 그릇된 의사결정을 내리게 되기 때문입니다. 매몰비용은 이미 지출해버려서 회수할 수 없는 비용을 말합니다. 즉, 과거의 비용이지요. 이미 지급한 경비, 투자해놓은 시설, 이미 사둔 물건 등을 말합니다. 흘린 땀과 투자한 시간 등도 비유적으로는 비용에 포함됩니다.

'모처럼 ……했는데', '아깝다' 하며 본전 생각을 하면 자연스럽게 매몰비용에 얽매이게 됩니다. 의사결정을 내릴 때 매몰비용에 연연하다가 나쁜 결과를 초래하는 경우가 종종 있습니다. "어렵게 여기까지 왔으니 앞으로 조금만 더 해보면 어떨까요?" "지금 여기서 그만두면 지금까지 투자한 돈, 시간, 노력은 어떻게 되는 거야?" 눈앞의 실패를 보면서 흔히 하는 말입니다. 그런데 이렇게 매몰비용에 집착해 그릇된 의사결정을 하면 더욱 심한 적자가 초래되기 마련입니다. 판단에 필요한 재료는 지금의 상황과 미래의 전망이면 충분합니다. 과거의 비용은 이미 엎질러진 물이나 다름없습니다.

매몰비용이 신경 쓰이는 심리는 몰입상승escalation of commitment과 관계 있습니다. 커미트먼트commitment는 시간, 돈, 인력, 노력 등을 투입하며 헌신하는 것을 말합니다. 몰입하는 것이지요. 한번 몰입을 하면 이미 몰입한 것이 원인이 되어 더욱 몰입하게 되는 현상입니다. 사람들은 특히 잘못 결정한 일 또는 실패가 확실한 일에 고집스럽게 집착하는 경향이 있습니다. 실패가 뻔히 보이는데도 무작정 밀어붙입니다. 그러다가 결국 헤어나올 수 없는 늪에 빠집니다. 본전 생각을 하며 미련을 갖고, 아깝다는 마음으로 과거에 집착하다가는 불운의 폭탄을 맞을 수도 있습니다. 그러니 경영상의 의사결정이든 개인의 의사결정이든 단호한 태도로 '의사결정에 있어 매몰비용은 무시한다'는 원칙을 지키는 것이 중요합니다.

현재의 코스트, 비용 배분에도 유의해야 합니다. '이 상품은 제대로 이익을 내고 있는가' 이를 제대로 파악하지 못하면 어떤 상품의 생산을 중지시켜야 할지, 어떤 상품에 더욱 주력해야 할지 같은 경영상의 의사결정을 내리는 게 어려워집니다. 또한 원가를 제대로 파악하지 않으면 적정한 판매가를 산출할 수 없습니다. 그래서 원가계산을 해야 합니다.

원가에는 직접적인 것과 간접적인 것이 있습니다. 직접원가는 부품이나 소재 등 재료비처럼 제품과 직접 관련시킬 수 있어서 비용의 주체가 명백히 추적되는 원가입니다. '이를 위해서 썼다'고 특정할 수 있지요. 간접원가는 어느 상품을 위해 지출된 비용인지 특정할 수 없는, 공통적으로 발생한 비용입니다. 전기세나 임대료 같은 것입니다. 이처럼 공통으로 사용된 비용은 일정한 기준에 따라 프로젝트나 상품에 '배분'됩니다. 매출액, 재료비, 인원 수, 가동 시간 등 측정할 수 있는 합리적인 지표에 근거해 배분이 이루어집니다. 그 결과에 따라 프로젝트의 수익성이 결정되므로 비용 배분은 팀 리더나 프로젝트 리더의 업무 평가에도 영향을 미칩니다. 배분의 기준에 따라 사람들의 행동이 달라진다는 점도 생각해봐야 합니다. 이 같은 접근법은 개인의 일상생활에서 의사결정을 내리는데도 도움이 됩니다.

마지막으로 미래의 코스트, 기회비용입니다. 기회비용opportunity cost은 실제로 발생한 비용이 아니라 어떤 선택으로 인해 다른 선택을 할 수 없었던 것을 비용으로 간주하는 개념입니다. 개인 사업자들은 이 비용을 확실히 체감합니다. 예를 들어, 다음 달 1일부터 3일까지 ○○원의 금액으로 어떤 일을 의뢰받았다고 생각해봅시다. 이익이 제대로 남는다면 그 금액을 조금 더 낮추어도 괜찮다 싶겠지만 이야기는 그렇게 단순하지 않습니다. 왜냐하면 일을 의뢰받은 그 3일 동안에는 혹시 더 높은 금액으로 의뢰가 들어오더라도 거절할 수밖에 없으니까요. 또한 3일 중 하루라도 겹치는 일 역시 거절할 수밖에 없습니다. 이처럼 현재의 선택으로 인해 다른 기회를 얻을 수 없어 그로 인해 놓쳐버린 이익을 비용으로 보는 것이 기회비용입니다. 말하자면 미래의 비용이지요.

운을 상승시키는 열쇠는 질 높은 의사결정이라 말할 수 있습니다. 눈에 직접 보이지 않는 기회비용을 잘 파악하면 의사결정의 질을 더욱 높일 수 있습니다. 이익이 적은 일을 수락해서 이익이 큰 일을 거절할 수밖에 없을 때 '나는 참 운도 없구나' 하고 한숨을 쉽니다. 의뢰를 받았고 그 일을 진행하고 있으니 사실은 운이 좋고 참 감사한 것인데도 말입니다.

위의 세 가지 코스트로 청소의 유효성을 설명해봅시다. 방 안이 안 쓰는 물건들로 어질러져 있어 발 디딜 틈이 없습니다. 먼저, 과거의 코스트. 이제 더 이상 쓸 일이 없는 물건은 얼마의 비용을 들여 샀든 매몰비용이라고 봐야 합니다. 용기를 내서 과감하게 처분합시다. 다음으로, 현재의 코스트. 더 이상 쓰지 않을 물건을 집 안에 쌓아두고 그 물건을 위한 임대료를 지불하고 있다면, 이 임대료가 바로 현재의 코스트입니다. 방의 면적과 쓰지 않는 물건이 차지하는 면적을 비율을 계산해 임대료와 곱해보세요. 그것이 배분입니다. 깜짝 놀랄 만한 금액일 겁니다. 마지막으로, 미래의 코스트. 공간은 가능성이자 기회입니다. 소중한 공간을 물건으로 막고 있다면 기회비용을 잊고 있는 것은 아닌지 짚어봐야 합니다. 과감하게 버리고 정리해서 그 공간을 비움으로 채워보세요. 공간이 있어야 행운이 찾아왔을 때 곧바로 낚아챌 수 있고, 그 행운을 내 것으로 받아들일 수 있습니다. 이 점을 꼭 기억하기 바랍니다.

보는 것과 아는 것의 차이

운이 좋은 사람은 면밀히 관찰한 후 행동합니다. 운이 더 좋은 사람은 관찰한 후에 통찰을 합니다. 관찰과 통찰은 어떻게 다를까요? 참고로, 관찰과 통찰에 공통적으로 쓰인 찰察은 '헤아리다, 살피다'라는 의미입니다.

관觀은 외견, 눈에 보이는 모습입니다. 즉, 관찰은 표면을 보는 것, 현상을 보는 것이지요. 눈에 보이는 부분이나 겉으로 드러난 사실을 파악하는 것이고, 문자화된 것을 직접 읽는 것입니다. 이때 감이나 어림에 의존하지 않는 것이 중요합니다. 도구나 장비를 사용하는 경우도 있습니다.

통洞은 동굴, 건너편을 내다볼 수 있는 구멍입니다. 즉, 통찰은 내면을 보고 본질을 간파하고 근본을 꿰뚫어 보는 것이지요. 눈에 보이지 않는 부분이나 이면에 숨겨진 이유를 아는 것입니다. 한층 깊이 있게 맥락(문맥이나 행간)을 읽는 것으로, 감을 예리하게 갈고닦는 것이 중요합니다. 통찰을 할 때는 오로지 자신의 눈과 마음의 눈만 사용하기 때문입니다.

관찰은 사실fact을 알고자 하는 것입니다. 누가who, 무엇을what, 언제when, 어디서where가 중심이 됩니다. 예를 들어, '그는, 이런 말을, 어제, 여기서 했다'는 관찰입니다.

통찰은 발견find하고자 합니다. 왜why를 묻는 것이 중심이 됩니다. 예를 들어, '무엇이, 그에게, 그런 말을 하게 하는가. 진실은 무엇인가'를 생각하는 것이 통찰입니다.

관찰 방법은 초등학교 과학 시간에 배웁니다. 하지만 통찰 방법은 고등학교에서도, 대학교에서도 가르쳐주지 않습니다. 통찰력을 높이고 싶다면 평소에 신경 쓰지 않던 일들에 주의를 기울여봅시다. 통찰력이 높은 사람은 상식에 사로잡혀 사고를 멈추는 일이 없으며, 자신의 눈으로 보고 자신의 머리로 사고합니다. 그런데 이 과정은 방대한 인지 에너지를 필요로 합니다. 그런 이유로 진정 통찰력이 있는 사람은 무엇을 정확하게 관찰할지, 무엇을 깊이 있게 통찰할지 그 지점부터 먼저 생각합니다.

통찰력이 있는 사람은 발상을 자유자재로 전환합니다. 덕분에 다양한 각도에서 다양한 관점으로 살펴볼 수 있습니다. 통찰력을 높이기 위해서 사고 패턴에 변화를 시도해봅시다. 이와 관련, 여섯 색깔 생각의 모자Six Thinking Hats 기법은 사고를 자유롭게 조절해 다양한 각도에서 사고 능력을 최대한 발휘하도록 도와줍니다. 발상의 전환을 돕는 '여섯 색깔 생각의 모자' 기법은 기업 연수에 강의를 나갔을 때 제가 자주 사용하는 트레이닝 방법이기도 합니다. 연수 참가자들에게 여섯 가지 색깔의 모자를 나눠주고 쓰도록 합니다. 그런 후 각각의 모자 색이 의미하는 유형의 사고에 집중해서 '발상의 틀'을 연기하도록 합니다. 처음에는 모자를 쓰고 발상을 강제적으로 전환합니다. 그런 경험이 쌓이다 보면 모자를 쓰지 않아도 발상을 자유롭게 전환해 나갈 수 있습니다.

빨간 모자 ⟷ 감정적. "제 느낌은요."

노란 모자 ⟷ 낙천적. "분명 잘될 거야!"

녹색 모자 ⟷ 창의적. "이렇게 하면 어떨까?"

흰 모자 ⟷ 사실적. "데이터를 보면……."

파란 모자 ⟷ 관리적. "정리하자면, 이런 의미?"

검은 모자 ⟷ 회의적. "정말일까?"

미래에 대한 본질적 통찰을 할 수 있게 되면 성공 가능성이 커집니다. 그런 통찰력을 키우기 위해서는 미래를 보는 각도를 넓히고 동시에 정확도를 높이려는 노력이 필요합니다.

저는 통찰력이 좋은 사람을 '솜씨 좋은 프로 사진작가'에 비유합니다. 누구든 셔터만 누르면 사진을 찍을 수 있다며 사진작가가 별거 냐고 말하는 사람도 있습니다. 하지만 실제로 프로가 찍은 사진을 보면 일반인들이 찍은 사진과 전혀 다릅니다. 프로 사진작가는 다른 사람은 보지 못하는 것을 간파해 표정, 공간감, 분위기, 생각 등을 절묘하게 담아냅니다. 본질을 꿰뚫어 보는 힘이지요. 이처럼 통찰의 각도를 넓히기 위해서는 대상이나 상황을 보는 도구가 필요합니다. 다양한 사고 기법들과 여섯 색깔 생각의 모자 기법을 잘 활용하면 관점과 발상을 다양화할 수 있습니다.

역시 프로 사진작가를 예로 들어 통찰의 정확도를 설명해보겠습니다. 프로 사진작가는 정확도를 높이기 위해 섬세하고도 예리한 눈으로 초점을 맞춥니다. 렌즈를 깨끗이 닦아 사진이 흐리게 나오지 않도록 하고, 카메라를 안정적으로 잡고 대상을 흔들림 없이 겨냥합니다. 즉, 카메라 조작 및 촬영 기술이 능숙합니다. 동시에 눈에 보이는 대상의 본질을 간파하는 감각을 가지고 있는데요, 이것이 바로 선명하고 예리한 감입니다.

마지막으로, 통찰력을 높이는 방법에는 '언어화'가 있습니다. 통찰력이 높은 사람은 직접 눈으로 본 것, 발견한 것, 간파한 것을 적절한 언어로 표현하는 능력이 있습니다.

통찰력을 높이는 방법을 다음과 같이 정리해보았습니다.

- 무엇에 관해 통찰할 것인지 에너지 배분의 우선순위를 정한다.
- 사고의 다양성을 돕는 도구나 '여섯 색깔 생각의 모자' 등을 능숙히 활용해 통찰의 각도를 넓힌다.
- 마음의 렌즈를 갈고닦아 통찰의 정확도를 높인다.
- 어휘를 늘려 발견한 내용을 언어화하는 능력을 높인다.

통찰하는 사람은 탐구자입니다. 다양한 모자를 쓴 솜씨 좋은 프로 사진작가이자 철학자입니다.

:

도널드덕은 왜 수영장에서 수영팬티를 입을까

도심 생활에도, 시골 생활에도 각각의 매력이 있습니다. 두 개의 장소에 생활 거점을 두는 이중거점 생활을 듀얼 라이프$^{dual\ life}$라고 합니다. 예전에는 별장이라고 하면 부자들의 전유물이었지만, 최근에는 그 의미가 많이 변했습니다. 지방에 많아지고 있는 빈집을 활용하는 등 선택지도 늘었고요.

저는 제대로 휴가를 낼 수 있을 때는, 그러니까 1년에 수십 일 정도는 후쿠오카현에 있는 처갓집에서 시간을 보냅니다. 자연으로 둘러싸인 무척 아름다운 곳으로, 바로 근처에 산이 있어서 휴가 때는 제대로 산 생활을 만끽하고 있습니다. 이미 아내의 명의가 된 처갓집은 건축된 지 60년도 넘은 아주 오래된 집입니다. 방치해두면 폐가가 될 정도로 낡은 집이지만, 이 또한 소중한 인연인지라 지내는 동안 직접 집을 손보며 가꾸어 나가고 있습니다.

제가 이중거점 생활을 지향하는 이유는 균형 잡힌 세계관을 가지기 위해서입니다. 같은 일본이라고 해도 도쿄에서 보는 세상과 지방에서 보는 세상은 완전히 다릅니다. 물론 두 곳 다 분명히 일본입니다. 한 장소에 파묻혀 바라보는 세계관이나 인간관에는 치우침이 발생할 수 있지만, 이중거점 생활을 하면 관점이 자유로워지고 유연해집니다. '모두 다 있을 수 있는 일'이라는 삶의 지혜가 자연스럽게 체득됩니다. 인간에게는 눈이 두 개 있습니다. 오른쪽 눈과 왼쪽 눈으로 같은 대상을 보더라도 아주 조금 각도가 다릅니다. 우리가 깊이를 느낄 수 있는 이유입니다.

어느 날 후쿠오카의 시골집에서 재킷에 바지를 입고 마당에서 일을 하고 있는데, 옆집 이웃이 "옷을 제대로 입고 작업을 해야지" 하고 말씀하셨습니다. 마당일을 위한 제대로 된 복장이란, 야케jacke(후드가 달린 방풍 방수 방한용 상의)를 걸치고 긴 장화를 신는 것입니다. 이렇게 제대로 된 복장을 입지 않으면 벌레에 물리거나 거친 풀에 발을 다치는 등 이런저런 불운이 생기기도 합니다.

매니지먼트란 '제대로' 하는 것입니다. 직장에서 사무를 볼 때는 그에 맞는 차림을 하고, 마당에서 일을 할 때는 마당 일에 맞는 차림을 제대로 갖춰야 합니다. '제대로'는 이처럼 목적과의 적합성을 의미합니다. 상황과 목적에 맞게 제대로 갖추면 예상치 못한 불운으로부터 적어도 내 몸은 지킬 수 있습니다.

도널드덕은 평소에는 하얀 궁둥이를 그대로 드러내고 다니지만, 수영장에 갈 때는 꼭 수영팬티를 입습니다. 목적에 맞게 '제대로' 입는 것이지요.

쓰면 이루어진다

원하는 것은 원한다고 말하는 편이 좋다

일본을 대표하는 싱어송라이터 마츠토야 유미의 〈마법의 묘약魔法のくすり〉이라는 노래에 "원하는 것은 원한다고 말하는 편이 승리"라는 유명한 가사가 있습니다. 원하는 것을 원한다고 말로 표현하면 실현될 확률이 높아집니다. 단, 단호하지만 상대방을 배려하는 태도로 말해야 한다는 조건이 붙습니다. 이 같은 태도를 영어로는 어서티브니스assertiveness(자기주장, 단호함)라고 하고, 그렇게 하는 것을 어서션assertion이라고 합니다. 그런데 안타깝게도 어서티브assertive에 딱 알맞게 대응하는 표현은 찾기 힘듭니다. 풀어서 표현하면, '자신감 있는 태도로 시원시원하게, 동시에 정중한 태도로 하고 싶은 말을 확실히 표현하는' 정도라고 할 수 있습니다. 상대방의 상황이나 기분

을 헤아리면서 자신의 기분이나 생각을 적극적으로 전하는 방법이지요. 상호존중의 태도를 바탕으로 솔직하게 커뮤니케이션하면서도, 단호하게 자기주장을 합시다. 나의 마음이 제대로 전달되니 성공 확률이 현격히 상승할 겁니다.

어서티브는 그렇지 않은 두 가지 태도, 즉 어그레시브aggressive(공격적인), 논어서티브non-assertive(단호하지 못한)와 비교됩니다.

어그레시브한, 즉 공격적인 태도aggressive는 '다짜고짜형'이라고 할 수 있습니다. 좋게 말하면 적극적인 태도라고 할 수 있지만, 사실은 타인의 입장이나 감정에 대한 배려가 없고 무조건 부정하는 말을 하는 등 무례한 태도라고 봐야 합니다. 다짜고짜 자기 생각을 관철시키려다 타인과의 관계에 금이 가기 쉽습니다. 이는 말할 것도 없이 운을 끌어내립니다. 이런 사람들의 마음속에는 '너는 틀렸고, 나는 옳다'라는 전제가 암묵적으로 깔려 있습니다. 물론 그것을 말로 표현하지는 않습니다.

논어서티브한, 즉 단호하지 못한 태도non-assertive는 '우물쭈물형'이라고 할 수 있습니다. 이런 유형의 사람은 싫은 본심은 숨긴 채 무작정 타인에게 맞추려고 합니다. 우물쭈물하며 자신의 의사를 제대로 전달하지 못하니 운이 좋을 리 만무합니다. 때로는 우울하고 답답한 마음이 한순간에 폭발해서 공격적으로 돌변해 불운을 자초하기도 합니다. 이런 사람들의 마음속에는 암묵적으로 '(어차피) 당신은 옳고, (어차피) 나는 틀렸다'는 생각이 상정되어 있습니다.

지나치게 직접적으로 말하다 보면 타인에 대한 배려가 결여되어 공격적인 태도를 보일 수 있습니다. 그렇다고 해서 과도하게 정중하다 보면 우물쭈물, 애매모호한 태도가 되기 쉽습니다. 솔직함과 정중함의 절묘한 균형이 핵심입니다. 이런 기술이 몸에 배어 있다면 쓸데없이 고생할 일은 없겠지만, 이 둘의 양립은 다소 어려운 과제입니다.

한국이나 일본은 사회 구성원들 사이에 암묵적으로 공유되는 것이 많은 고맥락 문화이다 보니, 명확한 언어로 직설적으로 표현하기보다는 모호하거나 우회적인 표현으로 의사소통하는 경향이 있습니다. '척하면 삼천리', '척하면 착이다'라는 말처럼 언어에 담긴 함축적 의미를 파악하고, 행간을 읽고 눈치를 발휘해 상황에 대처해 나가야 합니다.

일본은 특유의 엔료遠慮 문화가 있습니다. 자신의 의견이나 생각을 적극적으로 표현하기보다는 사양하고 절제하며 타인을 배려하면서, 동시에 공동의 질서를 이루어가는 문화입니다. 이러한 문화에 익숙하다 보니 그 당연한, '원하는 것을 말로 한다'는 것조차도 절제하는 사람이 적지 않습니다. 일본인에게는 상식이고 예의이지만, 너무 지나친 엔료에서는 벗어날 필요가 있다고 봅니다. "저는 이것이 좋습니다", "저는 이런 사람이 되고 싶어요", "저는 이런 일을 해보고 싶습니다" 하고 적극적이고 확실하게 표현해보는 겁니다. 그렇게 하면 어떤 일이 벌어질까요? 놀랍게도 자신의 말대로 실현될 가능성이 무척 커집니다. 왜냐하면 다른 사람은 한 걸음 물러서서 입을 닫고 있는데 나는 내가 원하는 것을 확실히 표현했으니까요.

어서티브한 표현이란 상대방의 입장과 감정을 배려하고 존중하면서도 자신의 생각을 단호한 태도로 전하는 방식입니다. 산뜻하고 시원시원한 느낌이지요. 어서티브한 태도는 업무 능력이 뛰어난 사람에게서 특징적으로 나타나는 커뮤니케이션 스타일이기도 합니다. 어서티브한 태도의 범위는 생각보다 넓습니다.

어서티브한 태도를 가진 사람의 세계관은, '당신은 옳다. 그리고 나도 옳다'라는 생각을 기본 전제로 합니다. 이러한 세계관은 타인과의 관계에도 당연히 영향을 미칩니다. 한 사람 속에 암묵적으로 상정되어 있는 세계관과 관계성은 직접적인 표현을 통해 겉으로 드러날 뿐만 아니라, 태도나 분위기를 통해서도 드러나고 전달되기 때문입니다. 이것이 바로 어서티브한 태도가 잘 먹히는 이유입니다.

어서티브한 태도는 일종의 스킬입니다. 다시 말해, 지식을 얻고 어느 정도 연습하면 누구나 익힐 수 있습니다. 적절한 표현 몇 가지를 익혀 일상생활에서 사용하다 보면 자기 생각과 마음을 솜씨 좋게 전달할 수 있게 됩니다. 어서티브한 태도가 습관처럼 익숙해지면 의사 전달도 유려해집니다. 자신의 힘으로 행운을 불러들이게 되는 것이지요.

어서티브한 태도를 위한 스킬 중 하나는 효과적인 문구를 기억해서 적절하게 사용하는 것입니다. 일단, '나'를 주어로 해서 자신의 감정 및 생각을 표현하는 것이 무척 중요합니다. 이것을 나 전달법 I-message이라고 합니다. 상대방이 내게 하지 않았으면 하는 행동, 즉 싫고 불쾌한 행동을 했을 때 다음과 같이 말할 수 있습니다. ('어서티브'한 표현은 ○, 그렇지 않은 표현은 ×로 표시했습니다)

× "(당신은) 그렇게 행동하지 마세요!"

× "(당신은) 왜 그렇게 행동하는 거죠?"

상대방을 비난하거나 평가하는 이런 말투는 상황을 오히려 더 악화시킵니다. 다음과 같이 말해보면 어떨까요?

○ "나는 (당신의) 그런 행동에 기분이 안 좋아요."
○ "나는 (당신이) 이렇게 해주었으면 해요."

주어가 '당신'이 되면 시비조가 되지만, '나'가 되면 나의 감정이나 생각을 표현하는 것이고, 더 나아가 원하는 것을 원한다고 말하는 것이 됩니다. 이는 확실히 '마법의 묘약'입니다. 다음으로, '목적이나 이유'를 설명하면 효과적입니다. 줄을 서 있는데 어떤 사람이 새치기했다고 가정해봅시다. 불쾌하지요. 하지만 그 사람이 이렇게 말한다면 어떨까요?

○ "제가 급한 일이 있어서요. 정말 죄송한데 제가 먼저 사면 안 될까요?"

흔쾌히 양보할 수 있지 않나요? 이유가 있다면 지나치게 조심할 필요는 없습니다. '해결법 제안'이라는 형태가 되면 성공 확률은 더욱 높아집니다.

○ "혹시 어려우면, 이렇게 하면 어떨까요?"

○ "개인적인 의견인데요, 이런 방법도 생각해볼 수 있습니다."

○ "이렇게 하면 해결되지 않을까요? 어떠세요?"

이렇게까지 표현하면 상대방은 건설적으로 해결 방법을 모색하게 됩니다. 마지막으로, 칭찬 받았을 때 어떻게 반응하면 좋을지에 대해서도 생각해봅시다. 칭찬 받으면 되레 민망해하고 부끄러워하는데, 불필요하게 자기 자신을 낮추지 않는 것은 중요합니다. "옷이 아주 잘 어울리네요"라는 칭찬을 들었다고 가정해봅시다.

× "아니요, 그렇지 않아요."

× "싼 옷이에요."

이런 대답을 한다면 칭찬한 사람도 그다지 기분 좋지 않을 겁니다. 이런 대답은 어떨까요?

○ "고마워요. 나도 이 옷이 참 마음에 들어요."

○ "쑥스럽네요. 하지만 감사합니다."

○ "칭찬의 말씀 감사히 받을게요."

말은 마음의 소리입니다. '소리 음音' 아래 '마음 심心'이 붙으면 '뜻 의意'가 됩니다. 자신의 참마음을 소리에 실어 자기 뜻本意을 전달합시다. 목적 및 해결책을 담은 자신의 마음을, 즉 본의本意를 능숙히 전달해 자기 뜻을 이룬 사람은 어서티브한 사람입니다.

자기최면으로 불안의 그림자를 떨쳐내자

자기최면이라는 말에 거부감을 느끼는 사람도 있습니다. 수상쩍은 오컬트occult(과학적으로 해명할 수 없는 신비적, 초자연적 현상)의 영향이지요. 최면이라는 말 또한 왠지 의심스럽습니다. "자, 이제 당신은 잠이 듭니다" 같은 말을 하는 최면술은 최면술사가 타인에게 행하는 작업입니다. 최면술사는 타인의 사고나 행동을 본인의 뜻대로 조작하거나 유도할 수도 있습니다. 이처럼 피검사자가 원하지 않은 행동을 이끌어내기도 하기에 최면술이 수상하고 미심쩍다고 느끼는 이도 있습니다. 그에 비해 자기최면의 진정한 목적은 내 마음의 평안을 유지하는 것입니다. 자신이 원하는 것을 달성하는 것이 목적이니 타인에게 해를 끼칠 일이 없습니다.

자기최면은 잠재의식에 거는 작업입니다. 의식에는 현재 의식과 잠재의식이 있습니다. 현재 의식은 겉으로 드러나 있는 의식으로, 스스로 생각하고 조절할 수 있습니다. 우리가 이성적으로 의사결정을 내릴 수 있는 것은 현재 의식이 제대로 작동하기 때문입니다. 그에 반해 잠재의식은 겉으로 드러나지 않는 의식입니다. 마음 깊은 곳에 숨겨져 있습니다. 잠재의식의 움직임은 나 자신도 알아차리기 어렵지만, 사실 잠재의식은 나의 행동을 결정하는 중요한 요소입니다. 그리고 잠재의식은 이성과 전혀 관련이 없습니다. 깊은 최면 상태에 빠지면 현재 의식의 필터가 벗겨지기 때문에 잠재의식에 작업을 거는 것이 쉬워진다고 합니다.

현재 의식에서 필터 기능을 하는 것은 '늘 하는 사고의 패턴'입니다. 선별 기능은 내가 나인 것을(변하지 않는 것) 유지하는 데 도움이 되는 긍정적인 면과 내가 변하는 것을(변화시킬 수 있는 것) 억제하는 부정적인 면이 있습니다. "어차피 ……일 거야." "결국 ……에 지나지 않아." "설마 ……될 리 있겠어?" 이런 말들은 자기 변화를 방해하는 필터로 작용합니다. 이런 생각과 말들은 자신이 늘 하는 사고 패턴을 더욱 강화시킵니다. 변화하지 못하는 자신을 정당화하는 주문과도 같습니다.

물론 인간은 누구나 변화에 대한 두려움을 느낍니다. 변화를 꿈꾸면서도 자신이 자신을 벗어나는 것에 대한 근본적인 두려움이 있습니다. 이것은 자기방어의 관점에서 봐도 아주 자연스러운 현상입니다. 하지만 운을 좋게 하는 삶의 방식이란 스스로 변화를 주도하고 미래를 자신이 원하는 방향으로 이끌어가는 것입니다. 그런 삶을 살고자 한다면 '어차피', '결국', '설마' 같은 현재 의식의 필터는 무시해야 합니다. 잠재의식의 문을 열고 자기최면을 걸어봅시다. 변화를 방해하고 가능성을 한계 짓던 주문을 푸는 효과가 있을 겁니다.

운이 나쁘다고 생각하는 사람은 늘 고민을 달고 삽니다. 불안과 두려움이 있습니다. 망상에 사로잡혀 있는 것일지도 모릅니다. 이런 감정은 '꺼져!' 하고 소리쳐도 사라지지 않습니다. 사라지길 바라면 바랄수록 오히려 더 커질 뿐입니다. 왜냐하면 의식이 온통 거기에 집중되어 있기 때문입니다. 그렇게 부정적인 감정에 휘둘리며 끌려다닐 게 아니라 고민, 불안, 두려움, 망상이 '있다'는 것을 받아들이고 인정합시다. 받아들인다는 것은 밝은 곳에 꺼내둔다는 말입니다. 즉, 스트레스를 받고 있는 자기 자신을 수용한다는 의미입니다. 그렇게 하면 마치 밝은 빛에 귀신이 사라지듯, 걱정이나 근심, 불안이 '없는' 상태가 됩니다.

자신이 상황을 다스릴 수 있음을 깨닫고 나면 자기최면의 방법을 이용해 자기 효능감을 높여볼 수 있습니다. 자기최면이라는 말이 너무 거창하게 느껴진다면, '긍정적 확언'이라 생각해도 좋습니다.

먼저 실제로 시도해서 성공한 경험을 가져봅니다. 즉 '성공 경험'을 만드는 겁니다. "그것을 해냈으니까 그다음 것도 할 수 있다!"고 자신에게 말해봅시다. 유능한 사람들과 함께 행동하며 '대리 경험'을 가져보는 것도 좋습니다. "저 사람이 할 수 있다면 나도 할 수 있다!"고 자신을 격려합시다. 이런 식으로 자기 효능감을 높이기 위한 '언어적 설득'을 자신에게 계속 사용합니다. "나는 할 수 있다!"고 나 자신에게 끊임없이 말하는 것이지요.

무척 흥미로운 것은 실패마저도 성공 경험이 된다는 사실입니다. 실패가 두려운 것은 상처 입은 자신의 모습과 대면해야 하기 때문입니다. 실패하고 상처를 받았다고 해서 그것으로 인생이 끝나지는 않습니다. 기회는 많으니 또 도전하면 됩니다. 실패로부터 깨달음과 배움을 얻었다면 그 또한 가치 있는 경험입니다. 웃음으로 승화시키는 것도 불가능하지 않습니다. 거듭된 실패 경험을 통해 실패로부터 회복되는 '실패 관리'에 대한 '성공 경험'을 쌓을 수도 있습니다.

자기최면이란 오컬트라고 할 정도로 비과학적인 것이 아닙니다. 그런데 자기최면의 올바른 방법이라고 하면서 수상한 최면 의식을 제시하는 사람들도 있습니다. 그런 최면 의식을 행하다 보니 뭔가 더 수상쩍어지면서 정말 오컬트처럼 되어버립니다. 그 결과, 자기최면

이 꺼림칙하게 느껴지기도 합니다. 또한 '변해야 한다'고 너무 강하게 믿는 것도 일종의 강박관념입니다. 내게 확언하듯 좋은 문구를 기분 좋게 외워봅시다. 이런 시도를 통해 나를 옭아매어 변화하지 못하게 방해하는 나쁜 주문을 풀어보는 것은 어떨까요? "나는 변할 수 있다.", "나는 내가 원하는 사람이 될 수 있다.", "나는 자립한다." 자신에게 끊임없이 긍정적인 주문을 걸어봅시다.

최면 의식에 의존하지 않는 자기최면은 분명 효과가 있으며, 오컬트가 아닙니다.

언어화의 힘

초승달이 떴을 때 종이에 소원을 적으면 그 소원이 이루어진다고 합니다. '초승달 어퍼메이션'이지요. 소원은 보통 긍정문으로 적습니다. '나는 수입이 늘어 즐겁고 윤택한 생활을 한다'처럼 말이죠. 거창한 문장일 필요는 없습니다. 긍정적인 문장으로 확언하는 것을 어퍼메이션affirmation(긍정적 확언)이라고 하는데, 꼭 초승달이 뜰 때만 해야 하는 것은 아닙니다. 어퍼메이션이란 자신의 말이 현실이 되는 것을 적극적으로 긍정하는 것입니다. 즉, '선언'입니다.

어퍼메이션에는 몇 가지 규칙이 있습니다. 나를 주어로 간단한 문장을 써봅니다. 문장의 형태는 긍정문, 시제는 현재형이어야 합니다. 첫 시작으로 조금만 노력하면 이룰 수 있는 일들을 적어봅시다. 적으면 이루어진다는 성취 습관을 들이는 것이 중요하니, 되도록 간단한 내용이어야 합니다. '이렇게 별거 아닌 것도 괜찮을까' 하는 생각이 드는 것일수록 좋습니다. 이는 꽤 효과가 있습니다. 저는 이를 '살짝 어퍼메이션'이라고 부릅니다. 이 외에도 솔직한 마음을 적어봅니다. 예를 들어, '……해서 기분이 좋다', '……해서 만족스럽다' 같은 문장입니다. 목표를 달성한 자신의 모습을 생생하고 구체적으로 적으면 성공률은 더욱 올라갑니다.

'자기 자신에게 말을 거는 행위를 통해 내 생각을 펌firm(굳건하고 견고)하게 한다'. 이것이 어퍼메이션의 본래 뜻입니다. '나는 나에게 말을 걸어 소원을 이룬다'라는 말 자체가 이미 어퍼메이션입니다. 자신의 언어를 사용해 '나는 이룬다'고 확언하면 실제로 성취할 가능성이 커집니다.

성취 기한이나 목표가 명확할 때는 어퍼메이션을 행하는 것이 어렵지 않습니다. 하지만 인생이라는 넓은 의미의 커리어는 명확한 성취 기한이 없고 뚜렷한 목표를 설정하기 어렵습니다. 이처럼 마감일 없는 커리어에서 무엇인가 목표를 정할 때, 초승달을 계기로 삼아 행하는 초승달 어퍼메이션은 한 가지 유용한 방법이 될 수 있습니다.

어퍼메이션이 소원을 이루게 하는 원리는 다음과 같습니다. 예언의 자기성취self-fulfilling prophecy입니다. 조금 어렵게 말하자면, '자기충족적 예언'이라 불리는 메커니즘입니다. 어떤 예언이나 예측이 있으면 인간은 의식적·무의식적으로 그것에 적합한 행동을 하고, 결과적으로 그 내용을 충족시키는 방향으로 현실을 만들어냅니다. 이말을 최초로 쓴 사회학자 로버트 K. 머튼Robert K. Merton은 '최초의 그릇된 상황 규정이 새로운 행동을 불러일으키고, 결국 그 행동이 최초의 그릇된 생각을 진실한 것으로 만든다'는 부정적인 의미로 이 말을 사용했습니다. 여기서 '그릇된 상황 인식'이라는 부정적인 표현을 '(아닐 수도 있지만)긍정적인 맹세'로 바꾸면 어퍼메이션이 됩니다.

다음으로 생각 에너지입니다. 어퍼메이션은 생각의 표현입니다. 노트를 준비해서 솔직하게 자기 생각을 마구 적어봅니다. 관심 있게 살펴보면 그중 몇 개는 꽤 높은 확률로 실현되는 것을 확인할 수 있습니다. 역으로 따져보면 생각이 없으면 실현되지 않습니다. 생각했기 때문에 노력과 방법이 생겨나는 것입니다. 이런 활동을 지속하는 것이 바로 자신이라는 인재를 육성하는 일, 즉 자기개발self-development 입니다.

커미트먼트commitment의 힘도 빼놓을 수 없습니다. 나의 다짐이나 소원을 언어로 표현해봅시다. 긍정문으로 적어봅시다. 이는 일종의 선언입니다. 소망을 언어에 맡기는 것이지요. 일단 언어라는 형태로 외부로 드러나면 비록 타인이 읽지 않더라도 나중에 물러설 수 없게 나를 붙잡아줍니다. 소망을 언어에 실어 스스로 다짐하고 전력을 다해 몰두합니다. 힘이 솟아납니다. 그렇게 하면 어떤 식으로든 성과가 나오고 보람을 느끼게 됩니다. 그래서 한층 더 온 마음을 다해 소망의 언어로 스스로에게 약속을 걸고 선순환 속으로 들어가게 됩니다.

마지막으로, 주변 사람들의 도움입니다. 누군가의 소망을 알게 되면 누구나 가능한 범위 내에서 그 사람을 도와 행복하게 해주고 싶은 마음을 갖게 됩니다. 그 동기가 감사 인사를 받고 싶은 마음이어도, '나중에 뭔가 돌아오겠지' 하는 실리적인 이유여도 상관없습니다. 나에게 손해가 없다면 돕고자 하는 마음은 조금 더 쉽게 생겨납니다. 사실 많은 사람이 타인을 돕고자 하는 선한 마음으로 충만한 상태입니다. 하지만 나의 소망을 말로 표현해서 전달하지 않으면 다른 사람은 나의 마음을 알 길이 없습니다. 행운을 제대로 붙잡는 사람은 자신의 소원이나 희망을 주위 사람들에게 말로 표현합니다. 그러면, '너 예전에 ○○하고 싶다고 했지' 하며 도움을 주는 사람이 나타나기도 합니다. 즉, 주위 사람들에게 뜻밖의 도움을 받을 확률이 크게 높아집니다.

이처럼 막연한 생각을 말로 표현하는 것에는 의미가 있습니다. 자신이 원하는 바를 입 밖으로 소리 내 다짐함으로써 자신의 예언이 충족되고 실현되는 방향으로 현실이 변해갑니다. 생각의 에너지가 끓어올라 소망을 담은 언어의 힘이 더욱더 강해지고, 주위가 협조적으로 변화해가면서 마침내 성취를 이루는 것입니다.

'언어 言語'이라는 한자를 파자해보면, '오픔'(나)와 '언름'(말)으로 나눠볼 수 있습니다. 그리고 일본 한자 '전할 전伝'을 파자해보면, '인人'(사람)과 '운云'(이르다)으로 나눠볼 수 있습니다. '운云'은 '언름'의 약어로, '이르다, 일컫다, 말하다'를 의미합니다. 즉, 내 생각이나 소망을 '나의 말'로 표현하고 '사람의 말'로 전달할 수 있다면, 행운이 찾아올 확률은 한층 높아집니다.

자신을 보물처럼 소중히 여겨라

제 연구실 책장에는 핑크색 장정의 책이 한 권 꽂혀 있습니다. 책 제목은《미란다 커》. 역시 핑크색 표지만큼이나 유달리 눈에 띄는 제목입니다. 미란다 커는 전 세계적으로 인기 있는 모델입니다. 호주에서 태어나 현재 뉴욕에 살고 있습니다. 메이블린MAYBELLINE을 시작으로, 프라다PRADA, 스와로브스키SWAROVSKI 등 많은 브랜드의 모델을 맡았으며, 일본의 브랜드 사만다 타바사Samantha Thavasa의 광고에도 출연했습니다. 미소시루를 좋아하는 그녀는 일본식 미소된장 생산·유통 업체인 마루코메의 광고모델을 맡기도 했습니다.

이 책의 원제목은《트레저 유어셀프Treasure Yourself》(한국어판 제목은 '미란다 커의 시크릿 다이어리')입니다. '당신 자신을 보물처럼 소중히 여겨라'라고 저는 나름대로 해석하고 있습니다. 제목에서 알 수 있듯, 이 책은 자기계발서이자 긍정적 확언에 관한 책입니다. 미란다 커 자신이 사용하는 긍정의 말들과 그녀가 좋아하는 작가들이 즐겨 쓰는 긍정의 말들이 한 페이지씩 소개되어 있습니다. 쉽게 말해, '긍정의 말 모음집'입니다. 패션모델인 저자의 책답게 아름다운 삽화와 사진이 함께 실려 있습니다. 이 책을 읽어보면 미란다 커는 긍정의 말을 소중히 여기고 효과적으로 긍정적 확언을 행하며 운을 개척해왔음을 알 수 있습니다.

미란다 커는 단순한 패션모델이 아니라 자신만의 생각을 가진 모델입니다. 그녀가 보여주는 삶의 스타일이나 생각하는 방식은 많은 사람에게 따뜻한 지지를 받고 있습니다. 그러한 이유에서 마루코메의 광고에 나왔던 문구, "가족의 건강을 생각하는 마음도 담았습니다"는 설득력을 더합니다.

이런 이유로 이 핑크색 책은 저의 책장 '어퍼메이션 관련 서적' 코너에 꽂혀 있습니다. 그런데 일본어 번역본의 제목이 《미란다 커》이고 핑크색 표지이다 보니 이 책을 처음 본 사람들은 무척이나 궁금해합니다. "이 책은 어퍼메이션에 관한 책이고⋯⋯"라며 얼마나 설명을 했는지 모릅니다.

제가 처음으로 번역자로 참여해 하나의 장을 번역한 책이 있는데, 그 책의 원제목은 《스트래티지 이스 데스티니Strategy is Destiny》였습니다. 직역하면 '전략은 운명이다', 즉 '전략이 운명을 결정한다'라는 뜻입니다. 스탠퍼드대학 비즈니스 스쿨에서 전략적 매니지먼트를 가르친 로버트 버겔만 교수의 저서입니다. 저도 교수님의 수업을 들었는데, 열성적이면서도 마음이 따뜻한 훌륭한 분이셨습니다.

제가 살아오면서 처음으로 번역에 참여한 책이 의사결정과 운명의 관계에 관한 내용이었던 것은 단순한 우연이 아니라고 생각합니다. 저의 책장 '운의 속성 참고 서적' 코너에 《미란다 커》와 나란히 꽂혀 있는 그 책을 볼 때마다 소중한 인연에 깊은 감사를 느끼곤 합니다.

제**4**장

자기관리

성공과 부를 끌어당기는
매니지먼트

운이 좋은 사람·운이 나쁜 사람

운이 좋은 사람은, 손실을 객관적으로 평가한다.
운이 나쁜 사람은, 절대로 손해 보지 않겠다며 과민반응한다.

운이 좋은 사람은, 감수해야 할 리스크는 감수한다.
운이 나쁜 사람은, 리스크라 불리는 그 모든 것을 피한다.

운이 좋은 사람은, 리스크를 관리한다.
운이 나쁜 사람은, 리스크를 두려워할 뿐 손을 쓰지 않는다.

운이 좋은 사람은, 용기를 가지고 손절한다.
운이 나쁜 사람은, 질질 끌며 계속 손실을 낸다.

운이 좋은 사람은, 이길 수 있는 게임에서 이기고, 이길 수 없는 게
　　　　　　　　임은 그만둔다.
운이 나쁜 사람은, 질 게임에서 열을 올리다 파국을 맞는다.

운이 좋은 사람은, 실패에서 배운다.
운이 나쁜 사람은, 실패를 운이 나쁜 탓이라고 생각한다.

운이 좋은 사람은, 상황이 나빠질수록 냉정함을 유지한다.
운이 나쁜 사람은, 상황이 나빠지면 자기 자신을 잃는다.

운이 좋은 사람은, 너무 참지 않으니 스트레스가 쌓이지 않는다.
운이 나쁜 사람은, 꾹꾹 참으며 마구 짜증을 부린다.

운이 좋은 사람은, 힘들 땐 밖으로 나간다.
운이 나쁜 사람은, 힘들다는 생각만 하고 움직이지 않는다.

운이 좋은 사람은, 잘하는 것을 수월하게, 즐겁게 한다.
운이 나쁜 사람은, 잘하지 못하는 것을 고생하며, 힘들게 한다.

운이 좋은 사람은, 일을 서로 나누어 협력한다.
운이 나쁜 사람은, 혼자 다 떠안다가 결국 일에 치여 자멸한다.

운이 좋은 사람은, 귀찮은 마음을 다스린다.
운이 나쁜 사람은, 의사결정 시 귀찮은 일은 피한다.

운이 좋은 사람은, '베타 버전'을 내고 업데이트한다.
운이 나쁜 사람은, 완벽을 추구하다 보니 첫발을 내딛지 못한다.

운이 좋은 사람은, 현명하게 자산을 늘리고, 현명하게 돈을 쓴다.
운이 나쁜 사람은, 행운의 지갑을 사서 자산을 축낸다.

운이 좋은 사람은, 배움의 테두리 안으로 들어가고 배움의 테두리
　　　　　　　를 넓혀 나간다.
운이 나쁜 사람은, 배우는 사람을 지식만 많고 행동하지 않는 사람
　　　　　　　이라며 부정한다.

손절할 수 있는 용기

누구나 손실에 과잉반응한다

'선택지를 면밀히 분석해 각각의 일이 발생할 확률을 계산해서…….' 이는 의사결정 트리로 대표되는 합리적인 의사결정 과정입니다. 비즈니스 스쿨의 교과서에도 나와 있을 정도인데, 실제로는 어떨까요? 기업이라면 몰라도 개인의 경우는 다양한 감정이 개입되기 때문에 늘 합리적으로 의사결정하는 것은 사실 어렵습니다.

의사결정에 있어서 감정의 영향을 논한 대표적인 연구로 전망 이론Prospect Theory이 있습니다. 이는 행동경제학의 대표적인 성과인데요, 아모스 트버스키와 함께 이 이론을 제창한 대니얼 카너먼은 2002년 노벨 경제학상을 수상했습니다.

프로스펙트prospect는 '예상, 전망'이라는 의미입니다('복권'이라는 의미도 있습니다). 전망 이론은 '불확실한 상황에서 행하는 인간의 판단과 선택'에 대한 모델을 제시합니다. 전통적인 경제학은 인간이 늘 합리적으로 의사결정하고 이성적으로 행동한다는 것을 대전제로 합니다. 하지만 카너먼과 트버스키는 "인간은 비합리적으로 의사결정하거나 행동을 취하는 경우가 있다. 오히려 대부분의 경우 합리적이지 않다"고 주장했습니다.

전망 이론은 이익과 손실에 대한 인간 심리를 고찰합니다. 이 이론의 바탕이 되는 것은 인지편향입니다. 다음처럼 두 가지 선택지가 있다면 어느 쪽을 선택하겠습니까?

- 주사위를 던지는 것만으로 1000만 원을 받을 수 있다.
  (확률 100%)
- 주사위를 던져 짝수가 나오면 2000만 원(확률 50%), 홀수가 나오면 0원을 받을 수 있다. (확률 50%)

어느 쪽을 골라도 손에 쥘 수 있는 금액의 기대치는 1000만 원입니다. 하지만 실제로는 어떨까요? 압도적으로 많은 사람이 확실히 1000만 원을 받을 수 있는 전자를 선택합니다. 후자의 경우, 받을 수 있는 금액이 제로라는 것을 손실로 받아들입니다. 사람은 손실에 무척 예민하고, 되도록 손실을 피하고 싶어 합니다.

그러면 조건을 조금 바꾸어보겠습니다. 지금 빚이 2000만 원 있다고 합시다. 다음과 같은 두 가지 선택지가 있다면 어느 쪽을 선택하겠습니까?

- 주사위를 던지는 것만으로 빚을 1000만 원으로 낮춰준다.
  (확률 100%)
- 주사위를 던져 짝수가 나오면 빚은 0원, 홀수가 나오면 그대로.
  (확률 50%)

어느 쪽을 골라도 수학적으로 계산한 기대치는 1000만 원 감소입니다. 그러니 어느 쪽을 선택하든 똑같습니다. 안정 지향적인 사람이라면 빚이 확실히 줄어드는 전자를 선택하겠지요. 그런데 결과는 실험에 참여한 거의 전원이 후자를 선택한 것으로 나타났습니다. 왜일까요? 인간에게는 손실을 회피하고자 하는 심리가 무척 강하기 때문입니다. 후자의 경우는 주사위를 잘 던지면 빚이 없어질 수도 있지만, 전자는 주사위를 던져도 빚이 여전히 남아 있습니다. 이익보다 손실에 더 민감한 인간의 심리를 잘 엿볼 수 있습니다.

그렇다면 이런 경우는 어떨까요? 빚이 더욱 늘어 10억 원이라고 해봅시다.

- 주사위를 던지지 않는다. 빚은 10억 원으로 고정.
- 주사위를 던져 짝수가 나오면 20억 원을 받는다.
  (빚을 갚고도 10억 원이 남는다)
- 주사위를 던져 홀수가 나오면 20억 원을 잃는다.
  (빚의 총액이 30억 원으로 불어난다)

자, 한방의 기회를 잡겠습니까? 저는 승부를 걸지 말라는 조언을 드리고 싶습니다. 재산이 많다면 아무래도 상관없습니다. 하지만 빚 더미에 허덕이고 있는 사람이 내기라니요. 안 될 일입니다. 이미 10억 원의 빚이 있는 상태에서 혹시라도 내기에서 진다면 그야말로 빚 지옥에 굴러 떨어지게 됩니다. 그런데도 빚이 많은 사람일수록 빚이 10억 원 있으나 30억 원 있으나 똑같다면서 역전의 기회를 노립니다. 그러다가 더 큰 빚을 떠안게 됩니다. '일확천금! 빚 감옥에서 인생역전을!' 빚 지옥행 급행열차에 올라타라는 악마의 속삭임입니다.

전망 이론은 인간에게 유효한 지침을 제시하는 것이 아니라 '실제로 인간은 어떤 식으로 판단하고 행동하는가'에 주목했습니다. 이 이론이 시사하는 바를 행운과 관련된 생활의 지혜로 활용해볼 수 있습니다. 제가 전망 이론에서 도출한 운에 대한 일반적인 교훈은 '인간은 비합리적이다. 그러므로 더욱 합리적으로 의사결정하고 행동하는 것이 바람직하다'입니다. 합리적인 의사결정으로 운을 상승시킬 수 있다는 것을 알면서도 많은 사람이 비합리적으로 의사결정을 합니다. 정말로 그렇다면, 비합리적으로 의사결정하는 다수의 사람들 속에서 나는 모든 일을 합리적으로 판단하고 행동해봅시다. 어떻게 될까요? 경쟁자 없는 단독 승리이지 않을까요?

아이다 미쓰오(일본의 시인이자 서예가)의 유명한 명언이 있습니다. "넘어진들 어떠하랴, 인간인걸つまづいたっていいじゃないか にんげんだもの". 시련의 상황에서 용기와 위로를 얻을 수 있는 문구입니다. 하지만 '운을 관리한다'는 관점에서 조심스럽게 반론하고자 합니다. 물론 우리는 인간입니다. 밑져야 본전의 패기로 도전했다가 실패하는 경우도 있습니다. 하지만 넘어지는 일은 가능한 한 적은 편이 좋고,

그로 인한 상처는 가벼운 편이 좋지 않을까요? 만약 상처를 입었다면 그 상처가 더욱 깊어지지 않도록 보살피는 것이 현명합니다. 악마는 넘어졌을 때 속삭입니다. '어차피 엎질러진 물! 한방으로 인생 역전!' 안 될 일입니다. 그럴 때일수록 더욱 합리적으로 판단해야 합니다.

인생의 리스크 테이크가 필요하다

하이 리스크, 하이 리턴High risk High return(고위험 고수익), 로 리스크, 로 리턴Low risk Low return(저위험 저수익). 양자택일의 기회가 있다면 어느 쪽 인생을 선택하시겠습니까? 2015년 예비 사회인인 학생들 320명을 대상으로 취업 정보 사이트 프레셔스freshers가 조사한 바에 따르면, '하이 리스크, 하이 리턴이 좋다'는 대답은 20% 미만, '로 리스크, 로 리턴이 좋다'는 대답은 80% 이상으로 나타났습니다.

이 결과는 일본인들의 변함없는 안정 지향 성향을 보여줍니다. 운을 불러들이기 위해서는 어느 정도 리스크를 감수할 필요가 있습니다. 하지만 일본에는 리스크를 무조건 피해야 한다고 생각하는 경향이 있습니다. 이는 어쩌면 리스크라는 말을 제대로 이해하지 못해서 생긴 두려움이 아닐까요? 사실 리스크의 의미를 제대로 이해하는 것은 지극히 어려운 일입니다. 적어도 세 가지 해석이 있기 때문입니다.

첫째, '다운 사이드' 리스크입니다. 부정적인 일이 발생할 가능성을 리스크로 봅니다. 예를 들어, 뜻밖의 화재나 부상 및 질병이 이에 해당합니다.

둘째, '코스트'에 가까운 의미의 리스크입니다. 하이 리턴, 즉 고수익이라는 달콤함을 얻기 위해서는 그에 합당한 희생을 치러야 한다는 의미입니다. 예를 들어, 고도의 전문 자격을 취득하기 위해서는 많은 시간과 노력, 학비가 듭니다. 행운을 얻기 위해 필요한 '코스트', 즉 비용입니다. 동서양을 막론하고 이런 유형의 리스크에 대한 속담이 존재합니다. '호랑이를 잡으려면 호랑이 굴에 들어가야 한다'의 경우, 호랑이 굴에 들어가는 위험을 감수하는 것이 리스크risk, 호랑이를 잡는 것이 리턴return입니다. '세상에 공짜 점심은 없다There is no such thing as a free lunch'는 경제학에서 유명한 표현인데요, 점심을 먹기 위해서는 어떤 식으로든 그에 상응하는 대가를 치러야 한다는 의미입니다. 대가가 '코스트'로서의 '리스크'이고, '리턴'이 점심식사입니다.

셋째, '리턴의 변동성'을 의미하는 리스크입니다. 투자 세계에서는 리스크를 리턴의 변동성, 즉 볼러틸리티volatility라고도 합니다. 예를 들어, 대기업과 비교할 때 벤처기업은 기업가치의 변동성이 큽니다. 장기적으로 보면 하이 리턴이 기대되기에 행운의 씨앗이기도 합니다. 변동성이라는 리스크는 주가 하락 같은 마이너스 변동뿐만 아니라 주가 상승 같은 플러스 변동도 포함합니다. 오를지도 모르는 것이 리스크라니 이해하는 게 다소 어렵습니다. 다른 말로 표현하자면 '불확실성'이라고 할 수 있습니다.

현대의 경영 환경을 이야기할 때 종종 듣는 말로 'VUCA'가 있습니다. 변동성으로서의 리스크와 비슷한 말로, 2016년 다보스 세계경제포럼에서도 사용된 표현입니다. VUCA는 다음 네 단어의 앞글자를 따서 조합해 만든 신조어입니다.

- 변동성Volatility – 새로운 기술이 잇달아 등장해 주류가 금방 사양길로 접어든다.
- 불확실성Uncertainty – 경제에서도 정치에서도 전혀 예상치 못한 일이 발생한다.
- 복잡성Complexity – 글로벌화로 인해 많은 것이 복잡하게 서로 뒤얽힌다.
- 모호성Ambiguity – 국경이나 업계의 경계가 사라진다.

기업의 경영 환경이 VUCA라는 말은 단적으로 말해 각 개인의 커리어도 VUCA의 한복판에 있다는 의미입니다. 이를 다운 사이드 리스크로 보는 사람도 있겠지만, 오히려 다양한 기회가 늘어난 상황이라고 보는 것이 맞습니다. 자기관리를 어떻게 하느냐에 따라 운을 내 편으로 만들 가능성이 커지는 것이지요.

그런데 앞서 말한 조사에서 20% 미만이었던 '하이 리스크, 하이 리턴'을 선호하는 사람은 왜 리스크를 기꺼이 받아들인 것일까요? 크게 두 가지 이유가 있습니다. 첫째, '리스크 자체가 쾌감이다. 도박이 좋다. 자극과 스릴이 짜릿하다'라는 입장입니다. 둘째, '인생은 한 번뿐. 도전하지 않는 것은 아깝다. 모험을 하지 않으면 후회가 남는다.'라는 시각입니다. 두 가지 이유 모두 놀라서 입을 다물 수 없습니다. 전자는 단기적인 위험 감수를 즐기는 성향인데, 이런 사람이 과연 자기관리를 제대로 할 수 있을지 걱정됩니다. 후자는 커리어에 있어서의 위험 감수를 환영하는 성향인데, 저는 왜 한 번뿐인 인생이니 위험을 감수해야 한다는 식으로 결론을 짓는 것인지 그 논리가 이해되지 않습니다. 한 번뿐인 인생이니 안전을 우선시하는 쪽이 위험관리 관점에서는 더 합리적이지 않을까요?

리스크가 무엇인지 이해하는 것은 무척 어렵습니다. 하지만 그 의미를 제대로 파악한 후 필요에 따라 리스크를 취해 나간다면 장기적으로 성공 확률을 높일 수 있습니다. 왜냐하면 변동성이라는 리스크는 관리할 수 있기 때문입니다.

리스크를 줄여주는 래칫 효과

저는 성공한 투자가가 말하는 성공 요인을 전적으로 신뢰하지 않습니다. 전형적인 생존자 편향survivorship bias 오류가 있을 수 있기 때문입니다. 생존자 편향이란 결과적으로 살아남은 사람의 이야기만 듣고 결론을 내리는 인지상 왜곡을 말합니다. 이는 확률의 예측을 그르치는 큰 이유 중 하나이기도 합니다. 패배하거나 탈락해서 살아남지 못한 사람의 이야기는 알 수 없습니다. 패배자에게는 목소리를 낼 기회조차 주어지지 않습니다. 우리가 들을 수 있는 이야기는 무사히 살아남은 승리자의 목소리뿐입니다. 성공한 사람들의 이야기만을 바탕으로 간단하게 결론과 교훈을 이끌어냅니다.

복싱 챔피언이 승리의 비결을 묻자 "몸이 망가질 정도로 훈련을 했다"고 대답했습니다. 그렇다고 해서 '몸이 망가질 정도로 훈련하면 챔피언이 된다'는 인과관계가 성립되는 것은 아닙니다. 정말로 몸이 망가져버린 선수들은 아예 링에 설 기회조차 없을 테니까요. 그런 사람들은 이렇게 말하겠지요. "몸이 망가질 정도로 훈련하면 절대 안 됩니다."

막스 귄터는 성공한 영국의 투자가 중 한 사람으로, 많은 저서가 있습니다. 그중 《행운의 과학The Luck Factor》이라는 책이 있습니다. 제목을 직역하면 '운의 요인'이라고 할 수 있습니다. 귄터는 13세부터 주식 투자를 시작해서 큰 재산을 모았다고 합니다. 저는 생존자 편향에 유의하며 이 책을 읽었는데, 운을 좋게 하는 방법과 관련해서 이런 내용이 있었습니다. 운이 좋은 사람은 '사교성이 풍부하고, 직관력이 뛰어나고, 용기가 강하며, 비관적 추측에 근거해서 행동한다'. 어느 것 하나 부정할 수 없는 내용이고, 확실히 운을 좋게 하는 요인이라는 데는 동의합니다. 하지만 귄터가 언급한 대로 행동했다고 해서 반드시 귄터만큼 어마어마한 재산을 모을 수 있는 것은 아닙니다. 귄터는 '운을 좋게 하는 방법'이라고 말했을 뿐 '큰 재산을 모으는 방법'이라고는 하지 않았습니다. 그렇다고 해도 이 책의 내용이 생존자 편향에 빠지지 않았다는 보장은 없습니다.

단, 귄터의 처방전 중에서 반드시 참고했으면 좋겠다고 생각되는 내용이 하나 있습니다. 귄터는 운이 좋은 사람은 래칫 효과Ratchet Effect를 이용한다고 했습니다. 래칫은 한쪽 방향으로만 회전하게 되어 있는 톱니바퀴 구조로, 한쪽 방향으로는 돌아가지만 역방향으로는 돌아가지 않습니다. 렌치나 잭(작은 기중기)이 한 방향으로만 힘을 가할 수 있고 역방향으로는 헛돌도록 설계되어 있는 것처럼 말입니다. 래칫은 톱니와 새발이 한 쌍으로 구성되어 있습니다. 한쪽 방향으로는 쉽게 돌아가지만 역방향으로는 새발이 톱니에 물려 움직이지 않습니다. 래칫의 새발을, 또는 래칫 자체를 '제동장치'라고 합니다. 래칫 효과가 작동한다는 말은 제동이 걸린다는 뜻입니다. 원래는 기계 용어였던 래칫 효과는 다른 분야에서도 비유적으로 사용되고 있습니다. 예를 들면, 경영자가 직원의 월급을 올리기는 쉽지만 역으로 내리는 것은 어지간히 심각한 상황이 아니고서는 무척 어렵습니다. 이 같은 하방 경직성은 래칫 효과의 좋은 예입니다.

권터는 운이 하향할 때 제동을 걸어 나쁜 방향으로 미끄러지기 시작하면 언제든지 멈출 수 있도록 준비해두라고 했습니다. 프로 도박사들은 본전을 털어먹기 일쑤인 여느 도박꾼들과 달리 게임을 멈춰야 할 때와 멈추는 방법을 잘 알고 있습니다. 멈춰야 할 때 멈추는 것을 '손절'이라고 합니다. 손절은 실패의 매니지먼트입니다. 언제나 늘 운이 좋은 사람은 없습니다. 좋은 흐름을 탈 때도 있고, 아닐 때도 있습니다. 게임을 멈추기 위해서는 경험에 기반한 지식이 필요하지만, 그보다 더욱 중요한 것은 '단호하게 단념할 수 있는 강한 마음'이라고 권터는 강조했습니다. 운이 나쁜 사람은 감정에 좌우되어 우물쭈물하기 일쑤입니다. 손절하지 못하고 계속 실패만 하다가 결국 되돌릴 수 없는 막대한 손실을 내고 맙니다.

권터의 책에서 가장 흥미로웠던 사실은 용기 있는 사람은 래칫 효과를 잘 살린다는 점이었습니다. 용기 있는 사람은 운이 편을 들어줍니다. 하지만 용기가 있다고 해서 늘 운이 편을 들어주는 것은 아닙니다. 운이 좋지 않을 때는 멈춰야 합니다. 그것도 용기입니다. 이처럼 용기 있는 사람에게 운은 또 편을 들어줍니다.

큰 재산을 모은 사람(= 생존자)이 저술한 이 책에서 왜 래칫 효과가 특별히 제 마음에 와닿았던 것일까요? 아마도 운이 나빴던 때의 이야기이기 때문일 겁니다. 최종적으로는 큰 재산을 모았지만, 실패에는 어떻게 대처해야 하는지에 대한 이야기라고 할 수 있습니다. 이런 이유로 귄터의 그 말은 생존자 편향의 오류에 빠지지 않았을 가능성이 높습니다.

피낭시에는 재무관리의 맛이 난다

구움과자 '피낭시에'를 좋아하는 분들 많으시죠? 제가 가장 좋아하는 과자도 피낭시에입니다. 그런데 피낭시에라는 이름이 파이낸스와 관련 있다는 것을 아는 사람은 의외로 적습니다. 은행이나 증권회사에 근무하는 그 분야의 전문가들을 포함해서 말이죠.

피낭시에financier는 '금융업자, 자산가'를 의미합니다. 파리 증권거래소 근처에서 제과점을 운영하던 파티시에가 거래소를 다니는 사람들이 서둘러 간단히 먹을 수 있는 디저트로 고안해낸 것이 이 과자라고 합니다. 그래서인지 모양도 금괴와 비슷합니다.

제가 피낭시에를 좋아하는 이유는 금괴 모양이 좋아서도, 자산가가 되고 싶어서도 아닙니다. 단순히 그 맛이 좋아서입니다. 그리고 먹을 때마다 생각거리가 솔솔 생기는 것도 이 과자가 좋은 이유 중 하나입니다.

'금융, 재무' 등을 의미하는 파이낸스의 어원을 조금 더 파고 들어가보면, '최종, 끝, 종결'이라는 의미가 있습니다. 이 또한 의외로 잘 알려지지 않은 사실입니다. 파이낸스finance라는 단어는 'fin –'으로 시작합니다. 영화의 마지막 엔딩에서 '디 엔드The end' 대신 쓰이기도 하는 바로 그 '핀fin'입니다. 교향곡의 마지막에 울려 퍼지는 '피날레

finale'에도 'fin – '이 쓰였습니다. 파이낸스란 최종 결말을 짓는 것입니다. 그래서 '결산'이라고 표현합니다.

저는 지금 피낭시에를 먹으며 파이낸스의 맛과 의미를 음미하고 있습니다. '실수 없이 자금을 융통하고, 현명하게 자금을 조달하고, 견실하게 자산을 운용한다'. 이를 원활히 하기 위해서는 예산을 정확히 관리하는 것이 무엇보다도 중요합니다. 돈 관리는 자기 관리나 다름없습니다. 그리고 재무 관리는 인생 여정의 말미에 좋은 피날레를 맞이하기 위한 기초 중 기초입니다.

날뛰는 분노에 고삐를 채워라

실패로부터 배우는 사람, 배우지 못하는 사람

매니지먼트의 목적은 적극적으로 말하면 성공 확률을 높이는 데 있고, 소극적으로 말하면 실패 확률을 낮추는 데 있습니다. 백전백승의 인생도, 실패 없는 인생도 없습니다. 하지만 실패를 제대로 수습하지 못하면 그 실패가 다음 실패의 원인이 되어 더욱 좋지 않은 상태로 치닫기도 합니다. 실패가 성공의 어머니인 것은 분명합니다. 그렇다고 해서 배움을 위해 일부러 실패를 자초할 필요는 없습니다. 그렇게 하다가는 운이 전력을 다해 도망가버릴지도 모릅니다.

실패로부터 배움을 얻지 못하는 사람을 보면 실패의 원인이 무엇인지, 누구의 책임인지 제대로 파악하지 못해 잘못된 대응을 하는 경우가 많습니다. '○○ 탓을 하다'를 심리학에서는 통제의 소재locus of control라고 합니다. 로커스locus는 '소재, 장소'라는 의미로, 행동을 통제하는 의식이 자기 자신에게 위치하는지, 아니면 자신의 외부에 위치하는지와 관련된 개념입니다. 즉, 자신의 행동과 그 귀결을 스스로 통제 가능하다고 믿는지, 아니면 타인이나 상황 같은 외부의 탓으로 돌리는지와 관련돼 있습니다. '성공은 내 탓, 실패는 운이 나쁜 탓'이라는 말이 있지요. 사람은 실패에 민감하고 실패를 무척 불편해합니다.

조심하지 못해서 잠깐 어긋나거나, 일을 잘못해서 뜻대로 되지 않고 그르친 상황을 '실수'와 '실패' 두 가지로 나누어 생각해봅시다. 먼저, '실수'입니다. 실수에는 무심결에 깜빡했다는 의미가 담겨 있습니다. 자신의 능력이나 노력이 부족한 것이 아니라 '조심하지 못해서', '부주의했던 탓에' 벌어진 일이라는 뉘앙스가 있습니다. 두 번째는 '실패', '실책'입니다. 잘못해서 그르친 상황입니다. 목표 수준에 도달하지 못해 뜻대로 되지 않았다는 의미입니다. 이런 실패는 반성을 통해 성장의 발판으로 삼을 수 있습니다. 실패의 원인을 우연의 탓으로 돌리지 않고 자신에게서 찾아봅시다. 능력과 노력의 부족, 그릇된 판단 등 실패의 원인을 자기 내부에서 찾고, 충분히 반성하고 성찰합시다. 실패를 통해 무엇을 배우고 개선할 것인지 허심탄회하게 생각하기 때문에 다음 단계를 위한 배움을 얻을 수 있습니다.

이런 내용을 다룬 TV 프로그램이 있습니다. 테레비 아사히에서 방영하고 있는 〈시쿠지리 선생님 – 나처럼은 되지 마しくじり先生―俺みたいになるな!!〉입니다. 인생에서 처참한 실패를 저지른 '시쿠지리しくじり(실수, 실패) 선생님'이 출연해 학생 역을 맡은 게스트에게 교훈을 전

달하는 수업 형식의 프로그램입니다. 자신의 전철을 밟지 않도록 자신의 실패 경험담을 반면교사로 삼으라는 취지입니다. 운의 관점에서 봐도 충분히 흥미로운 내용입니다.

이 프로그램 자체도 운이 참 좋았습니다. 2013년 가을 파일럿 프로그램이 방송된 후 다음 해 가을부터 심야 정규 프로그램으로 편성되었고, 반년 후에는 황금시간대에 편성되는 훌륭한 성과를 냈습니다. 이 프로그램은 실패의 원인을 자신에게 귀속시켰다는 점에서 눈길을 끌었습니다. 모든 출연자가 '내 실패는 내 탓'이라는 점을 명확히 했습니다. 이런 관점 덕분에 교훈도 이끌어낼 수 있었지요.

그렇게 성공가도를 달리던 이 프로그램은 2017년 일시 중단되었고, 그 후 2019년에 부활했지만, 계속 방송하기에는 구조적인 어려움이 있어 보입니다. 사쿠지리 선생님의 전제 조건은 일단은 한 번 성공해야 하고, 그런 후 실패를 해야 합니다. 게다가 그 내용을 전 국민에게 모조리 드러내는 것에 동의한 유명인이어야 합니다. 캐스팅 조건이 무척 까다롭습니다. 방송을 거듭할수록 자격을 갖춘 사람은 줄어들고 언젠가는 방송의 소재도 소진될 게 분명합니다.

어쨌든 저는 이 방송을 통해 많이 배웠습니다. 먼저 큰 성공을 거둔 유명인도 처참한 실패를 경험할 수 있다는 것입니다. 실패의 원인 중에는 자만심 같은 자기 관리 부족, 믿으면 안 되는 사람을 신뢰하는 등의 그릇된 판단이 많았습니다. 또한 실패를 자기 탓이라고 인정하고 문제점을 정리해 교훈을 찾아내는 자세가 중요합니다. 바로 이 점이 이 프로그램이 폭발적인 인기를 얻은 이유입니다. 이 프로그램은 또한 '실패로부터의 배움'의 중요성을 잘 전달하고 있습니다.

'성공은 내 탓, 실패는 운이 나쁜 탓'이라고 말하는 사람은 경험에서 그 무엇도 배울 수 없습니다. 이런 생각을 가지고 있으면 장기적으로 운이 나빠지는 게 당연합니다. 성공하면 우연에 감사하고, 실패하면 자신의 행동이나 판단을 반성하는 사람은 경험에서 배움을 얻을 수 있습니다. 그리고 그러한 배움은 지혜가 되어 또 다른 상황에 적용할 수 있기에 긴 안목으로 보면 운이 점점 좋아질 수밖에 없습니다. 다른 사람들에게 말하지 않고 혼자 마음속으로 다짐해도 충분합니다.

분노 매니지먼트

'아, 그때 내가 폭발하지 말았어야 했는데……' 하며 후회해봤자 이미 엎질러진 물이요, 떠나버린 기차입니다. '웃는 얼굴에 복이 온다'고 하지요. 그 반대도 성립합니다. 화를 내서 일이 잘 풀리는 경우는 절대 없습니다. 직장에서 부적절하게 분노를 폭발시켰다가는 직장 내 갑질로 소송 당하는 불운을 겪을 수도 있습니다.

화는 희로애락의 하나, 인간이 가진 가장 원시적인 감정 중 하나입니다. 화 그 자체는 나쁘지 않습니다. 화를 표출하기 때문에 외부의 적과 맞서 싸울 수 있습니다. 즉, 화는 생존을 위해 필요한 감정입니다. 하지만 화를 제대로 길들이지 않으면 행운이 도망갈 뿐 아니라 쓸데없는 불행이 끌려올 수도 있습니다.

화, 분노를 영어로는 앵거anger라고 합니다. 최근 여러 기업체에서 직장 내 갑질에 대응하는 취지로 분노를 조절하고 관리하는 분노 매니지먼트anger management 프로그램을 실시하고 있습니다. 불필요한 불행을 불러들이지 않도록 자신의 화를 똑똑하게 다스리는 것이 목적입니다.

매니지먼트란 원래 '고삐로 말을 다룬다'는 뜻입니다. 불교 경전에도 '분노의 고삐를 제대로 다루는 자는 날뛰는 말을 잘 다루는 것과 같다'고 기술되어 있습니다(《잡아함경雜阿含經》 제40권, 1108 〈득안경得眼經〉). 분노라는 감정을 스스로의 고삐로 다스리는 것이 분노 매니지먼트입니다. 미처 날뛰는 말을 다스리기 위해서는 먼저 말에 대해서 잘 알아야 합니다. 분노도 마찬가지입니다. 분노를 다스리기 위해서는 먼저 분노의 정체와 특성을 제대로 이해해야 합니다.

먼저 분노의 메커니즘을 이해해야 합니다. 갑자기 욱합니다. 스스로 점화되어 폭발합니다. 고함을 치더니 결국 손이 나갑니다. 결과는 뻔합니다. 직장 내 갑질이라 비난 받아도 할 말 없습니다. 분노라는 감정을 다루는 것이 힘든 이유는 브레이크가 잘 듣지 않기 때문입니다. 화가 머리끝까지 치밀어 오르면 나를 잃기에 합리적인 판단이 불가능해집니다.

원래 분노란 자신을 방어하기 위한 감정입니다. 분노는 편도체라는 뇌의 한 부분이 과도하게 활성화되어 발생합니다. 이성을 관장하는 것은 전두엽이고, 감정을 관장하는 것은 편도체인데, 전두엽은 편도체의 폭주에 브레이크를 겁니다. 그런데 편도체가 과잉 활성화되면 스스로 제어할 수 없게 됩니다. 이는 동물이 살아남기 위해 필요한 구조이기도 합니다. 외부의 적이 덮쳤을 때 전두엽으로 생각하고 있다가는 죽음을 맞이하게 될 테니까요.

나도 모르게 소리를 지르고 분노에 휩싸여 몸이 떨립니다. 이런 증상이 나타나면 마치 갑자기 분노가 치솟는 것처럼 느껴지지만 사실은 그렇지 않습니다. 컵 안에 물이 한 방울 두 방울 차다가 결국은 흘러넘치게 되는 것과 마찬가지입니다. 이 넘쳐흐르는 순간이 바로 분노가 터지는 순간입니다. 더 이상 참지 못해 터져 나오는 상태이지요. 조금씩 컵 속에 채워지는 물은 '왠지 싫다'는 감정이라고도 볼 수 있습니다. 1차 감정이라고 말합니다. 그에 비해 분노는 2차 감정입니다. 왠지 싫다는 감정은 분노와는 다릅니다. 불만, 불안, 분함, 슬픔 같은 감정입니다. 이런 감정들이 일정량 이상 채워지면 분노라는 2차 감정에 불이 붙습니다. 불만, 불안, 분함, 슬픔은 밖으로 드러나지 않고 감춰져 있습니다. 그에 반해 분노는 일단 불이 붙으면 맹렬히 타오르고 주위로 번집니다. 즉, 분노는 밖으로 표출됩니다. 결과적으로 인간관계에 악영향을 끼치고 운은 즉각 나빠집니다.

자신이 분노를 느낀다면 일단은 '채워진 물'로 시선을 돌려봅시다. 상대방이 분노를 표출할 때도 이 채워진 물에 주목하면 도움이 됩니다. '꾹꾹 참아왔던 것들이 넘쳐흐르고 있구나' 하고 생각하는 것만으로도 어느 정도 냉정함을 유지할 수 있습니다. 분노의 화염에 휩싸이지 않고 그 상황을 현명하게 넘길 수 있습니다.

분노의 매커니즘을 이해했다면 이제 분노의 스위치는 사람마다 다름을 깨달아야 합니다. 자신이 소중하게 여기는 부분이 부정당하거나 방해받으면 분노의 감정이 치밀어오릅니다. 분노에는 분노 스위치가 있습니다. 분노를 촉발하는 분노 포인트는 사람마다 다릅니다.

일본앵거매니지먼트협회Japan Anger Management Association는 분노를 여섯 유형으로 분류하는 앵거 매니지먼트 진단을 선보였습니다. 12개 질문에 1~6까지 점수를 매겨 합계가 가장 높은 것이 자신의 분노 타입에 해당합니다(최고 점수에 동점이 있으면, 그 모두에 해당합니다). 분류된 분노 타입을 보면 무척 납득이 갑니다.

먼저 공명정대 타입입니다. 핵심이 되는 신념은 '도덕심'. 정의감, 사명감이 강한 유형입니다. 매너와 규칙이 지켜지지 않는 상황에 '용서할 수 없어!' 하며 분노를 느낍니다. 다음은 박학다재 타입입니다. 핵심이 되는 신념은 '이기심'. 향상심이 강하고 완벽주의자가 많습니다. 깊이 파고들지 못하거나 명확한 결과가 나오지 않을 경우 '정말 마음에 안 들어!' 하는 마음에 화가 납니다.

위풍당당 타입도 있습니다. 핵심이 되는 신념은 '자존심'. 주위 사람들에게 소중한 존재로 인정받고 싶어 합니다. 주위로부터 좋지 않은 평가를 받거나 소중하게 배려받지 못하면 '깔보지 마!'라며 분노합니다. 천진난만 타입에 대해 알아봅시다. 핵심이 되는 신념은 '자립심'. 자기 생각이나 감정을 솔직하게 표현해야 한다고 생각합니다. 하고 싶은 말을 제대로 하지 않는 사람을 보면 '뭔가 있으면 말하라니까!' 하며 짜증이 납니다.

외유내강 타입도 있습니다. 핵심이 되는 신념은 '집착심'. 겉으로 보기에는 다정하고 상냥해 보이지만, 자기만의 규칙을 중요하게 여깁니다. 남에게 일을 의뢰받거나 부탁 받기 쉬운 유형인데, 하기 싫은 일들이 늘어나면 '더 이상 못 참겠다!'고 느끼며 화가 납니다. 마지막으로 신중경계 타입입니다. 핵심이 되는 신념은 '경계심'. 일을 침착하고 신중하게 처리하는 것을 중요하게 여깁니다. 마음을 잘 열지 못해 비관적으로 흐르기도 합니다. 참다 참다 '이제 한계야!' 하며 화를 표출합니다.

이처럼 자기 자신뿐만 아니라 가족, 또는 직장 동료들의 다양한 분노 포인트를 이해해두면 쓸데없이 호랑이의 꼬리를 밟는 일은 피할 수 있습니다.

다음으로, 나의 분노를 나의 고삐로 다스리는 요령을 이해해야 합니다. 먼저, 자신과 분노의 감정을 분리하도록 노력해봅니다. 우리는 도대체 왜 욱하는 식으로 분노를 표현하는 것일까요? 자신의 기분을 언어화할 수 없기 때문입니다. 왠지 모르지만 화가 치밀어 오릅니다. 이처럼 자신의 감정을 자신의 말로 표현할 수 없는 것 또한 사람을 짜증스럽게 만들고, 결국 분노를 증폭시킵니다. 바로 거기에 힌트가 있습니다. 언어화해보는 겁니다. 그것이 바로 객관화입니다.

화가 욱하고 치밀어 오르면 마음속으로 이렇게 말해봅시다. '지금 편도체가 해킹당하고 있다'. 단지 편도체가 해킹당하고 있는 상황이니 나를 비난하거나 반성할 필요는 없습니다. 그리고 제삼자가 되어 '해킹 사건이 잘 수습되면 좋겠구나' 하고 자신에게 조언해줍니다. 한 걸음 거리를 두고 상황을 객관적으로 바라보는 메타인지는 전형적인 이성의 작동이기에 분노에 브레이크를 걸 수 있습니다.

아주 조금만 참는 버릇을 들이는 것도 무척 유용합니다. 앵거 매니지먼트의 구체적인 방법으로 잘 알려진 것 중 '6초 룰'이 있습니다. '하나, 둘, 셋, 넷, 다섯, 여섯' 하고 마음속으로 숫자를 셉니다(저는 실제로 이렇게 합니다). 편도체가 활성화된 상태는 그리 오래 지속되지 않으니 곧 마음이 진정됩니다. 참지 못하는 것이 분노이니, 분노가 폭발하기 직전에 멈출 수 있다면 문제될 게 없습니다. 그런데 보통 그렇게 하지 못합니다. 어렵다는 건 잘 알지만 그래도 '딱 6초'입니다. 분노를 폭발시켜 마음 고생하고 싶지 않다면, 그 순간 꾹 참아보기 바랍니다.

마지막으로, 상대방의 분노 앞에서 나의 반응을 제어하는 요령을 이해해야 합니다. 먼저, 분노의 원인이 된 사람과 분노의 감정을 따로 떼어서 관찰합니다. 이는 상대방이 분노를 표출할 때 대응하는 방법으로 효과적입니다. '아, 지금 편도체가 해킹당한 상태구나' 하면서 침착하고 냉정하게 관찰하다 보면 안타까운 마음이 들기도 합니다. 또한, 내 쪽에서 되레 화를 내 분노를 분노로 받아치는 불상사를 막을 수도 있습니다.

분노는 끓는점에 달한 상태입니다. 그래서 분노의 감정을 폭발시키는 사람을 보면 저는 온도계를 생각합니다. '아, 지금 화가 났구나. 지금은 40도, 지금은 80도, 드디어 끓는점 도달!' 하며 담담하게 관찰하다 보면 분노의 소용돌이에 휘말려 들어 사고를 일으키는 것을 막을 수 있습니다.

다음으로는, 사람은 천차만별이라는 만고의 진리를 떠올려봅시다. 상식이나 미의식, 가치관은 사람마다 다 다르게 마련입니다. 분노의 정체는 짓밟힌 가치관에 대한 반응입니다. 참고로, '이 사람은 여섯 가지 분노 타입 중 어디에 속할까' 하고 관찰하다 보면 화가 나지 않기도 합니다.

앞에서 언급한 것처럼 '매니지먼트'라는 표현은 '말의 고삐를 다루는 솜씨'에서 유래했습니다. 분노라는 날뛰는 말에 고삐를 채워 능숙히 다루는 것이야말로 운의 매니지먼트입니다.

애매모호한 언짢은 기분에 대처하는 방법

분노가 폭발한 뒤 수습하는 일은 무척 난감합니다. 이런 상황에서 행운은 훌훌 비켜 가버립니다. 솜씨 좋게 참아내 분노가 폭발하는 것을 운 좋게 막았다 해도 폭발 직전의 안 좋은 기분, 즉 '언짢은 기분'은 지속됩니다. 이런 경우에도 행운은 도망갑니다. 반대로 기분이 좋을 때는 매사 즐겁습니다. 주위 사람들도 덩달아 즐거워집니다. 유쾌한 사람 주위에는 늘 사람들이 모이고 분위기가 좋아집니다. 그러다 보니 이야기가 자유롭게 꽃피고, 창의적인 아이디어가 활발히 개진됩니다. 자연스럽게 자신도 주위 사람들도 모두 함께 운이 상승합니다.

그렇다면 행운을 도망가게 하는 이 언짢은 기분에는 어떻게 대처하는 것이 현명할까요? 기분이라는 녀석의 눈치를 살피고, 비위를 맞춰주고, 상황에 따라서는 살살 풀어주는 등 기분을 잘 보살펴야 합니다. 이런 대처 방법에서도 알 수 있듯, 기분은 조절하고 다스릴 수 있습니다. 즉, '기분'은 관리 대상입니다.

그런데 기분을 관리하고 조절하는 것은 무척 어려운 일입니다. 언짢은 기분의 정체가 애매모호하기 때문입니다. 주위 사람들도 즉각적으로 알 수 있는 분노에 비해 언짢은 기분은 숨겨두려고 했던 감정이 밖으로 드러나버린 결과입니다. 마음속에 불편한 감정이 도사리고 있는 상태라고도 할 수 있습니다. '왠지 모르겠지만 아무 말도 하고 싶지 않아', '이유는 모르겠는데 짜증이 나서 견딜 수 없어'처럼 자신의 기분인데도 말로 표현하기가 쉽지 않습니다. 하물며 타인에 대해서는 '왠지 저기압인 듯한데', '왠지 표정이 안 좋은데 무슨 일 있는 건가?'처럼 제대로 파악하기 어려울 뿐더러, 그런 상대방에게 무언가 말을 하기도 안 하기도 애매합니다.

이렇듯 애매모호한 언짢은 기분을 잘 다루기 위해서는 기분을 안 좋게 만드는 원인을 생각해보면 도움이 됩니다. 마치 의사가 진단하는 것처럼 언짢은 기분을 증상처럼 받아들이는 것이지요. 괴로운 일은 누구에게나 있습니다. 많든 적든 다들 참으며 살아가고 있지요. 인내심은 자동차 브레이크와 비슷합니다. 타이어의 금속 재질 디스크를 브레이크 패드가 잡아주면서 제동 기능을 하는데, 브레이크 패드는 주행을 거듭하며 조금씩 마모되어갑니다. 언짢은 기분은 브레이크 패드가 마모되어가는 모습과 닮았습니다.

사실 기분이 좋지 않다는 것은 참고 있는 상태라고 할 수 있습니다. 뭔가 불만스러운데 참아내는 것이지요. '이렇게나 참고 있는데……' 하고 생각하니 기분은 더욱 나빠집니다. 그러니 이런 경우의 처방전은 '너무 참지 않기'가 되겠습니다. '분노'에 대한 처방전은 '참기'이고, '언짢은 기분'에 대한 처방전은 '너무 참지 않기'라니, 처방전이 완전히 반대입니다.

자동차는 브레이크를 건 상태에서는 아무리 액셀을 밟아도 가속되지 않습니다. 브레이크를 거는 경우는 두 가지입니다. 스피드를 낮출 때와 멈출 때이지요. '참는다'는 브레이크를 걸수록 언짢은 기분은 점점 쌓여가니, 보통 때는 너무 참지 않아야 합니다. 언짢은 기분을 잘 다스리기 위해서는 언어화도 무척 효과적입니다. "기분이 안 좋아 보이는데 무슨 일 있어요?"라는 누군가의 질문에 "이러이러한 이유로 불만이에요"라고 말할 수 있다면 짜증스러운 기분이 상당 부분 해소됩니다.

기분을 나쁘게 만드는 상황이나 그 포인트는 사람마다 다릅니다. 자신이 짜증 나는 상황, 그리고 상대방을 짜증 나게 하는 상황에 대한 이해가 필요할 때, 앞서 이야기한 '여섯 가지 분노 타입'에서 좋은 힌트를 얻을 수 있습니다.

- 도덕심을 중요하게 여기는 '공명정대' 타입
누군가가 집합 시간에 늦으면 점점 짜증이 난다.
- 이기심을 중요하게 여기는 '박학다재' 타입
결론이 나지 않는 회의가 지속되면 표정이 안 좋아진다.
- 자존심을 중요하게 여기는 '위풍당당' 타입
자신이 소중하게 배려받지 못한다는 느낌이 들면 기분이 상한다.
- 자립심을 중요하게 여기는 '천진난만' 타입
하고 싶은 말을 제대로 하지 않는 사람이 있으면 초조해진다.
- 집착심을 중요하게 여기는 '외유내강' 타입
부탁이나 의뢰가 쇄도하면 본연의 온화함을 잃는다.
- 경계심을 중요하게 여기는 '신중경계' 타입

리스크가 큰 이야기를 들으면 벌레 씹은 얼굴이 된다.

특정 상황에서 짜증이 난다면 '나는 이런 타입이라 나도 모르게 이렇게 반응하는구나' 하고 생각하면 됩니다. '이렇게 감정적으로 반응하다니! 안 돼! 나빠!' 하며 기를 쓰고 브레이크를 밟을 필요는 없습니다. 이를 알아차리고 말로 표현해보는 것만으로도 부정적인 감정은 한결 사그라듭니다.

좋지 않은 기분은 애매모호한 귀신과도 같습니다. 빛을 비추면 사라지는 귀신 말이지요. 귀신에 비유한 이유는 '기분 좋지 않음'이란 실제로 존재하지 않는다고 생각하기 때문입니다. 일본어를 예로 들어보면, '기분이 좋음'은 '기분이 있다ご機嫌'라고 표현하고, '기분이 좋지 않다'는 '기분이 없다不機嫌'라고 표현합니다. 그렇다면 실제로 존재하는 것은 '기분'이겠지요. 그러니 이 '언짢다 귀신'이 출몰했을 때는 너무 참지 말고 말로 표현해서 퇴치하기 바랍니다.

그리고 기분에 빛을 비춰주고 소중하게 보살펴주세요. 내 기분을 소중히 보살펴줄 사람은 나밖에 없습니다. 기분의 상태를 살피고, 비위를 맞춰주고, 다시 좋게 되돌리려고 노력하는 등 늘 내 기분을 소중히 돌보세요. 기분 좋은 상태로 생활하는 것은 무척 중요합니다. '기분 좋음'과 '행운'은 늘 같이 있기 때문입니다. 굿 럭 Good luck! 행운을 빕니다!

절대적인 시험은 없다

제가 쓴 책의 일부분이 작년 모 대학 입시 문제에 인용되었다는 것을 일본저작권교육연구회로부터 연락을 받고 알게 됐습니다. 국어 시험에 '저자의 기분은 어땠을까요?'라는 문제가 있었는데, 그 책을 쓴 저자가 '저도 잘 모르겠는데요'라고 말했다는 이야기를 어떤 에세이에서 읽은 적이 있습니다. 제가 꼭 그런 심정이었습니다.

입시든 그 어떤 시험이든 간에 수험자는 문제를 절대시합니다. 그 때문에 출제된 문제의 변별력은 무척 중요합니다. 의사에게 있어서의 반응 검사와 비슷합니다. 그런데 인플루엔자 검사를 했을 때는 양성과 음성뿐만 아니라, 양성은 아니지만 양성을 의심할 수 있는 의양성이 나오기도 합니다. 이처럼 의학적인 검사조차도 완벽하지 않은데, 하물며 제가 쓴 글의 문장을 인용한 국어 문제로 '우수한 사람'과 '그렇지 않은 사람'을 얼마만큼 정확히 판별해낼 수 있을지 의문이 들었습니다.

변별력이란, '정답을 맞힌 사람은 우수한 사람이고, 정답을 맞히지 못한 사람은 그 정도는 아니다'라고 판단하고 구별하는 능력입니다. 그런데 우수한 사람의 정의 자체가 무척 애매합니다. 이는 결국 '이 테스트를 통해 우리가 뽑고 싶은 사람'이라고 바꿔 말할 수 있습니다.

변별력이 높으면 훌륭한 테스트입니다. 그 말을 역으로 생각하면 훌륭하지 않은 테스트도 있다는 말입니다. 〈변별도 지수Discrimination Index, DI에 의한 종합 시험 문제의 문항 분석〉이라는 논문에 의하면 변별도 지수를 계산하는 간이식은 다음과 같습니다.

변별도 지수 = $(a-b)/n$

a는, 성적 순위 상위 25% 중 그 문제의 정답을 맞힌 사람 수

b는, 성적 순위 하위 25%인데, 정답을 맞힌 사람 수

n은, 전체의 25%에 해당하는 사람 수

이처럼 테스트 자체도 테스트를 받습니다. 제 문장을 인용해서 출제한 문제는 과연 변별력이 있을까요?

여기서 제가 전하고 싶은 메시지는 시험 문제는 절대적이지 않고, 시험 문제 그 자체가 언제나 변별력 있는 것도 아니니, 어떤 시험에서 떨어졌더라도 심하게 자책하거나 의기소침할 필요는 없다는 것입니다. 문제의 변별력이 변변치 않을 가능성도 있습니다.

제가 힘줘 말씀드리고 싶은 것은, 설사 시험에 떨어졌더라도 실망하지 말고 몇 번이고 도전해보라는 것입니다. 언젠가는 변별력 있는 문제를 만나 쉽게 합격할 수 있을 겁니다. 변별력 없는 문제로 운 좋게 합격하는 경우도 있을 수 있습니다. 그러고 보니 제가 출제한 문제의 변별력 부족으로 합격한 사람도 있겠군요. 운이 좋았습니다!

스트레스 줄이기

힘들 때는 말, 숨, 마음, 몸을 밖으로 꺼내자

　일이나 업무로 녹초가 되거나, 컨디션 저조로 힘들고 지치는 경우가 흔히 있습니다. 힘든데도 표현하지 않고 마음속에서 그런 생각을 키워 나가다가 그로 인해 자가중독을 일으키면 상황은 심각해집니다.

　자가중독은 자신의 체내에서 만들어진 물질이 원인이 되어 나타나는 중독 증상입니다. 조금 더 넓은 의미로는 자신이 만들어낸 것이 자신에게 해를 가하는 경우를 말합니다. 자신의 몸 안에서 빙글빙글 돌고 있다는 말이니, 해결책은 오로지 '밖으로 밖으로'입니다. 구체적으로는 말, 숨, 마음, 몸을 전부 밖으로 꺼내는 것입니다. 하지만 너무 지치고 힘든 나머지 나 자신은 생각처럼 움직이지 않습니다. 그럴 때는 또 다른 내가 지친 나를 바깥으로 옮겨내는 모습을 이미지화해봅시다. 다음과 같은 단계로 시도해봅시다.

말을 밖으로 꺼내봅니다. 활기 넘치는 사람이 "오늘은 정말 지친다" 하고 밝은 톤으로 말하는 것을 들어본 적 있을 겁니다. 힘들 때는 힘들다고 말하면 됩니다. 자기 자신에게 거짓말할 필요는 없습니다. 나에게 하는 나의 거짓말은 다시금 나를 압박합니다. 실제로 "지친다" 하고 말로 해보면, '음…… 많이는 아닌 것 같고' 하는 생각이 듭니다. '지친다 귀신'은 마음속에 가두고 키우면 점점 커지지만 입밖으로 꺼내면 어느 정도 작아집니다.

숨을 밖으로 꺼내봅니다. 호흡을 크게 하면 부교감신경이 활성화되면서 마음이 차분해지고 안정됩니다. 호흡을 크게 하기 위해서는 들이마신 후 내쉬는 것이 아니라, 내쉰 후 들이마셔야 합니다. 그리고 전부 내쉬는 것이 중요합니다. 다음과 같이 시도해봅시다. 일단, 숨을 멈춥니다. 1, 2, 3, 4, 5, 6, 7을 세면서(마음속으로 세어도 됨) '후' 하고 천천히 크게 숨을 내쉽니다. 전부 내쉽니다. 이제 들이마십니다. 들이마시고, 들이마시고. 다시 숨을 멈춥니다. 이 과정을 계속 반복합니다. 숨을 크게 내쉬면 자연스럽게 숨을 크게 들이마시게 됩니다. 이 방법이 효과 있는 이유는 몸에 산소가 돌기 때문이기도 하지만, 숨을 오랫동안 멈추면 걱정하고 있을 수 없기 때문이기도 합니다. 숨을 밖으로 끄집어내는 느낌으로 천천히 내쉬는 것이 포인트입니다.

마음을 밖으로 꺼내봅니다. 마음이 안에 있다는 것은 자기 자신에게 향한다는 의미입니다. 역으로, 마음을 밖으로 꺼낸다는 것은 자신이 아닌 어떤 대상물에 마음을 둔다는 뜻입니다. 힘든 자기 자신에게 집중하기보다 외부의 대상이나 행위에 집중해보면 도움이 됩니다. 이와 관련, '무심' 상태가 되는 작업을 추천합니다. 제 경우는 정리 및 청소가 크게 도움이 됩니다. 싱크대를 닦고, 그릇을 씻고, 책상 위를 청소합니다. 거울을 닦는 것도 꽤 효과적입니다. 무심 상태로 대상이나 행위에 집중하다 보면 지친 나 자신과의 빙글빙글 꼬리잡기 악순환을 끊어낼 수 있습니다. 게다가 가족들도 무척 좋아합니다!

몸을 밖으로 데리고 나갑니다. 일단은 밖으로 나갑니다. 무척 현실적인 방법입니다. 넓은 하늘 아래 있는 것만으로도 '참 사소한 일로 끙끙 앓고 있었구나' 하는 생각이 듭니다. 자신의 고민을 상대화해볼 수 있습니다. 하지만 정말 지쳤을 때는 집 주변을 산책하기도 힘듭니다. 당연합니다. 그럴 때는 나가기 싫어하는 나 자신을 밖으로 옮겨내는 이미지를 그리며 현관문을 열어봅시다. 집 근처 편의점에 다녀오는 것도 좋습니다. 머릿속에 살고 있는 '지친다 귀신'은 머리나 마음의 바깥을 싫어합니다. 하물며 집 밖은 질색팔색입니다.

내 삶을 디톡스하는 법

이 책에서는 운을 향상시키는 효과적인 행동 중에서도 과학적 근거가 뒷받침되는 내용들을 소개하고 있습니다. 과학적인 근거는 없지만 마치 과학인 것처럼 신뢰받고 있는 것을 의사과학Pseudoscience 이라고 합니다. 의사과학은 완전한 거짓이라고도 할 수 없습니다.

'과학인 듯 보이지만 엄밀히 말하면 과학은 아니다'라는 의미입니다.

의사과학의 전형적인 예 중 하나가 디톡스detox입니다. 'de－'는 '밖으로 꺼내다', 'tox'는 '독소'를 의미합니다. 디톡스는 체내에 쌓여 있는 나쁜 것들을 밖으로 배출해서 건강을 유지하는 방법으로 알려져 있습니다. 하지만 무엇을 하면 어떻게 되는지 같은 인과관계가 데이터를 바탕으로 증명되지는 않았습니다. 독소가 배출되는 메커니즘도 애매모호합니다. 심지어 독소에 대해 명확히 정의된 것조차 없습니다. 그러니 검증할 도리가 없는 것도 사실입니다.

다시 말해, 디톡스란 현 시점에서는 이미지일 뿐입니다. 굳이 말하자면, '그런 느낌이 드는 정도'라고 할 수 있습니다. 이처럼 과학적인 근거가 없으면 무조건 의심하며 거부하는 사람도 있지만, 이를 일종의 메타포(은유)로 받아들이면 어떨까요? '독소를 배출하는 느낌' 정도로 정리해서 필요한 만큼 내 삶에 적용하는 것이지요. 디톡스라는 말을 듣는 순간 뭔가 산뜻한 느낌이 듭니다. 이처럼 디톡스는 직관적으로, 그리고 감각적으로 쉽게 와닿기 때문에 많은 사람에게 받아들여지고 있습니다. 기분이나 머리, 몸이 산뜻해지고 맑아지는 것이 운에 나쁜 영향을 미칠 리 만무합니다. 비록 디톡스가 의사과학일지라도 '나쁜 것은 배출한다'는 기본적인 접근법은 운을 향상시키는 데 효과적입니다.

기상 후 마시는 물 한 잔은 간단한 디톡스 방법으로 자주 소개되는 방법입니다. 저는 아침에 일어나자마자 물을 한 잔 마시는데, 확실히 멍한 상태에서 머리가 움직이게 하는데 도움이 됩니다. 물을 마시는 것이 좋다는 데는 이유도 증거도 충분합니다. 먼저, 물을 마시면 혈액 흐름이 원활해집니다. 인간은 잠을 자는 동안 300mL 정도 땀을 흘립니다. 딱 물 한 잔 분량입니다. 그냥 두면 혈액이 걸쭉해지는데 기상 후의 물 한 잔은 혈액을 묽게 해줘 혈액 순환에 도움이 됩니다.

다음으로는, 침이 끈적끈적해진 것을 개선해줍니다. 잠을 자는 동안에는 침 분비가 적어지므로 아무래도 입안이 텁텁해지기 쉽습니다. 기상 후 양치질로 기분이 상쾌해지는 것은 바로 이런 이유 때문입니다. 일단은 물 한 잔으로 입안부터 산뜻하게 해봅시다.

게다가 기상 후 정신을 차리는 데도 도움이 됩니다. 물을 마시면 몸에 수분이 보충되어 몸을 깨워줍니다. 머리가 개운해지며 생기가 돕니다. 잠에서 막 깬 멍한 기분을 산뜻하게 바꿔주는 것은 활동과 관련된 교감신경과 휴식과 관련된 부교감신경의 작동이 바뀌기 때문입니다.

잘 생각해보면 실제로 무언가를 배출하는 것은 아닙니다. 하지만 '걸쭉하고, 끈적끈적하고, 멍한' 상태를 '원활하고, 산뜻하고, 생기 있는' 상태로 바꿀 수 있다면, 기상 후 물 한 잔을 마시지 않을 이유도 없습니다.

이 외에도 잘 알려진 디톡스 방법에는 여러 가지가 있습니다.

릴랙스로 디톡스하는 방법입니다. 불규칙한 생활이나 수면 부족이 계속되면 머리와 몸이 무거워지고 둔해집니다. 그럴 때는 휴식을 취하고 머리를 식힙니다. 마음을 고요하게 가라앉히면 나쁜 것들이 빠져나갑니다.

코칭으로 디톡스할 수도 있습니다. 깊이 있게 경청해주는 사람을 만나 이야기를 나누면 마음속에 쌓여 있던 것들을 빼낼 수 있습니다. 마음속에 쌓여 있던 불편한 감정들을 입 밖으로 꺼내 말로 표현해봄으로써 마음을 비우고 불필요한 감정들을 놓아줍니다.

단샤리로 디톡스합니다. 단샤리斷捨離란 불필요한 것을 끊고斷, 사용하지 않는 물건은 버리고捨, 물건에 대한 집착에서 벗어난다離는 의미입니다. 방을 한번 둘러봅시다. 불필요한 물건들이 쌓여 있을 겁니다. 필요도 없는데 버리지도 못하는 집착을 흘려보낸다는 마음으로 방을 청소해봅시다. 어질러진 방을 정리하는 것과 함께 마음도 디톡스할 수 있습니다. 일거양득이지요.

가정용 고압 세척기로도 디톡스할 수 있습니다. 가정용 고압 세척기로 하는 물청소를 저는 무척 좋아합니다. 강력한 수압의 물이 얼룩이나 오염을 순식간에 제거합니다. 깨끗해지는 모습을 보면 마음도 깨끗해지는 것 같습니다.

거듭 말씀드리지만, 디톡스는 과학적 근거가 빈약합니다. 그리고 저는 디톡스에 효과 있다는 약을 복용하는 것은 권하지 않습니다. 다만, 디톡스는 의사과학이니 그 자체가 독이라며 모조리 거부하고 배제할 필요는 없다고 봅니다. '기상 후 물 한 잔을 마신다, 릴랙스한다, 코칭을 받아본다, 단샤리를 실천해본다, 말끔히 청소해본다'. 엄밀히 말하면 어느 것도 디톡스라고 할 수 없습니다. 디톡스라는 게 원래 엄밀한 과학은 아니니, 역으로 가볍게 생각해도 됩니다. 억수같이 쏟아지는 비조차도 디톡스라고 여길 수 있다면 고맙고 기쁜 일입니다. 디톡스의 기본적인 접근법을 내게 유리한 방식으로 다듬어 내 생활에 적용해보는 것은 어떨까요? 나쁜 것은 몸 안에도, 마음속에도, 방 안에도 쌓아두지 않고 그때그때 밖으로 배출하는 식으로 말이죠.

스트레스로부터 나를 해방시켜주는 3E

스트레스란 외부로부터 자극을 받았을 때 마음이 긴장되는 상태를 말합니다. 스트레스의 원인은 소음 같은 외부의 환경, 몸이나 마음 상태 같은 내부의 상태, 인간관계 같은 외부와 내부의 관계로 나눠볼 수 있습니다.

일반적으로, 평소와 다른 상황이나 변화는 스트레스의 원인이 됩니다. 승진 같은 경사로운 일조차 스트레스의 원인이 됩니다. 그런데 스트레스 중에는 좋은 스트레스도 있습니다. 좋은 스트레스는 성취를 향한 원동력이 되고, 창의력을 자극해서 운을 향상시킵니다. 그러나 대부분의 스트레스는 운을 방해합니다.

나쁜 스트레스에 어떻게 대처해야 할까요? 최악의 상황에 이르지 않기 위해서는 스트레스 사인을 잘 알아야 합니다. 스트레스 사인은 황색 신호입니다. 노란불이 켜지면 일단 손을 써야 합니다. 그렇지 않으면 자신이 자신을 궁지에 몰아넣는 상황에 빠지거나, 나쁜 스트레스가 몸과 마음의 병으로 발현될 수 있습니다. 이는 또 극심한 스트레스가 되어 자신을 공격합니다. 노란불이 켜졌는데도 무리하게 달리다가는 이 같은 악순환에 빠져들어 몸과 마음이 금세 망가져버립니다.

대표적인 스트레스 사인은 식욕 부진, 불면증, 피로, 우울, 불안 같은 증상입니다. 노란불이 켜졌다면 즉시 자기 자신을 돌보기 바랍니다. 일단은 휴식입니다. 그다음은 기분전환, 즉 스트레스를 발산하기입니다. 실컷 울거나 산책하는 것도 효과적입니다.

전형적인 스트레스 감정을 이해하면 스트레스 상황에서 극단으로 치닫지 않을 수 있습니다. 내가 이렇게 무너질 만한 스트레스인지 자문자답해보는 것도 효과가 있습니다.

졌다는 패배감에 사로잡힌 경우, 자문해봅시다. 지면 안 되나요? 진 사람은 가치가 없나요? 패배감은 타인과의 비교에서 비롯됩니다. 그런데 누구와 비교하는 것인가요? 인생이란 승리와 패배라는 이분법으로 정의할 수 없습니다.

어떤 일에 실패해서 좌절할 수도 있습니다. 그런데 좌절하는 게 정말 나쁜 일일까요? 좌절했던 경험이 나중에 돌이켜보면 사실은 나의 성장을 돕는 고마운 배움인 경우도 있습니다. 어떠한 좌절이든 거기서 교훈을 얻고 '다음번에는 잘해보자!' 하고 다짐하는 계기가 되었다면 그것으로 충분합니다.

죄책감에 사로잡혔다면, 한번 생각해봅시다. 정말로 잘못인가요? 누구에게 잘못을 저질렀나요? 설령 잘못했다 한들 그것이 죄인가요? 불필요한 죄책감에 시달리는 것은 단적으로 말해 명백한 손해입니다. 죄책감에 휩싸여 앞으로 나아가지 못하는 일이 없도록 조심합시다.

혐오감이 스트레스의 원인일 수도 있습니다. 그런데 싫다는 감정이 잘못된 것일까요? 그 이전에 혐오감을 느끼는 나의 인식이 진정

올바른 걸까요? 남은 남, 나는 나입니다. 타인의 과제에는 신경을 끄는 것이 낫습니다. 이것이 과제의 분리입니다. 혐오감에 빠지면 타인을 향한 배타적인 시선에 갇혀 사람을 멀리하게 되고, 이는 결국 자신의 가능성마저 제한하게 됩니다.

스탠퍼드대학 비즈니스 스쿨에서 마이클 레이 교수의 비즈니스에서의 창의성 Creativity in Business 강의를 들으며 저는 정말 감명을 받았습니다. 창의성을 높이기 위한 강의였는데, 레이 교수는 '창의성을 높이는 3E'라는 접근법을 제창했습니다. 저는 3E로 3고苦를 없애자고 주장하고 싶습니다.

'이지 Easy(손쉽고 만만하게)', 서툰 일이나 자신 없는 일로 고생하지 맙시다. '에포트리스 Effortless(용이하고 수월하게)', 쓸데없이 고역스러운 일을 하지 맙시다. '인조이어블 Enjoyable(즐기며)', 고통스럽게 일하지 맙시다. 모두 다 스트레스가 없는 상태입니다. 이 세 가지에 집중하면 '고통'스럽고 '고역'스러운 일로 '고생'하지 않으면서도 창의성을 높일 수 있습니다. '하찮은 패배감, 좌절감, 죄책감, 혐오감으로부터 자유로워지는 3E'라고도 바꿔 말할 수 있습니다. 그런데 성실하고 착실한 사람일수록 내가 척척할 수 있는 일을 수월하게, 게다가 즐기며 하는 것은 나쁘다고 오해합니다. 지나치게 진지한 태도이지요.

'이지 easy'의 명사형은 '이즈 ease'인데, 그 반대는 '디지즈 dis-ease'로 '병, 질환'을 의미합니다. '이지 easy'하지 않으니 스트레스가 됩니다. 3E를 마음에 새기고 실천하다 보면 자신의 운이 상승하는 것은 기본이고 타인의 운도 좋아지는 것을 느낄 수 있을 겁니다.

잠시 생각해봅시다. 다음 중 어느 쪽의 평가가 더 좋을까요?

- 애쓰지 않아도 척척 할 수 있는, 즉 내가 잘하는 일을 수월하게 즐기면서 작업한 결과 탄생한 작품이나 상품
- 서툴고 능숙하지 않은, 즉 내가 잘하지 못하는 일을 고역스럽게 고생하며 작업한 결과 탄생한 작품이나 상품

당연히 전자가 좋습니다. 비즈니스란 '내게 쉽고 즐거운 일'과 '타인에게 쉽고 즐거운 일'의 교환입니다. 몸과 마음에 해로운 스트레스가 쌓일수록 행복과는 점점 거리가 멀어집니다. 스트레스를 제대로 관리하면 일이 원활하게 진행되고, 그 결과 운도 좋아집니다. 운이 좋다는 것은 일과 상황이 순조롭게 움직여 나가는 상태입니다. 이런 상태를 원한다면 척척 쉽게 할 수 있는 일을 수월하게, 그리고 즐기면서 진행하면 됩니다. 그리고 만약 노란색 스트레스 사인이 켜졌다면 울거나 걷거나 하며 반드시 스트레스를 발산하기 바랍니다.

:
　　:

잘 드는 슬라이서가 행운을 부른다

　　최근 아주 사소한 일로 운의 흐름이 좋아졌다고 느낀 적이 있습니다. 세라믹 날로 된 양파 슬라이서를 하나 샀는데 놀랄 정도로 잘 드는 훌륭한 제품이었습니다. 게다가 날이 세라믹이니 녹슬지도 않을 테고요.

　　저는 원래 양파를 좋아합니다. 특히 얇게 썬 것을 무척 좋아합니다. 그런데 식칼로 얇게 써는 것은 꽤 번거로운 작업이라 늘 스트레스였습니다. 그런데 새로 산 슬라이서를 사용하니 힘들이지 않고 양파를 얇디얇게 썰 수 있었습니다. 그야말로 스트레스 프리입니다. 양파가 순식간에 썰리니 손가락을 다치지 않도록 신경 써야 할 정도입니다. 양파 슬라이서를 산 후로는 아침부터 양파를 듬뿍 넣은 건강 샐러드를 먹고 있습니다. 샐러드만으로 아침 식사를 하는 날도 많아졌습니다. 덕분에 왠지 몸이 가벼워진 느낌이 들고 생활 전반에 스트레스가 많이 줄었습니다.

　　양파는 러시아의 전통인형인 마트료시카와 비슷한 구조입니다. 인형 안에 인형, 또 그 인형 안에 인형이 들어 있는 것처럼 양파도 껍질을 벗기면 또 하나의 양파가 계속 나옵니다. 저는 양파 껍질을 벗길 때면 우주, 은하계, 태양계, 지구 같은 우주의 신비로움과 심오함

278

을 느끼곤 합니다. 여담입니다만, 저는《우주라는 이름의 양파》라는 책을 소장하고 있습니다.

양파를 먹는 것은 어쩌면 겹겹이 층이 진 우주를 몸속으로 받아들이는 것인지도 모릅니다. 그래서 좋은 운이 몸속을 돌고 돌아 퍼져나가는 듯한 느낌이 드나 봅니다.

일하는 방식의 매니지먼트

일을 혼자 떠안아 고립되지 말자

일을 혼자서 떠안는 사람이 있습니다. 성실하고 착실한 사람 중에 이런 사람이 많습니다. 그런데 넘쳐나는 일은 스트레스의 원인이 됩니다. 그리고 모든 일을 혼자서 끌어안고 있으면 정보나 감정을 타인과 공유할 수 없습니다. 적절한 도움을 받을 수도 없고, 도움을 줄 수도 없으며, 점점 고립되고 기분도 안 좋아집니다.

일본 직장인들 사이에서 유명한 '시금치'라는 표현이 있습니다. 업무를 처리할 때 중요한 매너 세 가지인, 보고報告, ほうこく · 연락連絡, れんらく · 상의相談, そうだん의 첫 글자를 따서 연결하면 호렌소ほうれんそう(시금치)가 됩니다. 그런데 시금치는 이제 옛말이고, 요즘엔 다른 야채들이 주목을 받고 있습니다.

일본에서 흔히 먹는 잎채소인 소송채를 고마쓰나고ぁつな라고 합니다. '곤란한 일이 있으면 일 잘하는 사람에게 도움을 요청한다困った ら、使える人に、投げる'라는 일본어 표현의 앞머리를 따서 연결하면 고마쓰나(소송채)가 됩니다. 트위터에서 본 표현인데, 이 글을 올린 사람도 어딘가에서 본 글을 올렸다고 하니 정확한 출처는 알 수 없지만, 무척 공감이 갑니다.

이 외에도 이런 것도 있다며 여러 사람이 트윗을 보내주었는데, 가장 인상적이었던 것은 '반드시 피해야 할 세 가지'를 담은 야채, 청경채였습니다. 청경채는 일본어로 징겐사이ちんげんさい라고 하는데요, '침묵하다. 한계에 다다를 때까지 말하지 않는다. 마지막까지 참는다沈黙する、限界まで言わない、最後まで我慢'라는 일본어 표현의 앞머리를 따서 연결하면 징겐사이(청경채)가 됩니다. 정곡을 찌르는 말입니다. 혼자서 끌어안고 고민하는 것은 본인에게도 조직에도 전혀 도움이 되지 않습니다.

어쨌든 일을 혼자 떠안아서 좋은 점은 별로 없습니다. 그런데 우리는 왜 혼자서 처리하려고 하는 것일까요? 다섯 가지 이유로 나눠 보니 처방전도 보입니다.

첫째, 다른 사람에게 폐를 끼치고 싶지 않기 때문입니다. 일을 혼자 끌어안고 있는 사람은 다른 사람에게 도움을 요청하는 것은 좋지 않은 태도라고 생각합니다. 어쩌면 어렸을 때부터 들어온 "스스로 알아서 하세요"라는 말에 심리적으로 속박된 것인지도 모릅니다. 그런데 정말 협력을 구하는 태도는 타인을 성가시게 하고 폐를 끼치는 일일까요? 타인에게 폐를 끼쳐 조화로운 분위기를 깨면 안 되니까

아예 부탁하지 않겠다는 논리에 사로잡힌 것은 아닐까요? 이런 경향은 특히 성실하고 착실한 사람일수록 더욱 도드라집니다. 하지만 조직의 분위기가 정말로 조화롭다면 부탁할 수 있는 것 아닐까요? 누구와도 서로 돕고 협력할 수 있는 관계를 구축하는 것이야말로 진정한 조화로움입니다.

이런 유형의 사람은 팀워크에 대해 공부해볼 것을 권합니다. 그리고 도움을 요청하는 태도가 정말로 타인에게 폐를 끼치는 일인지 다시 한번 생각해보기 바랍니다. 이 세상에는 기꺼이 협력하려는 사람도 많고, 기쁜 마음으로 타인을 돕고 싶어 하는 사람도 많습니다. 누구와도 공유하지 않고 혼자 다 떠안는 태도가 오히려 폐를 끼치는 일일 수도 있습니다. 생각이 여기까지 미친다면 일을 혼자 떠안고 고립되는 일은 없겠지요.

둘째, 내가 혼자 처리하는 것이 더 빠르다고 생각하기 때문입니다. 많은 사람이 혼자 업무를 떠안고 있는 편이 더 효율적이라고 생각합니다. 확실히 다른 사람과 함께 업무를 진행하는 것은 쉽지 않은 일입니다. 업무와 관련, 성실히 커뮤니케이션하더라도 100% 의사전달이 이루어질 순 없습니다. 게다가 새로 온 직원에게 업무를 가르치는 일은 사실 무척 힘듭니다. 그에 비해 혼자서 처리하면 다른 사람들과 커뮤니케이션하지 않고도 일사천리로 업무를 진행할 수 있습니다. 단기적인 관점에서 보면 확실히 지름길입니다. 하지만 혼자서 처리할 수 있는 업무에는 당연히 한계가 있고, 그 한계를 넘으면 흘러넘치기 마련입니다. 그리고 독자적으로 업무를 처리하다 보면 자신의 일 처리 방식이나 관점 등을 수정받을 기회가 없기에 독선으로 흐를 우려도 있습니다. 이런 면에서 볼 때 업무를 홀로 떠안는 것은 전혀 효과적이지 않고, 중장기적 관점에서 봐도 비효율적입니다.

셋째, 이 업무를 제일 잘 처리할 사람은 나라고 생각하기 때문입니다. '나는 업무처리 능력이 좋다. 나는 일을 잘한다' 같은 자기 긍정감은 좋습니다. 하지만 '이 일을 할 수 있는 사람은 나밖에 없다'라는 생각은 대부분 착각입니다. 내가 없어도 회사는 잘 돌아갑니다. 조직은 그렇게 설계되어 있습니다. 누군가의 부재에도 제대로 기능하도록 조직 구조를 구축하는 것이 조직 전체의 운을 향상시키는 길입니다. 나아가 자신의 운도 좋아집니다.

넷째, 나 하나만 참으면 된다고 생각하기 때문입니다. 혼자서 많은 일을 떠안는 사람은 스트레스가 쌓이고 불만이 커집니다. 그런데도 참습니다. 그리고 참아내는 자신이 훌륭하다고 느낍니다. 참는 것은 싫지만 참아냄으로써 또 다른 만족감을 얻는 것이지요. 어린 시절 줄곧 들었던 "참으세요"라는 말이 주문처럼 자신을 옭아매고 있는 것인지도 모릅니다. 하지만 '참아내기'는 그만두는 편이 현명합니다. 나를 위해서도, 타인을 위해서도 그렇습니다.

다섯째, 아무에게도 알리고 싶지 않기 때문입니다. 사람은 뭔가 숨기고 싶은 것이 있으면 혼자서 떠안습니다. 사실은 능력이 부족한 것일 수도 있고, 혹은 일이 잘못될까 봐 두려워서 혼자 처리하려는 것일 수도 있습니다. 더 심각하게는 뭔가 나쁜 짓을 숨기고 있는 상황일 수도 있습니다. 역으로 생각해보면, 혼자서 일을 떠안고 있는 사람을 보며 주위 사람들은 이런 의심을 품을 수도 있습니다. '혹시, 역부족인데 숨기는 거 아냐?', '일이 전혀 진행되지 않고 있는 것은 아닐까?', 더 나아가 '혹시 무언가 나쁜 일이?' 하고 말이지요.

일을 혼자 떠안지 말라며 다섯 가지 이유를 들어 아무리 설명해도 쓸데없는 소리라며 무시하는 사람들도 있습니다. 그들도 나름의 이유를 늘어 놓습니다. 하지만 그 또한 쓸데없는 소리일 뿐입니다. 왜냐하면 떠안는 것은 단순한 집착이니까요. 게다가 일에 대한 집착이 아니라 자기 자신에 대한 집착인 경우가 많습니다.

해결 방법은 일부러 손을 떼어보는 것입니다. 과도해서 흘러넘친 그 업무에서부터 손을 떼어보세요. 동시에 자신의 집착도 흘려보내고, 타인에게 도움을 받는 것에 감사하는 마음을 가져보세요. 책은 여백이 없으면 읽기 힘들고 머리에 들어오지도 않습니다. '집착하는 마음'을 비워 '여유 있는 마음'이 되면 비로소 '지금 이 순간'에 존재하는 기회를 알아차릴 수 있습니다.

귀찮은 일을 나중으로 미루지 말자

행동이 중요하다는 것은 누구나 알지만, 선뜻 움직이지 않는 이유는 대개 귀찮은 마음 때문입니다. '수고스럽고 품이 드는 일', '번거롭고 성가신 일', '마음에 들지 않고 괴로운 일'에는 '귀찮아 센서'가 작동하고 곧바로 회피하고 싶은 심리가 발동합니다.

귀찮은 일을 나중으로 미루지 말라고 흔히들 얘기합니다. 일리 있는 말입니다. 다소 귀찮아도 지금 바로 처리하는 것이 좋습니다. 그렇지 않으면 정말로 귀찮은 일이 발생할 수도 있으니까요. 하지만 우리가 귀찮은 일에 즉시 착수하지 않는 데는 또 나름의 합리적인 이유가 있습니다. '귀찮아 센서'가 작동했는데도 그 신호를 무시하고 무턱대고 돌진했다가 정말로 성가신 일에 휘말려버릴 수도 있으니까요. '귀찮아 센서'가 삐삐 울릴 때 멈추는 것은 한편으로는 나를 지키는 지혜이기도 합니다.

그런데 '귀찮음'에도 몇 가지 종류가 있습니다. '마음이 썩 내키지 않는 경우', '마음이 무거운 경우', '마음이 침울한 경우'입니다. 뒤로 갈수록 상태는 심각합니다.

먼저 마음이 썩 내키지 않는 경우입니다. 귀찮은 상태 중 한 가지로, 모티베이션motivation이 생기지 않아 시작조차 할 수 없는 경우입니다. 모티베이션은 뇌의 보상회로가 작동하면서 생겨납니다. 얻기 힘든 무언가를 얻을 수 있을 듯하거나 어려운 과제를 극복하면 도파민이 분비됩니다. 도파민은 쾌감을 느끼게 하는 신경전달물질로, 우리는 도파민의 분비를 원하기에 특정한 행동을 합니다. 이것이 뇌 과학이 설명하는 모티베이션입니다. 이런 경우, 마음이 내키지 않는 것은 성공 확률이 낮다고 감지했기 때문입니다. 이런 상황에서 보상회로가 작동하지 않는 것은 당연합니다.

그렇다면 어떻게 해야 이 상태를 이겨낼 수 있을까요? 스스로 자기 자신을 잘 속이는 수밖에 없습니다. 즉, 할까 말까 망설여질 때는 일단 한 발을 내디뎌봅시다. 누구에게나 한번 시작했더니 점점 흐름을 타며 일이 진척됐고, 그게 신나서 더욱 몰두했던 경험이 있을 것입니다. 일단 행동을 시작하면 모티베이션이 생겨나며, 이는 일을 지속할 수 있도록 도와줍니다. 이러한 심리 상태를 '작업흥분'이라고 합니다. 일을 시작하면 일하는 사이에 우리의 뇌는 일을 계속할 수 있는 상태로 바뀌어 지속할 힘이 생깁니다. 이 개념이 흥미로운 이유는 우리가 평소에 알고 있는 인과관계와 반대이기 때문입니다.

- 일반적인 해석 – 모티베이션이 고조되면(원인) ➡ 행동한다(결과)
- 작업흥분의 해석 – 행동을 하니(원인) ➡ 모티베이션이 상승한다 (결과)

마음이 내키지 않는 이유는 첫발을 내딛지 않았기 때문입니다. '시작이 반', '귀찮아도 일단 착수' 같은 말은 전혀 터무니없는 말이 아닙니다. 작업흥분이라는 이론적 배경이 있는 훌륭한 표현입니다.

모티베이션과 행동은 상호작용하며 시너지 효과를 냅니다. 행동은 모티베이션의 상승을 견인합니다. 그렇게 고조된 모티베이션 덕분에 더욱 열정적으로 행동하게 되고, 이 행동이 원인이 되어 모티베이션은 한층 더 고조됩니다. 이 상호작용은 반복됩니다. 이것이 바로 모티베이션과 행동의 스파이럴형 상승기류입니다. 마치 용의 등에 올라타는 것과 흡사합니다. 이것이 바로 스스로 일으킬 수 있는 운의 기운입니다.

다음으로 마음이 무거운 경우입니다. 목표를 너무 높게 잡았을 때 흔히 나타나는 '귀찮음'으로, 완벽주의자가 빠지기 쉬운 함정이기도 합니다. '할 거면 최고로', '할 거면 완벽하게'. 고지식한 사람도 이런 덫에 잘 걸려듭니다. 목표를 세우는 것은 훌륭한 일이지만 목표 그 자체가 '귀찮아 알람'을 울려대면 곤란합니다. 예를 들어, 회신하지 않은 이메일이 쌓여 있는 경우입니다. 완벽한 내용으로 회신하겠다고 집착한 나머지, 마음이 무거워져 처리하지 못하고 질질 끌고 있는 것이지요.

정말로 일을 잘하는 사람은 완벽만을 지향하지 않습니다. 약식으로 간단히 처리하는 '퀵 앤 더티Quick and Dirty'에도 거리낌이 없습니다. 마무리는 다소 엉성하더라도 스피드를 중요시하는 업무 처리 방식입니다. 이처럼 완벽하지 않아도 괜찮다는 유연한 자세를 취해봅시다. 자기 마음대로 완벽을 목표로 삼고 그 중압감에 시달려 일에 착수하지 못하는 것보다는 훨씬 낫습니다. "여기까지 했습니다" 하고 중간보고를 하면 됩니다. 자신이 보고 받는 입장이 되어보면 이 상황이 무척 공감 갈 겁니다.

그렇다면 업무에 도움이 될 만한 '퀵 앤 더티' 방법을 알아볼까요? 그림 그리는 과정을 생각해봅시다. 그림을 그릴 때는 먼저 전체적인 배치를 생각해서 대충 그린 후 세세한 부분을 그려 넣습니다. 기획서나 리포터도 마찬가지입니다. 일단 어떤 내용을 담을지 대략적인 개요를 작성한 후 상세한 내용을 적으며 완성해 나가면 됩니다.

조금 더 구체적인 방법으로, 그 어떠한 상황에서도 쓸 수 있는 대략적인 문서의 틀을 마련해두는 것도 좋습니다. 상품 기획서라면, 첫째 목적·콘셉트, 둘째 타깃 고객, 셋째 고객에게 제공 가능한 가치, 넷째 경쟁 상품에 맞서는 장점 등과 같이 나름의 틀을 만들어두는 것이지요. 이러한 프레임 워크가 있다면 첫 한 발은 이미 내디딘 셈입니다. 일단 걷기 시작하면 모티베이션이 조금씩 솟아나고, 지속하다 보면 행운의 상승기류에 올라탈 수 있습니다.

마지막으로, 마음이 침울한 경우입니다. '일이 귀찮게 되는 건 싫다. 그렇게 되면 어떡하지? 분명 실패할 거야. 분명 상사에게 한 소리 들을 거야' 같은 생각에 점점 기분이 가라앉고 침울해집니다. 마음이 침울해지면, 반드시 해야 할 일뿐만 아니라 그 외의 일들에도 의욕이 꺾여버려 생활이 전반적으로 무기력해집니다. 특히 걱정이 많은 사람은 이런 식으로 침울해지면서 일이 귀찮아지기 쉽습니다. 어떻게 하면 이 걱정 귀신을 물리칠 수 있을까요?

앞에서도 설명했듯, 부정적인 감정을 말로 표현해보는 것이 가장 효과적입니다. 가능하다면 누군가에게 말을 해보세요. 마음이 한층 가벼워질 겁니다. 하지만 걱정 많은 사람은 '나의 부정적인 이야기가 상대방에게 폐를 끼치는 것은 아닐까……' 하고 또 걱정합니다. 그런 마음이 들어 불안해진다면 종이에 적어보세요. 문자화하고 언어화해봅시다. 문자로 드러난 글을 보면 객관화할 수 있습니다. 적은 내용이 조금 창피하다고 느껴진다면 오히려 잘된 일입니다. 쓸데없는 걱정이라는 것을 스스로 증명하는 셈이니까요.

잠시 귀찮음을 잊을 수 있는 구체적인 방법으로 '한 발로 서서 30을 세면 효과적'이라는 글을 본 적이 있습니다. '뇌의 학교' 대표인 가토 도시노리가 쓴 기사인데, 그렇게 하면 뇌는 여유를 잃고(숫자를 세는데 바빠서) 귀찮음을 잊어버린다고 합니다.

마음이 내키지 않는다고요? 마음이 무겁다고요? 마음이 침울하다고요? 이런 마음으로 고민할 시간이 있다면 자기 자신을 더 세심히 보살피고 돌보기 바랍니다. 건강이나 몸을 잘 챙기라는 말을 영어로 하면 '테이크 케어 오브 유어셀프 Take care of yourself'입니다. 자신을 잘 돌보고 보살피라는 말입니다. 자신을 잘 돌보면 일들이 확실히 수월하고 원활하게 전개됩니다. 물론 다른 누군가를 보살피고 돌봐주는 편이 운을 더욱 좋게 한다는 것은 말할 필요도 없습니다.

'베타 버전'으로 자신을 계속 업데이트해 나가자

운을 불러들이는 가장 단순한 방법은 '기죽지 않고 몇 번이고 시도하기'입니다. 성공률이 5%밖에 안 되는 일을 100번 시도했을 경우, '적어도 한 번'은 성공할 확률은 얼마일까요?

- 성공률이 5%라면 실패율은, 100% − 5% = 95%
- 전부 실패할 확률은 95%를 100번 시도하면, 0.59%
- 적어도 한 번은 성공할 확률은, 100% − 0.59% = 99.41%

즉, 적어도 한 번은 성공할 확률은 99% 이상입니다. 1회당 성공률이 낮더라도 반복적으로 시도하면 극히 높은 확률로 언젠가는 성공할 수 있습니다. 그러니 행운을 내 것으로 만들고 싶다면, 특히 시도하는 것에 그다지 비용이 들지 않는다면, 일단은 시도횟수를 늘리는 것이 기본 전략입니다. 기죽지 말고 몇 번이고 시도하는 것이지요. 비즈니스에서는 적어도 한 번 성공하면 훌륭한 것이니, 이 단순계산에 근거한 출발도 나쁘지는 않습니다.

그렇다면 시도횟수를 늘리는 효과적인 방법이 있을까요? 다음의 네 단계를 제시해봅니다. 먼저 잃을 것이 없다는 것을 이해합니다. 이어 잃을 것이 없는데 시도하지 않는 것은 아깝다는 것을 깨닫습니다. 그리고 일단 작은 시도부터 해봅니다. 기죽지 않고 계속해 나갑니다. 이는 앞에서도 말한 '밑져야 본전 파워'나 마찬가지입니다. 밑져야 본전의 패기로 시도횟수를 늘리는 것은 누구든 할 수 있습니다. 하지만 인생은 그렇게 만만하지 않습니다. 도중에 좌절할 수도 있습니다. 마지막의 '기죽지 않고'가 무척 어렵습니다. 로봇이나 인공지능의 장점은 바로 이 '기죽지 않음'에 있습니다.

기죽지 않기 위한 대책을 세우기 전에 먼저 '기죽다'라는 것이 무엇인지 생각해봅시다. '기죽다'는 '기력을 잃는 것, 겁이 나고 주눅들어 그만두는 것'입니다. 즉, '기'에 좌우되는 인간이 기가 꺾여 결과적으로 패하는 상황입니다. 로봇이나 인공지능이 기죽는 일이 없는 이유는 애초에 기가 없기 때문입니다. 그렇게 생각하니 '담담하게 자동적으로' 행하는 것이 중요하다는 것을 알 수 있습니다. 즉, '습관'을 들일 수 있으면 좋습니다.

문제는 기라는 것을 알았으니, 기에는 기로 대처하면 됩니다. 자신은 운이 좋다고 믿는 것도 효과적입니다. 자신은 운이 좋다고 믿으면 의욕이 자극되어 적극적으로 행동하게 되고, 이는 결국 시도로 이어지니까요. 기죽지 않고 시도횟수를 늘리기 위해서 '나는 운이 좋은 사람'이라고 굳게 믿어봅시다. 이는 매우 중요합니다.

하지만 단순히 계속하기만 하는 것은 같은 행동의 반복에 그칠 뿐, 발전이 없습니다. 조금 더 나은 시도를 위한 좋은 방법이 있을까요? 먼저, 실패했다면 그 이유를 생각해봅시다. 그런 후, 어떻게 개선해서 그다음을 준비할 수 있을지 생각합시다. 예를 들면 다음과 같습니다.

- 왜 실패했지? ➡ 준비가 부족했으니까 ➡ 그렇다면 다음번에는 제대로 준비하자.
- 왜 실패했지? ➡ 나에게 미흡한 부분이 있었으니까 ➡ 그렇다면 다음번에는 이 점을 개선하자.

이런 식의 사고는 비즈니스에서도 효과가 있는 지극히 전통적인 발상입니다. 즉, 아주 당연한 사고방식이지요. 그런데 평소에는 이것이 잘되지 않습니다. 왜일까요? 크게 두 가지 이유가 있습니다. 바로 실패의 원인을 자기에게 귀속시키는 것이 싫고, 미래의 일을 생각하는 것이 귀찮기 때문입니다.

운이 좋은 사람은 비즈니스에서의 당연한 사고방식을 평소의 실생활에도 응용합니다. 게다가 그런 태도가 습관이 되어서 특별히 의식조차 하지 않습니다. 특별히 의식하지 않은 상태에서 이루어지는 일이다 보니 자신의 잘못이라며 낙담하는 일도, 귀찮아하는 일도 별로 없습니다. 시도의 질을 조금씩 높여가며 시도횟수를 늘려 나갈 수 있는 이유입니다. 이렇게 하다 보면 언젠가는 반드시 성공합니다.

IT업계에선 완벽하지 않음을 전제로 시험판을 선보이는 일이 일반적입니다. 이를 '베타 버전'이라고 합니다. 베타 버전은 정식 버전을 공개하기 전에 유저들에게 공개해 시험사용하도록 하는 버전입니다. 수정의 여지가 있다는 것을 전제로 일단 시험판을 내놓고 피드백을 받으면서 계속 갱신해 나갑니다. 이 '갱신'이 무척 중요합니다. '갱신'과 '수정'의 다른 점은 무엇일까요? 수정修正에는 '본연의 상태가 되도록 바로잡아 고친다'라는 의미가 있습니다. 과거에 대한 부정적인 의미가 포함되어 있는 것이지요. 반면 갱신更新은 '오늘보다는 내일, 내일보다는 모레'처럼 점점 좋은 방향으로 개선해 나가는 업데이트를 말합니다. 이런 경우 사고의 방향은 오로지 미래를 향합니다.

베타 버전을 현실 속에서 실행하며 현실과 부대끼며 지속적으로 업데이트해 나가는 것은 운은 상승시키는 길입니다. 시도횟수를 늘리고, 성공과 실패 양쪽으로부터 부지런히 배웁시다. 그러다 보면 날마다 갱신하고 나날이 향상됩니다. 이 사이클을 고속화하고 자신의 습관으로 만듭시다. 이렇게 하면 운이 좋아질 수밖에 없습니다. 스스로 업데이트해 나가지 않겠습니까?

'조금 더'를 추구할 것인가, '충분'하다며 고마워할 것인가

저는 지금 제 삶의 방식과 방향에 대해 진지하게 생각하고 있습니다. 바로 '조금 더'를 추구할지, 아니면 '이제 충분'하다고 여길지입니다. 이 근본적인 자세에 따라 남은 인생을 살아가는 모습은 완전히 달라질 겁니다.

'조금 더'는 욕구이자 욕심입니다. 인간의 욕구에는 끝이 없습니다. 이를 무조건 나쁘다고 할 수는 없습니다. '조금만 더'는 인간을 움직이게 하고 사회를 발전시키는 힘의 원천이기 때문입니다. 운의 향상을 바라는 것은 기본적으로 '조금 더'를 추구하는 것이니 건전한 욕구입니다. 한 걸음 더 전진하고자 하는 향상심은 살아 있다는 의미로도 해석할 수 있습니다.

한편, '조금 더' 부리는 욕심이 상처를 부르고 불운의 씨앗이 되는 경우도 종종 있습니다. 이미 가진 것에 감사하며 지나친 욕심을 삼가는 것은 행복을 향한 삶의 지혜이기도 합니다. '조금 더' 욕심나는 그 순간, 멈추는 용기를 발휘하는 것은 일종의 자기관리 입니다.

그런 의미에서 '살아 있는 것만으로도 고스란히 이득'이라는 말에 충분히 공감이 갑니다. 이 표현은 아카시야 산마(일본의 유명한 코미디언이자 MC)의 좌우명입니다. 오늘 하루 이렇게 건강히 지낸 것만으로도 운은 이미 충분히 좋다! 나이가 들수록 더욱 마음에 와닿는 말입니다. 아카시야 산마는 60대인데도 조금 더, 조금 더 가도를 달리고 있습니다. 살아 있는 것만으로도 고스란히 이득이라는 그의 좌우명은, '그러니까 이제 그만'이 아닌 '그러니까 조금 더'로 이어지나 봅니다.

부를 끌어당기는 매니지먼트

행운의 지갑

돈을 불리겠다고 결심한 후 가장 먼저 금전운을 높여준다는 지갑부터 산 사람이 있습니다. 그 행동을 무조건 부정하고 싶지는 않지만, 파이낸스의 관점에서 보면 현명한 결정은 아닙니다. 지갑의 가격만큼 재산이 감소했으니까요.

파이낸스는 '관리 가능한 운' 중에서 돈과 관련 있습니다. 운을 좋게 하는 목적은 바로 행복해지기 위해서입니다. 행복은 주관적인 것이니 돈이 없어도 행복하다면 그것도 좋습니다. 그렇다고 해도 돈은 어느 정도 돈이 있는 것이 좋다는 생각에는 이견이 없을 겁니다.

생활의 질을 높이기 위해, 마음의 평온을 유지하기 위해, 만일의 사태에 대비하기 위해, 필요한 경우 자신과 가족에게 투자하기 위해

등 다양한 이유로 사람들은 돈을 원합니다. 제가 개인적으로 중요하게 생각하는 관점은 '부자는 싸우지 않는다'입니다. 작은 일로 다투는 일 없이 심적 여유를 가지고 우선순위를 정할 수 있다면 운의 선순환은 더욱 유려해집니다. 저는 소중한 사람들과 싸우고 싶지 않기에, 싸우지 않아도 될 정도로 여유가 있었으면 합니다. 그러기 위해서도 돈을 제대로 관리하는 것은 무척 중요합니다.

앞서 설명했듯 많은 일에는 관리와 개발 두 가지 측면이 있는데, '마무리하다(결산)', '낭비 없이 처리하다(절약)'의 뉘앙스가 있는 파이낸스는 오직 관리와 관계가 있습니다.

기업에 있어 파이낸스는 관리의 기본입니다. '나는 재무부도, 경리부도 아니니까 나와는 상관없는 얘기'라고 생각하는 사람도 많겠지만, 재무 관리는 개인의 생활에서도 무척 중요한 의미를 갖습니다. 스케일은 다르지만 접근 방식은 똑같습니다. 예를 들어, 은행에서 대출을 받아 집을 사는 행위는 자금 조달과 투자라는 의사결정입니다. 이처럼 개인의 생활에 있어서도 파이낸스의 관점에서 돈을 적절히 관리하지 않으면 소중한 운을 놓칠 수 있습니다.

기업의 재무 관리에 있어서 중요한 핵심은 '자금 융통, 수중의 돈을 잘 관리한다', '자금 조달, 부족하면 빌린다', '자금 운용, 잘 불린다'입니다.

돈이 언제 들어오고 언제 지불해야 하는지 등을 잘 가늠하면서 수중의 돈이 부족하지 않도록 관리하는 것을 자금 융통이라고 합니다. 기업의 경우, 비록 장부상 흑자일지라도 보유 자금이 부족해 약속한 대금을 지급하지 못해 도산하는 일도 있습니다. 부족한 자금을 미리 가늠해서 결제에 지장이 생기지 않도록 자금을 관리해야 합니다.

개인의 일상생활에서 자금 융통이란, 지갑 속 현금이나 카드로 앞으로 얼마 동안 쓸 수 있는지 파악하는 것입니다. 생활에 필요한 물건들을 사고 보니 지갑은 가벼워졌는데 월급날은 아직 한참 남아 난감했던 경험들 있으시죠? 그것이 바로 자금 융통 때문에 고생하는 사례입니다.

자금이 필요할 때 필요한 돈을 자기자본에서 쓸지 아니면 빌려서 조달할지 결정해야 합니다. 개인 생활에서는 비교적 큰 지출인 집이나 자동차를 살 때 직접 마련할 수 있는 금액과 대출받을 수 있는 금액을 가늠하고, 필요하면 대출을 받아 자금을 조달합니다. 이것이 자금 조달입니다.

또한 보유 자산은 보다 높은 수익을 내도록 운용해야 합니다. 개인이 은행에 예금하는 것은 은행에 돈을 빌려주는 것이나 마찬가지입니다. 주식을 매입하는 것은 기업에 투자하는 것과 다름없습니다. 거주를 위한 토지나 건물을 매입하는 것은 결과적으로 부동산에 투자하는 것입니다. 평소에 사 들이는 물건 중에도 환금 가능하며 자산 가치가 있는 것들이 있습니다.

며칠 전 우연히 본 홈쇼핑 채널에서 쇼호스트가 이렇게 외쳤습니다. "행운을 잡고 싶다면 L 형태의 파스너fastener(지퍼)가 달린 이 지갑을 권해드립니다. 러키Lucky와 러브Love로 이어지는 L입니다!"

터무니없지요. L자 지퍼를 뜬금없이 러키, 러브와 엮습니다. '그럼 대문자가 아닌 소문자 러키lucky나 러브love면, 그냥 일직선의 지퍼여도 상관없겠네' 하는 생각이 들었습니다. 게다가 L로 시작하는 영어에는 로스Loss(손실)도 있고, 론리니스Loneliness(고독)도 있습니다.

저라면 이렇게 외치겠습니다. "행운을 잡고 싶다면 지갑의 지퍼는 어떤 형태든 상관없습니다. 그보다는 왕초보용 입문편이라도 좋으니 파이낸스를 공부해보는 것이 어떨까요? 파스너보다는 파이낸스를!"

밸런스 시트로 마음의 밸런스를 유지하자

행운의 지갑을 사는 사람은 대개 '어떻게 하면 지갑에 있는 돈을 불릴 수 있을까?' 같은 생각을 할 겁니다. 지갑에 있는 돈 이외의 자산에는 관심이 없습니다. 즉, 자산 관리에 소홀한 경우가 많습니다.

가계부를 적는다며 반론하는 사람도 있겠지요. 가계부는 기업의 손익계산서에 해당하는 것으로, 돈의 입금과 출금을 관리하는 것에 지나지 않습니다. 그에 비해 부채를 포함한 자산asset을 전체적으로 관리하도록 돕는 것은 대차대조표, 영어로는 밸런스 시트balance sheet입니다. 밸런스 시트를 작성함으로써 가정의 자산을 파악할 수 있습니다. 가계부를 잘 적더라도 가정의 자산을 제대로 파악하지 못한다면, 운이 좋은지 어떤지 판단하기 위한 기초조차 없는 상태라고 할 수 있습니다. 그러니 가정에서도 밸런스 시트를 작성해서 자산을 제대로 관리할 필요가 있습니다.

다음과 같은 질문에 대한 '현재'의 금액을 파악해두면 도움이 됩니다. 어느 은행에 얼마의 예금이 있는지, 유가증권을 처분하면 얼마가 되는지, 생명보험을 중도해약하면 환급금은 얼마인지, 만약 은퇴하면 퇴직금은 얼마인지, 주택 관련 대출금의 잔액은 얼마인지, 집을 판다면 매매가는 대략 얼마인지……. 당연히 알고 있어야 할 내용이지만, 술술 말할 수 있는 사람은 그리 많지 않을 겁니다.

자산 매니지먼트에는 두 가지 요소가 있습니다.

> 현재의 상태를 파악한다 = 자산 관리
> 늘려 나간다 = 자산 운용

돈을 불려 나가는 것은 물론 중요합니다. 자산 운용의 운용을 한자로 쓰면, '운運을 이용用하다'이니, 그야말로 운의 문제입니다. 그 시작은 일단 운용할 수 있는 자신의 자산을 파악하는 것입니다. 엑셀 시트를 이용해 간단히 가계의 밸런스 시트를 작성해보는 것을 추천합니다. 밸런스 시트를 작성하고 관리하면 미래 목표를 구체적으로 세워볼 수 있습니다. 또한 상속 등의 시기에 가족에게 관련 내용을 정확히 전달할 수 있습니다.

자산의 항목별 연말 잔고를 기록해두면 과거의 기록과 비교하며 연도별, 항목별 자산 변화를 일목요연하게 확인할 수 있습니다. 또한 간단한 계산을 통해 미래의 자산 변화에 대한 계획도 세워볼 수 있습니다. 이런 과정을 거쳐 비로소 자산 운용에 대한 나만의 접근 방법이 구체화됩니다.

밸런스 시트를 작성하면 누락된 자산을 파악할 수 있다는 장점도 있습니다. 다람쥐는 겨울을 대비해서 부지런히 도토리를 주워 모아

땅속에 묻어둡니다. 대개 여러 장소에 분산해서 묻습니다. 다람쥐 나름의 훌륭한 자산 관리입니다. 그런데 종종 묻어둔 장소를 잊는다고 합니다. 저도 예금계좌 자체를 아예 잊고 있었던 적이 있기에 다람쥐를 바보 취급할 수는 없습니다. 밸런스 시트를 작성하고 업데이트해 나가면 적어도 다람쥐 같은 어처구니없는 실수는 피할 수 있습니다.

가정의 재무 관리는 자기 관리 그 자체입니다. 돈을 불리기 전에 먼저 자산이 어디에 얼마나 있는지부터 명확히 관리해둡시다. 이처럼 재무 상황이 명확히 정리되면 마음이 차분히 안정됩니다. 밸런스 시트는 마음의 밸런스를 유지하는데도 도움이 됩니다.

리스크와 리턴의 관계는 골프와 닮았다

다운 사이드 리스크는 되도록 피하고 싶습니다. 그리고 가능한 한 피해야 합니다. 그러나 파이낸스에서 말하는 투자 이론 관점에서 보면, 장기적으로 리턴이 기대될 때는 어느 정도 리스크를 감수하는 것이 현명한 선택입니다. 여기서 중요한 것은 '어느 정도'라는 단서가 붙는다는 사실입니다. 투자의 세계에서 말하는 리스크는 리턴의 변동성인데, 이는 리스크를 얼마나 감수할 수 있는지를 나타내는 '리스크 허용 한도'와 관련 있기 때문입니다.

리스크 허용 한도란 리턴이 마이너스가 되었을 때, 어느 정도까지 견딜 수 있는가를 의미합니다. '생활에 지장을 주지 않는가', '정신적으로 버틸 수 있는가'라고 바꿔 말할 수 있습니다. 이미 자산이 넉넉

해서 생활에 여유가 있다면 리스크 허용 한도는 꽤 높을 겁니다. 언젠가 막대한 재산을 물려받을 상황이라면 꽤 큰 리스크를 감수하는 것도 파이낸스 이론의 관점에서는 납득이 됩니다. 어쨌든 자신의 역량에 맞는 리스크를 적절하게 판단해야 합니다.

리스크와 리턴의 관계는 골프와 닮았습니다. 드라이버는 긴 비거리를 내기 위해 사용합니다. 목표로 하는 비거리가 리턴입니다. 물론 골프를 치다 보면 목표 이상으로 날아갈 수도 있습니다. 훅이 나기도 하고 슬라이스가 나기도 하며, 최악의 경우에는 뒤땅치기 실수로 공이 제대로 날아가지 못할 수도 있습니다. 이같이 결과가 일정하지 않고 변하는 '결과의 불안정성'이 바로 리스크입니다. 즉, 드라이버 샷은 '하이 리스크 하이 리턴'입니다. 그에 비해 퍼터로 치면 적어도 앞으로는 나갑니다. '로 리스크 로 리턴'입니다.

단, 조금 더 깊이 이해했으면 하는 것이 있습니다. 리스크와 리턴의 관계는 사람마다 다르다는 사실입니다. 계속 골프를 예로 들어보겠습니다. '드라이버는 하이 리스크 하이 리턴', '아이언은 미들 리스크 미들 리턴', '퍼터는 로 리스크 로 리턴'이라고 할 수 있습니다. 아마추어와 프로를 비교하면 이야기는 또 달라집니다. 아마추어의 아이언보다 프로의 드라이버가 훨씬 더 정확합니다. 즉 '능숙한지 서툰지' 요소를 가미하면, 능숙한 프로가 리스크는 낮고 기대 리턴은 높습니다. 역으로 풀어보면, 리스크를 더욱 줄이면서 리턴을 얻을 수 있는 사람을 우리는 '프로'라고 부릅니다. 인생에서의 운도 마찬가지입니다. 우리도 리스크는 줄이면서 동시에 높은 리턴을 노릴 수 있습니다. 충분히 가능한 이야기입니다. 그리고 그 방법은 '능력을 쌓고 노력을 한다'는 지극히 당연한 이야기로 귀결됩니다.

'나는 지금 이대로 괜찮은가' 자문하는 것은 건전한 고민입니다. 지금 이대로 만족한다며 성급히 단정을 짓고 건설적인 고민도 없이 시간만 흘러가는 것. 이런 상황이 리스크입니다. '리스크를 감수하지 않는 것이 리스크'라는 말은 어느 정도 옳습니다. 필요한 리스크를 감내하며 도전해보는 것은 상황에 따라서는 의미 있는 행동입니다. 단, 리스크를 안고 도전할 때는 다음과 같은 '파이낸스의 가르침'을 명심하기 바랍니다.

'리턴의 관리는 불가능하지만, 리스크는 관리할 수 있다.' 이는 무슨 말일까요? 리턴은 결과이니 알 수 없는 영역입니다. 그에 비해 리스크는 다른 자산의 조합을 통해 충분히 관리할 수 있습니다. 적절히 손을 쓰면 최악의 사태는 피할 수 있다는 말입니다.

리스크와 친숙해지기 위해 다음과 같이 행동해볼 수 있습니다. 자신의 리스크 허용 한도를 판단해봅니다. 생활에의 지장은, 심리적인 여유는 어떻습니까? 자신의 리스크 허용 범위 안에 있으면서 성공 가능성이 높다면, 일단 시도해봅니다. 그때 가능한 한 자산을 분산시키고 각각 다른 유형의 리스크를 취합니다. 결과가 예상과 다를 경우, 미련 없이 손 뗄 각오를 해야 합니다. 그리고 잘 되지 않을 경우에 대비해 플랜 B를 마련해둡니다.

'관리 가능한 운'은 제대로 관리해야 합니다. 의사결정의 질을 높이는 동시에 불필요한 리스크는 취하지 않는 식으로 자기 관리를 해나가다 보면 확실히 리스크를 줄일 수 있습니다. 이를 위해서는 끊임없이 배우는 것이 가장 효과적입니다.

'개발 가능한 운'은 확실히 개발해야 합니다. 미래를 생각하고, 진정성 있는 인간관계를 구축합니다. 그리고 이를 계속 확대해 나갑니다. 이는 큰 리스크에 좌초되지 않으면서 리턴을 늘려 나갈 수 있는 현명한 방법입니다. 그러기 위해서는 배움의 테두리 안으로 들어가 사람들과 함께 배우는 것이 도움이 됩니다.

운용해야 할 '자산'은 당신 자신입니다. 그것이 바로 '지금 이 순간'의 선택을 통해 스스로 행운을 창조해 나가는 방법입니다.

．
．
．

운에는 사랑도 돈도 필요하다

인기그룹 AKB48의 가시와기 유키 씨를 초대해 함께 수업을 진행한 적이 있습니다. 가시와기 씨가 강사로 참여한 특별수업이었는데, 정말 뜻밖의 큰 행운이었지요. 하지만 제게는 행운이자 동시에 리스크이기도 했습니다. 혹시 이 귀중한 기회를 제대로 살리지 못하고 지루하고 재미없는 강의가 되면 부푼 기대를 안고 모인 수강생들에게 실망만 안겨주게 될 테니까요. 수업 당일까지 상당한 중압감에 시달렸습니다.

'AKB의 비즈니스 모델과 아이돌십'이라는 제목의 이 특별수업은 2017년 9월에 진행됐습니다. 공동으로 수업을 진행한 동료인 네고로 다쓰유키 교수의 강의로 수업이 시작됐습니다. 비즈니스 모델에 대해 함축적이면서도 깊이 있는 강의를 해주었고, 그다음은 제가 아이돌십에 대한 워크숍을 진행했습니다. 참가자들은 세 명이 한 팀이 되어, '아이돌이란 무엇인가'에 대해 의견을 교환했습니다. 각 팀의 생각을 작은 화이트보드에 적어 들어 보이면, 가시와기 씨가 재밌다고 생각하는 내용을 지명했고, 그 팀이 발표를 했습니다. 발표가 끝난 후 가시와기 씨는 발표 내용에 대해 코멘트를 해주었습니다. 수강생들은 만족스러워했으며, 그 후 간단히 제 생각을 덧붙였습니다. 그 내용을 간단히 소개하면 다음과 같습니다.

- ♣ 아이돌은 스스로를 개발해 나간다.
- − 팬은 아이돌이 노력하며 성장해 나가는 모습을 응원한다.
- ♥ 아이돌은 팬의 지지를 받고, 동시에 그들의 힘이 되어준다.
- − 아이돌과 팬은 '한 쌍'의 개념으로, 쌍이 아닌 단독으로는 존재할 수 없다.
- ♠ 아이돌에게 있어 스피치는 전략적인 행위다.
- − 스피치演説(연설)의 경우, '어떻게 말할 것인가' 같은 연출적인 면演과 '무엇을 말할 것인가' 같은 내용적인 면説 양쪽 모두 중요하다.
- ♦ 아이돌에게는 볼러틸리티volatility(변동성, 즉 흥망성쇠나 부침)가 있다.
- − 과거 AKB 총선거에서 매번 한 자리 순위를 차지했던 가시와기 씨는 '안정성'이라는 면에서 출중했다.

　그 후 가시와기 씨가 '과거·현재·미래'에 대한 스피치를 통해 어떤 식으로 스스로 운을 만들어왔는지 이야기했습니다. 이어서 가시와기 씨, 네고로 교수, 그리고 제가 함께 패널 토론을 진행했습니다. 가시와기 씨의 대답 한 마디 한 마디는 정확히 요점을 찌르는 내용이었습니다. 또한 강의 내내 다방면으로 배려 깊은 태도를 보여주는 등 그야말로 '안정감'을 유감없이 발휘하며 강의를 빛내주었습니다.
　가시와기 씨와 함께한 특별수업은 제가 도출한 결론을 소개하며 마무리됐습니다. 이 특별수업이 결정된 날로부터 수업 당일까지 약 2개월 동안 끙끙 앓다가 수업 당일 아침에서야 겨우 도출해낸 결론입니다.

아이돌이란 무엇인가? 그 대답은 사랑과 돈이다. 훌륭한 아이돌은 팬과의 사이에 상호 지원 관계, 즉 '사랑'을 쌓아 올린다. 동시에 제대로 수익을 낼 수 있는 비즈니스로도 성립되어, '돈'이 창출되어야 한다. 비즈니스도 결국은 사람(= 사랑)이고, 동시에 돈으로 유지된다.

'사랑'과 '돈'은 따로 떼어서 생각할 수 없는 표리 관계입니다. 행운을 창조하기 위해서는 사랑과 돈, 양쪽 모두 필수 불가결합니다.

행운을 만드는 배움과 경험의 힘

　자신의 힘으로 운을 좋게 하는 방법을 담은 이 책은 뜻밖의 계기로 집필을 시작하게 됐습니다. 그리고 그 모든 과정은 소중한 인연이 만들어지고 이어지고 확대되는 무척 즐거운 경험이었습니다.

　일의 시작은 고령의 아버지께 문안 드리려고 차를 운전하고 가던 중, 갑자기 흘러넘친 생각에서 비롯됐습니다. 내 삶이 얼마나 행운으로 가득했는지에 대해 감사하는 마음이 차올랐고, 운에 대한 생각들이 마구마구 솟아났습니다. 그러다 문득 행운에 대해 생각하다 자동차 사고라는 불운을 만난다면 그건 말도 안 될 일이다 싶어 급히 차를 세웠습니다. 곧바로 근처의 커피숍으로 뛰어 들어가 종이 냅킨에 메모를 했습니다. 그 내용을 페이스북에 올렸더니 스포츠 코치인 니시자와 다카시西澤隆 씨가 열렬히 반응해주었고 그에 용기를 얻었습니다. 동시에 닛케이BP의 나가사키 고지 씨로부터 운에 대한 책의 집필을 제안받았습니다.

　게다가 딱 그즈음, 와세다대학 비즈니스 스쿨의 제미(세미나seminar

의 독일식 발음인 '제미나르'에서 앞의 두 글자만 따서 만든 일본식 표현으로, 같은 교수로부터 지도받는 학생들이 논문 작성을 위해 토론·연구·발표하는 식의 수업_옮긴이)를 소개하는 포트폴리오 시네마를 만들어보자는 의견이 나왔고, 모두들 흔쾌히 협력해 결국 훌륭한 작품으로 완성됐습니다. 그때 인연을 맺은 이나가키 마유미 씨로부터 책의 기획에 대한 조언을 받았습니다. 그리고 책의 내용이 독선적인 방향으로 흐르지 않도록 집필 과정에 함께 해줄 것을 부탁드렸습니다.

'별것 아닌 지극히 일상적인 일들로 운은 좋아지기도 하고 나빠지기도 한다'. 이를 설명하기 위해 제가 생각한 예는 '냉동 교자를 잘 굽는 사람은 운이 좋다'였습니다. 냉동 교자를 잘 굽는 것은 어렵지 않습니다. 포장지에 적힌 레시피에 따르기만 하면 됩니다. 설명서대로 구우면 파삭파삭 맛있는 교자와 함께 즐거운 저녁 식사를 할 수 있는데, 설명서를 읽지도 않고 굳이 자기식으로 물을 넣어버립니다. 그 결과, 교자는 질척질척해집니다. 이를 보고 부부싸움이 시작되어 "당신은 늘 이런 식이라니까", "뭐라고? 기껏 만들어줬더니!", "누가 만들어달랬어? 생색내기는!" 이런 대화가 오갑니다. 스스로 불운에 불을 지피고 불운을 키우는 것이지요.

이렇게 생겨난 아이디어와 구성을 2019년 5월의 MBA 에센셜스(와세다대학 비즈니스 스쿨이 일본경제 신문사와 공동으로 개최한 프로그램)에서 발표하고 참가자 600명의 반응을 통해 가설을 검증했습니다.

참가자 중 가이 지하루 씨, 야쓰기 히카루 씨, 와카마쓰 미즈키 씨, 아시마 시노부 씨와 이야기를 주고받으며 다양한 아이디어를 얻었고, 원고를 예정보다 일찍 완성할 수 있었습니다. 그리고 와세다대학 비즈니스 스쿨 졸업생인 가지야 미야코 씨로부터 내용 전체에 대한 귀중한 피드백을 받기도 했습니다.

'베타 버전을 바탕으로 업데이트하는 것이 좋다'는 내용을 쓰기 전에 저 스스로 이를 실천해보고 싶었습니다. 그래서 이 내용을 원고로 쓰기 반년 전에 《운의 속성》 베타 버전을 만들었습니다. 이를 바탕으로 7월 7일 60명의 사람들과 워크숍을 진행했고, 아이디어를 한층 더 풍성하게 발전시킬 수 있었습니다. 그 후 와세다대학 비즈니스 스쿨의 '인재 제미 10기생'을 중심으로 토론하며 책의 내용에 깊이를 더해갔습니다.

아이디어가 흘러넘친 경험, 아이디어를 놓칠세라 커피숍으로 뛰어드는 행동력, SNS로 연결된 소중한 인연들, 대규모 이벤트에서의 검증을 바탕으로 한 의사결정, 워크숍을 통한 아이디어의 확장, 제미 학생들과의 즐거운 논의. 되돌아보니, 수많은 행운이 겹겹이 쌓인 덕분에 이 책 《운의 속성》은 세상에 나올 수 있었습니다. 정말로 운이 좋았음을 실감합니다.

히든카드를 늘리고 최고의 순간에 꺼낸다

우리 삶에서 운을 창조하는 방법을 적고 보니 그것들을 네 개의 그룹으로 나눌 수 있었습니다. 미래 개척의 ♣, 관계 구축의 ♥, 의사결정의 ♠, 자기관리의 ◆입니다. 으뜸패란 트럼프 카드에 있어서 최강의 패입니다. 결정적인 순간에 승부를 가르는 비장의 무기이지요.

원래 트럼프는 승리를 의미하는 트라이엄프triumph로 연결되는 말로, 으뜸패가 승리를 결정짓는 데 얼마나 결정적인 역할을 하는지 보여줍니다.

으뜸패는 결정적인 순간을 위해 간직해둘 만한 가치가 있는 '히든 카드'입니다. 그리고 이는 곧 자신감의 원천이 되어줍니다. '최후의 으뜸패'가 내 손 안에 있다는 것을 알면 상황이 다소 어렵더라도 게임을 멈추지 않을 수 있습니다. 으뜸패가 내게 있으니 어떻게든 살아남으면 역전할 수 있을 테니까요.

우리 인생에서도 으뜸패를 갖는 것이 운을 결정짓습니다. 으뜸패는 운을 불러들이는 힘입니다. 으뜸패의 유무는 트럼프 카드의 경우에는 우연의 요소가 강합니다. 하지만 인생에서 자신의 능력을 향상시키는 것은 우연의 요소가 아닙니다. 공부를 얼마나 하는가, 경험으로부터 얼마나 배우는가에 따라 우리가 가질 수 있는 으뜸패의 수는 달라집니다.

경험을 통해 능력을 끌어올리고, 그 능력을 바탕으로 한층 더 폭넓은 경험을 얻습니다. 이같은 스파이럴업이 지속되면 성공률은 높아집니다. 이 모습을 다른 사람들이 보면 참 '운이 좋다'고 느껴집니다. '운을 좋게 하려면 행운의 지갑을 사기보다 배움을 행하는 편이 빠르다'. 이것이 저의 결론입니다.

트럼프 카드에서는 숫자의 신비로움을 엿볼 수 있습니다.

- 1부터 10, 그리고 잭Jack, 퀸Queen, 킹King을 더해 총 13장
- ♣ ♥ ♠ ♦ 4종류를 곱하면(13×4) 카드의 수는 52장으로, 1년

의 주일 수

- 52장에 '월화수목금토일'의 7일을 곱하면(52×7), 364
- 거기에 조커 1장을 더하면(364+1), 365

우연이지만 이 책의 일본어 원서 페이지 수도 365입니다.

1년 365일, '지금 이 순간'을 소중하게 여기며, 견실히 운을 상승시켜 나가시길 기원합니다.

참고문헌

- 가브리엘 외팅겐Gabriele Oettingen, 《무한긍정의 덫》, 세종서적, 2015
- 가쿠타 요이치로角田陽一郎, 《운의 기술運の技術》, 아사출판, 2018
- 가토 다이조加藤諦三, 《행운을 부르는 노력, 불운을 초래하는 노력幸運を呼ぶ努力 不運を招く努力》, 다이와출판, 1997
- 게르트 기거렌처Gerd Gigerenzer, 《숫자에 속아 위험한 선택을 하는 사람들》, 살림, 2013
- 고야마 군도小山薫堂, 《연결되는 기술つながる技術》, PHP연구소, 2010
- 구사노 고이치草野耕一, 《설득의 논리 세 가지 기법説得の論理3つの技法》, 일본경제 신문사, 2003
- 기무라 빈木村敏, 《시간과 자기時間と自己》, 중앙공론신사, 1982
- 나심 니컬러스 탈레브Nassim Nicholas Taleb, 《행운에 속지 마라》, 중앙북스, 2010
- 나카노 노부코中野信子, 《뛰는 놈, 나는 놈 위에 운 좋은 놈 있다》, 엔트리, 2013
- 노우치 료조野内良三, 《우연을 살아가는 사상偶然を生きる思想》, NHK출판, 2008
- 다비드 뤼엘David Ruelle, 《우연과 혼돈》, 이화여자대학교출판부, 2000
- 다케우치 케이竹内啓 편집, 《우연과 필연偶然と必然》, 도쿄대학출판회, 1982
- 다케우치 케이竹内啓, 《우연의 과학》, 윤출판, 2014
- 다키모토 데쓰후미瀧本哲史, 《무기가 되는 결단 사고武器としての決断思考》, 세카이 샤, 2011
- 달라이 라마Dalai Lama 외, 《Joy 기쁨의 발견》, 예담, 2017
- 대니얼 카너먼Daniel Kahneman, 《생각에 관한 생각》, 김영사, 2012

- 댄 애리얼리 Dan Ariely,《상식 밖의 경제학》, 청림출판, 2008

- 던컨 J. 와츠 Duncan J. Watts,《상식의 배반》, 생각연구소, 2011

- 도리이 미치오鳥井道夫,《대재, 중재, 소재 - 운을 불러들이는 마케팅大才 中才 小才 —運を拓くマーケティング》, 프레지던트, 2004

- 레오나르도 다빈치 Leonardo da Vinci,《레오나르도 다빈치의 수기レオナルド・ダ・ヴィンチの手記》, 이와나미쇼텐, 1954

- 레오나르드 플로디노프 Leonard Mlodinow,《춤추는 술고래의 수학 이야기》, 까치, 2009

- 로버트 A. 버겔먼 Robert A. Burgelman,《전략은 운명이다 Strategy is destiny》, 스마트비즈니스, 2008

- 로버트 H. 프랭크 Robert Harris Frank,《실력과 노력으로 성공했다는 당신에게》, 글항아리, 2018

- 리처드 와이즈먼 Richard Wiseman,《행운의 법칙》, 시공사, 2003

- 리처드 와이즈먼 Richard Wiseman,《59초 59 seconds》, 웅진지식하우스, 2009

- 리처드 탈러 Richard H. Thaler, 캐스 선스타인 Cass R. Sunstein,《넛지》, 리더스북, 2009

- 마이클 레이 Michael L. Ray 외,《비즈니스에서의 창의성》, 메인스트리트북스, 1989

- 마이클 J. 모부신 Michael J. Mauboussin,《판단의 버릇》, 사이, 2016

- 마크 뷰캐넌 Mark Buchanan,《넥서스 - 여섯 개의 고리로 읽는 세상》, 세종연구원, 2003

- 마틴 셀리그먼 Martin Seligman,《마틴 셀리그먼의 낙관성 학습》, 물푸레, 2012

- 막스 귄터 Max Gunther,《더 럭 팩터 The Luck Factor》, 해리먼하우스, 2010

- 말콤 글래드웰 Malcolm Gladwell,《티핑 포인트》, 21세기북스, 2004

- 매슈 허트슨 Matthew Hutson,《우리는 왜 미신에 빠져드는가》, 소울메이트, 2013

- 멘탈리스트 다이고メンタリストDaiGo,《운은 조종할 수 있다 - 인생을 원하는 대로 실현하는 최강의 법칙運は操れる—望みどおりの人生を実現する最強の法則》, 마키노출판, 2018

- 모로토미 요시히코諸富祥彦, 《행운에도 법칙이 있다》, 앱투스미디어, 2009
- 미란다 커Miranda Kerr, 《미란다 커의 시크릿 다이어리》, Soul(혜원출판사), 2011
- 미즈시마 히로코水島広子, 《정신과 의사가 발견한 운이 좋은 사람, 운이 나쁜 사람의 마음의 습관精神科医がみつけた運のいい人、悪い人の心の習慣》, 가이류샤, 2017
- 사소 쿠니타케佐宗邦威, 《쓸모 있는 생각 설계: 직감과 논리를 이어주는 사고법》, 토네이도, 2020
- 사이토 다카시齋藤孝, 《운의 교과서運の教科書》, 지쿠마쇼보, 2015
- 셰릴 샌드버그Sheryl Sandberg, 애덤 그랜트Adam Grant, 《옵션 B》, 와이즈베리, 2017
- 소냐 류보머스키Sonja Lyubomirsky, 《행복도 연습이 필요하다》, 지식노마드, 2008
- 숀 아처Shawn Achor, 《행복의 특권》, 청림출판, 2012
- 아서 쾨슬러Arthur Koestler, 《우연의 뿌리》, 빈티지북스, 1972
- 안도 슌스케安藤俊介, 《자신의 분노 유형을 알고 컨트롤한다自分の「怒り」タイプを知ってコントロールする》, 디스커버21, 2016
- 알버트 H. Z. 카Albert H. Zolatkoff Carr, 《행운을 끌어들이는 방법How to Attract Good Luck》, 타처페리지, 2014
- 앤서니 라빈스Anthony Jay Robbins, 《거인이 보낸 편지》, 씨앗을 뿌리는 사람, 2008
- 앤절라 더크워스Angela Lee Duckworth, 《그릿》, 비즈니스북스, 2016
- 야스다 유키安田雪, 《네트워크 분석 – 무엇이 행위를 결정하는가ネットワーク分析―何が行為を決定するか》, 신요샤, 1997
- 에드워드 드 보노Edward de Bono, 《생각이 솔솔 여섯 색깔 모자》, 한언, 2011
- 오카노 모리야岡野守也, 《불쾌한 기분 정리학いやな気分の整理学》, NHK출판, 2008
- 우에노 지즈코上野千鶴子, 《잘 가, 학교화 사회サヨナラ、学校化社会》, 다로지로샤, 2002
- 우에시마 게이지植島啓司, 《우연의 힘》, 까치글방, 2010
- 이나가키 히데히로稲垣栄洋, 《이토록 아름다운 약자들》, 이마, 2015
- 이노우에 다쓰히코井上達彦, 《왜 케이스 스터디인가》, 어크로스, 2015

- 이언 레슬리Ian Leslie, 《큐리어스》, 을유문화사, 2014

- 자크 모노Jacques L. Monod, 《우연과 필연》, 궁리, 2010

- 저스틴 폭스Justin Fox, 《죽은 경제학자들의 만찬》, 알에이치코리아, 2010

- 제프리 S. 로젠탈Jeffrey Seth Rosenthal, 《1% 확률의 마술》, 부표, 2010

- 조지프 핼리넌Joseph T. Hallinan, 《우리는 왜 실수를 하는가》, 동네문학, 2012

- 존 크럼볼츠John D. Krumboltz 외, 《굿럭 – 행운은 왜 나만 비켜 가냐고 묻는 당신에게》, 새움, 2012

- 지쿠시 데쓰야筑紫哲也, 《젊은이들의 신들若者たちの神々 – 지쿠시 데쓰야 대론집 4 筑紫哲也対論集(4)》 신초분코, 신초샤, 1988

- 켈리 맥고니걸Kelly McGonigal, 《스탠퍼드의 자신을 바꾸는 교실スタンフォードの自分を変える教室》, 다이와쇼보, 2012

- 타일러 코웬Tyler Cowen, 《자신만의 경제 창조Create your own economy》, 탄토미디어, 2009

- 토머스 배스Thomas A. Bass, 《예언자들》, 홀트맥두걸, 2000

- 폴 돌런Paul Dolan, 《행복은 어떻게 설계되는가》, 와이즈베리, 2015

- 피터 번스타인Peter L. Bernstein, 《리스크》, 한국경제신문사, 2008

- 한스 로슬링Hans Rosling 외, 《팩트풀니스》, 김영사, 2019

- 헤더 서머스Heather Summers 외, 《왜 나는 제자리인가: 1년 후가 불안한 당신이 꼭 알아야 할 7가지 성공기술》, 마일스톤, 2013

- 헨리 민츠버그Henry Mintzberg 외, 《전략 사파리》, 비즈니스맵, 2012

운의 속성

초판 1쇄 인쇄 2021년 2월 26일
초판 1쇄 발행 2021년 3월 10일

지은이 스기우라 마사카즈
옮긴이 김수정
펴낸이 유정연

책임편집 신성식 **기획편집** 장보금 조현주 김수진 김경애 백지선 **디자인** 안수진 김소진
마케팅 임충진 임우열 박중혁 **제작** 임정호 **경영지원** 박소영

펴낸곳 흐름출판(주) **출판등록** 제313-2003-199호.(2003년 5월 28일)
주소 서울시 마포구 월드컵북로5길 48-9(서교동)
전화 (02)325-4944 **팩스** (02)325-4945 **이메일** book@hbooks.co.kr
홈페이지 http://www.hbooks.co.kr **블로그** blog.naver.com/nextwave7
출력·인쇄·제본 성광인쇄 **용지** 월드페이퍼(주) **후가공** (주)이지앤비(특허 제10-1081185호.)

ISBN 978-89-6596-429-2 03320